Piano
Mythos & Technik

Verlag, Herausgeber und Autoren machen darauf aufmerksam, dass die imvorliegenden Buch genannten Namen, Marken und Produktbezeichnungenin der Regel namens- und markenrechtlichem Schutz unterliegen.Trotz größter Sorgfalt bei der Veröffentlichung können Fehler im Textnicht ausgeschlossen werden. Verlag, Herausgeber und Autoren übernehmen deshalb für fehlerhafte Angaben und deren Folgen keine Haftung. Sie sind dennoch dankbar für Verbesserungsvorschläge und Korrekturen.

Titel der Originalausgabe: Piano Manual
Haynes Publishing, © John Bishop and Graham Barker, 2009.

© 2017 deutsche Ausgabe: PPVMEDIEN GmbH, Bergkirchen

ISBN 978-3-941531-134-1

Übersetzung: Michael Raab
Druck: Westermann Druck Zwickau

Bildnachweis (o = oben, m = Mitte, u = unten)
Penny Adie 66u
Alamy 22, 480, 670
Besbrode Pianos 68
John Colley Piano action shots
Forsyth Brothers Ltd 65
istockphoto.com 6, 8u, 90, 10, 18u, 42, 44, 46, 47, 54, 56u,58t, 61, 62, 64, 67u, 69u, 70, 73, 80, 82, 86, 88, 152, 170, 182
Kemble 9u, 24, 60
Korg 176
Lebrecht 12, 14, 15 (beide), 16, 20, 53, 74, 108
Wikimedia commons 5, 8t, 17, 18o, 18m, 19, 23, 59u, 65u, 69o, 184
Yamaha 7, 50o, 56o, 58u
John Bishop alle anderen Bilder

Alle Rechte vorbehalten. Nachdruck, auch auszugsweise, sowie Vervielfältigungen jeglicher Art nur mit schriftlicher Genehmigung der PPVMEDIEN GmbH.

Piano
Mythos & Technik

- Kaufberatung - Alt oder Neu?
- Wartung und Reparatur
- Selbst stimmen

John Bishop
Graham Barker

PPV MEDIEN

Inhalt

7	Einleitung
10	Teil Eins - Die Wahl des Klaviers

Kapitel 1
Herkunft des Klaviers — 12

- Die Vorläufer — 14
- Das indirekte Spiel — 14
- Alte und neue Klangideale — 15
- Problem Nr. 1: Die Ausdrucksmöglichkeiten — 16
- Problem Nr. 2: Die gleichschwebend-temperierte Stimmung — 17
- Problem Nr. 3: Die Saiten — 19

Kapitel 2
Die Funktionsweise des Klaviers — 20

- Was ist wo? – Die Bauteile des Klaviers — 22
- Was heißt modern? — 24
- Moderne Klaviere – Design und Konstruktion — 25
- Stimmstock und Stimmnägel — 30
- Das Gehäuse — 33
- Resonanzboden und Stege — 34
- Die Tastatur — 35
- Die Mechanik beim Klavier — 36
- Die Flügelmechanik — 40
- Die Pedale — 42

Kapitel 3
Wahl des Klaviers — 44

- Auswahlkriterien — 46
- Klavier oder Flügel? — 49
- Nicht zu vergessen: der Klavierhocker — 52

Kapitel 4
Kauf eines neuen Klaviers — 54

- Probespielen — 56
- Geschäftsabschluss — 61

Kapitel 5
Kauf eines gebrauchten Klaviers — 62

- Ist der Kauf eines gebrauchten Klaviers sinnvoll? — 65
- Wo kann man suchen? — 66
- Klavierhändler — 68
- Auktionen — 69
- Anforderungen an ein gebrauchtes Klavier — 70
- Pianos — 72
- Flügel — 73
- Der 20-Minuten-Check — 76

80	Teil Zwei - Pflege und Wartung

Kapitel 6
Einfache Pflege — 82

- Gesundheit und Sicherheit — 84
- Umgebung — 86
- Saubermachen — 87

Kapitel 7
Kleinere Reparaturen — 88

- Verschlechterung des Anschlags — 90
- Schwund des Klaviaturdruckstoffs — 91
- Verdichtete Waagbalkenscheiben — 97
- Mottenfraß — 99
- Pedal justieren — 100
- Klirren und Scheppern — 102
- Irgendwas steckt fest — 104
- Weitere Probleme — 106

Kapitel 8
Anspruchsvollere Reparaturen/Wartung — 108

- A: Die Tastatur — 110
- B: Die Klaviermechanik — 116
- C: Saiten und Stimmwirbel — 140
- D: Der Resonanzboden — 148

Kapitel 9
Wartung und Instandhaltung eines Flügels — 152

- Vor jeder Reparatur — 154
- Klaviaturrahmen ausbauen — 155
- Die Mechanik — 163
- Regulieren — 164
- Weitere Arbeiten — 168

Kapitel 10
Ein Klavier selber Stimmen — 170

- 1: Der Klavierklang — 172
- 2: Die gleichtemperierte Stimmung — 173
- 3: Wichtige Fähigkeiten und Ausrüstung — 174
- 4: Korrigieren einzelner Töne — 176
- 5: Die Temperatur legen — 177
- 6: Das ganze Klavier stimmen — 180
- 7: Wenn die Stimmung zu tief ist — 182

184	Appendix
195	Index

Einleitung

In diesem Buch …

geht es um alle Arten von Klavieren, zuvorderst aber um Gebrauchsinstrumente wie sie überall zu finden sind: die Flügel fleißig übender fortgeschrittener Pianisten ebenso wie die erwartungsvoll für Anfänger gekauften Klaviere; Instrumente, die in Wohnzimmern am Äquator stehen oder in eiskalten Kirchenräumen, ebenso wie die Instrumente, die täglich in Schulen, Bars, Hotels oder neuerdings Flughäfen malträtiert werden. Es geht vor allem um Klaviere, die schon Jahre auf dem Buckel haben, da es von ihnen am meisten gibt. Neue Klaviere und Flügel werden aber ebenso behandelt.

Dieses Buch

ist für alle gedacht, die in die Nähe eines Klaviers kommen (können). Auch für die, die nur indirekt betroffen sind, etwa wenn das Kind oder der Partner spielen (wollen). Es wendet sich an alle Klavierspieler und -Besitzer, von Anfängern, die auf Schnäppchensuche sind, bis zu Profipianisten. Ein Anlass dieses Buch zu schreiben, ist die Tatsache, dass viele Klavierspieler herzlich wenig über ihr Instrument wissen, und das obwohl es schon seit so langem nahezu unverändert auf der Welt ist. Das ist schade, denn ein Klavier ist allein schon als technisches Wunderwerk wert, es genauer zu kennen. Es ist zweifellos ein äußerst komplexes Werkzeug („Instrument") und macht auch von außen diesen Eindruck. Aber das stimmt eigentlich nur zum Teil: Man kann es auch als geniale Verbindung einer himmlischen Konstruktionsidee mit völlig irdischen Materialien verstehen.

Natürlich wirkt es anfangs ehrfurchtgebietend. Das erste was man bei einem Blick in ein Klavier sieht, ist die schier undurchdringliche, abweisende Mechanik, das Herz des Spielapparats, der Sitz der konstruktiven Idee. Aber wenn man einmal begriffen hat, dass diese Mechanik im Grunde eine sich (etwa 88 mal) wiederholende Ansammlung einiger Grundbausteine ist, wandelt sich die Ehrfurcht in Begeisterung. Und wenn man weiß, wie ein Klavier funktioniert, hat man noch mehr Freude an ihm und seiner Musik. Vielleicht wird man sogar besser spielen.

Dieses Buch behandelt …

■ Pflege und Wartung eines Klaviers auf jedem Niveau, vom Saubermachen bis zu anspruchsvolleren Reparaturen. Wer schon immer sein Klavier einmal völlig auseinandernehmen und wieder zusammenbauen wollte, findet hier alle nötigen Informationen. Wer sich damit zufrieden gibt, dass alle wichtigen Arbeiten von Klavierstimmer und -Techniker gemacht werden und lediglich sein Wissen erweitern möchte,

> Das deutsche Wort „Klavier" ist zum einen der Sammelbegriff für alle hier behandelten Klavierinstrumente: aufrecht stehende Klaviere (englisch: „upright piano", in Österreich und der Schweiz spricht man vom „Pianino") und für Flügel (englisch: grand piano), es bezeichnet aber auch nur das aufrechte stehende Klavier im Gegensatz zum Flügel. Im Folgenden wird immer der Begriff „Klavier" verwendet, eine Abgrenzung Klavier / Flügel erfolgt nur, wenn andernfalls eine Sinnentstellung zu befürchten wäre.

EINLEITUNG

hat ebenfalls das richtige Buch gefunden. Und auch wer schon jahrelang Klavier spielt, wird hier garantiert einiges Neue erfahren.

■ wie man ein Klavier selber stimmt. Das kann natürlich nicht jeder, und muss es auch nicht, denn es gibt ja professionelle Klavierstimmer. Aber ein Klavier, das immer gut gestimmt ist und nicht nur jedes (halbe) Jahr, macht einfach mehr Freude. Daher sollte man das Korrigieren von ein paar verstimmten Saiten ruhig einmal ausprobieren und schauen, wie weit man kommt. Wenn man merkt, dass es nichts für einen ist, so wird man in Zukunft die Arbeit Klavierstimmers höher schätzen – und das ist schon viel!

■ den gewissenhaften Kauf eines Klaviers. Das ist wichtig, da so viele unbrauchbare, schlechte Klaviere verkauft werden, oftmals völlig überteuert. Es werden sogar scheinbar immer mehr, da es abseits des seriösen Handels, im Internet, viel einfacher ist, unbedarften Käufern irgendeinen Müll zu verkaufen. Oft genug wird so ein nahezu unspielbares Klavier als Anfängerinstrument für ein Kind gekauft. Das ist entsetzlich traurig, denn es gibt kaum einen besseren Weg, einem Kind die Freude an der Musik auszutreiben als mit solch einem (Folter)Instrument. Dieses Buch ist daher von unschätzbarem Wert für alle, die für ihr Kind ein Klavier kaufen wollen. Kapitel 5 ist die beste Versicherung, dass die Kinder ihnen noch im Alter dafür dankbar sein können.

■ die gleichschwebend-temperierte Stimmung, mithin das Stimmsystem, ohne das es das Klavier gar nicht gäbe. Es ist auch für viele erfahrene Musiker erstaunlich zu erfahren, dass ein perfekt gestimmtes Klavier harmonisch betrachtet eigentlich völlig verstimmt ist. Die Gründe sind ziemlich schwierig zu erklären, in den Kapiteln 1 und 10 wird es dennoch versucht.

Das Klavier

Das Klavier ist ein außerordentliches Instrument und technisch völlig außergewöhnlich. Dennoch zeigt es diese Komplexität nicht offen, so dass es sogar von Kindern gespielt werden kann und weltweit Millionen Menschen einfach Freude bereitet. Es ist eines der wenigen Instrumente, mit dem man alleine orchestrale Musikstücke spielen kann, mit einem Repertoire, welches das aller anderen Instrumente übertrifft. Das Klavier steht für Innovation und Experiment, vor allem in der klassischen Musik des 19. Jahrhunderts und im Jazz des 20. Jahrhunderts. Für jeden Klavierspieler sind ein klein wenig Neid aber vor allem Bewunderung der Lohn für die Mühen jahrelangen Übens.

Das Klavier ist auch lebende Geschichte. Es ist der wohl am höchsten entwickelte, völlig mechanisch funktionierende Apparat der bis ins 21. Jahrhundert überlebt hat und weiterlebt. Es ist ein Meisterstück der Ingenieurskunst des 18. und 19. Jahrhunderts und besteht aus fast 10000 Einzelteilen aus hoffnungslos veralteten Materialien – Holz, Filz, Leder, Gusseisen – die alle in einer Präzision zusammenwirken, die jeden modernen Ingenieur vor Neid erblassen lassen.

Ein Klavier ist reines Menschenwerk und doch so zugänglich, seelenvoll und lebendig wie kaum ein anderes Instrument. Keyboards mit digital erzeugten Tönen mögen eine Konkurrenz sein, aber sie werden nie so ausdrucksvoll und emotional klingen. Als Kuriosität kann man Chopin auf dem Keyboard spielen, aber nicht als ernstzunehmende künstlerische Darbietung. Wie überzeugend ein elektronischer Klang letztendlich auch klingen mag, wenigstens eine Person weiß, dass er nicht echt ist: der Spieler selbst.

Der Klavierspieler

Nichts kann ewig dauern. Aber dieses Buch möchte dem Klavierspieler so viel Wissen und Fähigkeiten vermitteln, dass das Klavier noch einige Jahrhunderte weiterlebt. Heutzutage sind zu viele Pianisten Nichtschwimmer. Nichtschwimmer in dem Sinn, dass sie sich nicht zu helfen wissen, wenn mit dem Instrument etwas nicht stimmt.

Nur beim Klavier ist es anscheinend schon immer so, dass der Spieler keine Ahnung davon haben muss, wie sein Instrument überhaupt funktioniert. Und alle halten das auch noch für völlig normal. Die meisten anderen Instrumente müssen wenigstens vom Spieler regelmäßig gestimmt werden, manchmal sogar mehrmals während einer Aufführung. Das erzeugt einen völlig anderen Zugang. Aber wenn ein Klavier verstimmt ist oder nicht funktioniert, muss es jemand anderes richten: der Orchesterwart, der Haustechniker, der Klavierstimmer, aber keinesfalls der Pianist selbst.

Natürlich spielen Pianisten dauernd auf unbekannten Instrumenten, aber das ist keine ganze Entschuldigung. Jeder Stimmer kann von hysterischen Anrufen berichten, bei denen es um nicht funktionierende Klaviere bei Auftritten hoch- oder höchstrangiger Künstler geht: Das Publikum bebt vor Ungeduld, der Pianist ist verärgert. Der Stimmer öffnet den Klavierdeckel – und zieht ein vergammeltes Käsebrötchen, einen alten Bierfilz oder den Bleistift, den der letzte Spieler verloren hat, hervor. Hallelujah, der Klang ist gerettet! Der Stimmer wird ein wenig Applaus bekommen, aber niemand kommt auf die Idee, den Pianisten für das Fehlen jeglichen gesunden Menschenverstands zu tadeln.

Kann dieses Buch dazu beitragen, eine neue Generation von selbstbewussteren, fähigeren und vielseitigeren Klavierspielen entstehen zu lassen? Hoffentlich. Die Musik entwickelt sich immer weiter, auch die Klaviere entwickeln sich noch immer weiter. Möge das noch lange so weitergehen; und möge dieses Buch dem Leser viel Freude und Nutzen bringen.

Teil 1

Die Wahl des Klaviers

Ein eigenes Klavier ist für viele Menschen weltweit der Eintritt in die Welt der Musik. Aber viele Anfänger verlieren den Spaß, weil sie das falsche Klavier spielen. Dieser erste Teil zeigt, wie man das richtige Klavier finden kann.

Außerdem wird erklärt, warum das Klavier solch ein wunderbares Instrument ist – und wie es dazu wurde. Dazu ist etwas Geschichte notwendig, etwas Technik und ein klein wenig Musiktheorie.

12	Die Herkunft des Klaviers
20	Funktionsweise des Klaviers
44	Auswahl eines Klaviers
54	Kauf eines neuen Klaviers
62	Kauf eines gebrauchten Klaviers

Kapitel 1

Die Herkunft des Klaviers

Nahezu 1000 Jahre dauerte die Entwicklungsgeschichte von den einfachsten Vorläufern bis hin zum modernen Klavier um 1850. Seitdem blieb es weitgehend unverändert, die letzte größere technische Verbesserung erfolgte um 1914. Und doch werden heute wohl mehr Klavier gekauft als je zu vor. Was ist in dieser Zeit alles passiert – und warum?

14	Die Vorläufer
14	Das indirekte Spiel
15	Alte und neue Klangideale
16	Die Ausdrucksmöglichkeiten
17	Die gleichschwebend-temperierte Stimmung
19	Die Saiten

Die Vorläufer

Die Geschichte des Klaviers füllt leicht ein eigenes Buch, eine auf die wesentlichen Stationen beschränkte Darstellung wird daher bei einigen Lesern schmerzliche Lücken hinterlassen (Hochachtung vor jedem Historiker, der eine umfassend-kurze Darstellung schreiben kann!). Im Anhang ist eine Reihe von Titeln zur Vertiefung des Themas zu finden.

Genaugenommen vereint das Klavier zwei grundsätzliche Arten der Tonerzeugung: Es handelt sich um ein Saiteninstrument das indirekt mittels einer Tastatur (wie bei der Orgel) gespielt wird.

Tastaturen kamen bereits einige Jahrhunderte früher auf, etwa im 11. Jahrhundert, beim Spiel von Pfeifenorgeln in der Kirche. Die frühesten Ausprägungen sahen den heutigen Tastaturen in keinster Weise ähnlich: Es handelte sich um Hebel oder Schieber, mit denen Pfeifen direkt bedient wurden – und das bedurfte ziemlicher Kraft und Ausdauer. So sprach man damals vom „Orgel schlagen".

Da der mittelalterliche Choral vergleichsweise einfach war – nur Melodie, keine Harmonie – bedurfte es nur weniger Töne zur Begleitung. Es dauerte bis ins 15. Jahrhundert bis es Orgeln mit dem (damals unglaublichen) Umfang von drei Oktaven gab. Im selben Zeitraum wurde auch ein indirekter Bedienmechanismus entwickelt, der es erlaubte zu Spielen, ohne hektisch von Pfeife zu Pfeife zu laufen. So entstanden die ersten einfachen, zumindest annähernd den heutigen Vorstellungen entsprechenden Tastaturen.

Saiteninstrumente sind dagegen weit älter. Das Prinzip, eine Saite über zwei Enden zu spannen und sie durch Zupfen zum Klingen zu bringen, dürfte beinahe so alt sein wie die Erfindung des Rades. Der antike griechische Gelehrte Pythagoras gilt gemeinhin als der Erste, der das Verhalten von gespannten Saiten und die Beziehungen von Mathematik und Tönen untersucht hat (siehe Problem Nr. 2: Gleichschwebend-temperierte Stimmung, S. 17).

Das indirekte Spiel

Die große Familie der Lauten-, Geigen- und Gitarreninstrumente war bereits im Mittelalter vollständig ausgebildet. Bei allen wird der Ton durch eine Saite, die über zwei Stege gespannt ist, erzeugt. Einer der Stege ist mit einem Resonator, üblicherweise dem Korpus des Instruments, verbunden, der den Klang verstärkt. Durch die Kombination mehrerer Saiten entstand die Zither, aus der wiederum das Hackbrett (Dulcimer) entwickelt wurde, das als das erste bekannte Instrument gelten kann, bei dem die Saiten mit in der Hand gehaltenen Hämmern angeschlagen, also nicht gezupft oder gestrichen wurden.

Im frühen 15. Jahrhundert schließlich entstand die geniale Idee, das Hackbrett mit der von der Orgel bekannten Tastatur zu verbinden, so dass nun auch hier die Saiten indirekt gespielt werden konnten. Das war ein kühner Schachzug. Mit den von Hand gespielten Hämmern konnte man laut und leise spielen, mit ihren zwei verschiedenen Seiten sogar den Klang völlig verändern. Ohne Zweifel opferten die Spieler mit dem Schritt zum indirekten Spiel mittels einer Tastatur einen sehr großen Teil

Polygonales Virginal aus Zypressenholz. Italien. Gebaut von Joseph Salodiensis (1559-1574) (Frank. B. Bemis Fund)

DIE HERKUNFT DES KLAVIERS

CClavichord aus Tannenholz. Italien [Genua 1568. Gebaut von Onesto Tosti]. (Leslie Lindsey Mason Coll.)

der Ausdrucksmöglichkeiten. Andererseits gewannen sie etwas Revolutionäres und Aufregendes, nämlich die Möglichkeit viel mehr Töne gleichzeitig und diese auch noch viel schneller spielen zu können. Und dies gab den Ausschlag. Das Hackbrett existiert zwar noch, hat aber keine große Bedeutung mehr.

Dafür entstand auf diese Weise die große Familie der Tasteninstrumente, beginnend mit Cembalo, Virginal, Spinett und Clavichord, zeitgenössisch meist einfach „Clavier" genannt. Sie lassen sich in zwei Gruppen einteilen: Bei Cembalo, Virginal und Spinett werden die Saiten gezupft (genauer: gerissen), beim Clavichord werden sie ähnlich wie beim Hackbrett angeschlagen. Die weitere Entwicklung vollzog sich langsam, bis ins frühe 19. Jahrhundert waren diese Instrumente weitgehend unverändert in Gebrauch.

Alte und neue Klangideale

Alle diese Instrumente erzeugten einen für moderne Ohren eher schwachen, „körperlosen" Klang. Lediglich der Klang des Cembalo erwies sich als laut und substanziell genug, alleine oder mit anderen Instrumenten einen größeren Raum zu füllen. Die Qualität der Instrumente wurde stetig verbessert, so dass das Auftauchen des Pianoforte um 1720 zunächst nichts an der beherrschenden Stellung des Cembalo änderte, das bis ins 19. Jahrhundert das bevorzugte Instrument blieb. Dem Pianoforte war zu Beginn alles andere als ein durchschlagender Erfolg beschert, bis zum heutigen Instrument mussten drei große Hindernisse überwunden werden: zum einen fehlte es an Ausdruckmöglichkeiten; zum anderen war das Repertoire sehr eingeschränkt, da die gleichschwebend-temperierte Stimmung noch nicht „erfunden" war. Zum dritten konnten mit den damaligen technischen Kenntnissen noch nicht alle notwendigen, hochqualitativen Bauteile zufriedenstellend hergestellt werden, allen voran die Saiten.

Cembalo aus Walnuss. Frankreich. (Edwin M. Ripin Coll. Friends of the Collection Fund).

DIE WAHL DES KLAVIERS

Problem Nr. 1: Die Ausdrucksmöglichkeiten

Beim Clavichord schlägt der metallene Hammer an die Saite und verkürzt so ihre schwingende Länge. Er bleibt so lange an der Saite, bis der Ton verklungen ist oder die Taste losgelassen wird. Der erzeugte Klang ist schön, aber nicht laut.

Dier Italiener Bartolomeo Cristofori (1655-1731) gilt als der Erfinder des Pianoforte um das Jahr 1700. Er entdeckte, dass man eine weit größere Lautstärke erzielen kann, wenn ein Hammer mit einer weicheren Oberfläche eine Saite anschlägt ohne in Kontakt mit ihr zu bleiben, so dass die Saite frei vibrieren kann. Dies und die dafür notwendige Mechanik ist das Grundprinzip des Pianoforte.

Cristofori wählte Filz für den Hammerbezug – ohne Zweifel in Anlehnung an die Schlägel des Hackbretts – und diese Wahl war so genial, dass dieses Material bis heute verwendet wird.

Um Cristoforis bahnbrechende Erfindung zu verstehen und zu würdigen, ist es am einfachsten, sie sich an einem Klavier unmittelbar vor Augen zu führen:

- Den Deckel öffnen und hinein blicken.
- Eine Taste drücken und verfolgen, welcher Hammer bewegt wird.
- Als Widerstand einen Finger leicht auf den Hammer legen und seine Vorwärtsbewegung mit vollziehen.
- Nochmals die Taste langsam nach unten drücken.
- Wenn der Hammer kurz vor der Saite ist (3,17 mm, wenn das Klavier richtig reguliert ist), hört man ein leises aber klares Geräusch.
- In diesem Moment ist zu spüren, wie sich der Hammer von der Verbindung zur Taste löst.

Beim normalen Spielvorgang ist dies der Moment, an dem der Hammer wegspringt und für den Bruchteil einer Sekunde wie von einen Katapult geschossen durch die Luft fliegt. Dieser Vorgang und der dahinter stehende Mechanismus werden als „Auslösung" bezeichnet.

Cristoforis Auslösemechanismus ist so elegant konstruiert, dass auch die Mechanik der heutigen Klaviere noch weitgehend unverändert darauf beruht. Die technischen Details werden in Kapitel 2 erläutert. An dieser Stelle sei lediglich festgehalten, dass die Mechanik zu den Dingen gehört, die auf den ersten Blick zwar völlig klar und einfach aussehen, aber eine geniale Meisterleistung sind.

Zu seiner Zeit wurde Cristoforis Mechanik als unheimlich kompliziert angesehen – damals wie heute musste auf Millimeterbruchteile genau gearbeitet werden, um ein korrektes Funktionieren zu gewährleisten. Und das mit Filz und Holz! Der Ruf der frühen Pianoforte litt zudem darunter, dass andere Klavierbauer aus Einsparungsgründen einfachere und billigere Mechaniken bauten. Um diese Mängel auszugleichen, kehrten viele spätere Klavierbauer wieder zu Cristoforis Originalen zurück (Man muss allerdings bedenken, dass es so etwas wie technische Zeichnungen zu dieser Zeit noch nicht gab. Cristoforis Werk wurde in der Hauptsache durch Beschreibungen verbreitet. Eine exakte Überlieferung war damit eigentlich unmöglich, so dass man sagen kann, Cristoforis Werk ist schon bei seiner Entstehung verloren gegangen).

Lange Zeit fiel der Vergleich mit dem Clavichord zu Ungunsten des Pianofortes aus. Ersteres war leichter zu spielen und war schon über eine lange Zeit perfektioniert worden. So muss abschließend nochmals auf das Thema Ausdrucksfähigkeit eingegangen werden, um zu erklären, warum das Klavier doch allmählich das Clavichord ablöste, das schließlich nur mehr als Arbeitsinstrument sein Dasein fristete.

Bei Clavichord und Cembalo wird die Saite immer mit derselben Stärke angeschlagen, unabhängig davon, wie stark man anschlägt. Keines der beiden wäre daher das Instrument der Wahl eines Horowitz oder Little Richard. Ganz anders bei Cristoforis Pianoforte: Wie schon der Name verrät, können die Töne hier in allen Schattierungen von laut bis leise gespielt werden, vergleichbar den Ausdruckmöglichkeiten der menschlichen Stimme. Und je deutlicher die Musiker und Komponisten erfassten, welche Ausdrucksmöglichkeiten ihnen damit an die Hand gegeben waren und je mehr diese Ausdruckmöglichkeiten und die technischen Möglichkeiten sich einander annäherten, desto mehr Musiker und Komponisten begeisterten sich für das Pianoforte, das bald an Beliebtheit alle anderen Tasteninstrumente übertraf.

Cristofori nannte seine Erfindung „arpicembalo [im Orig. arcicembalo] che fa il piano e il forte" – Cembalo, das laut und leise spielt, was mit der Zeit zu Pianoforte oder auch nur Piano verkürzt wurde.

Problem Nr. 2: Die gleichschwebend-temperierte Stimmung

Um Klavierspielen zu können muss man nichts von gleichschwebender Stimmung wissen. Zum Glück, denn diese ist schwierig in einfachen Worten zu erklären. Aber ohne die gleichschwebende Stimmung gäbe es das moderne Klavier nicht und Cristoforis Erfindung wäre umsonst gewesen. Daher doch ein paar Sätze zu diesem Thema.

Die genauer gesagt gleichschwebend-temperierte Stimmung ist die Lösung eines alten Problems. Keine perfekte Lösung, aber die einzig machbare, da eine mathematisch korrekte Lösung unmöglich ist.

Das Problem lag darin, ein Tasteninstrument so zu stimmen, dass man in allen Tonarten spielen kann und die Harmonien „wohl" klingen, wie wir es heute gewohnt sind. Zu Beginn des 18. Jh. war das Clavichord noch ausreichend für die meist einstimmigen Melodien, aber kaum für mehr. Je anspruchsvoller die Harmonik wurde, desto verstimmter klangen die gespielten Akkorde. Dieser Mangel war auch Cristoforis Pianoforte zu Eigen.

Lange Zeit waren diese Nachteile der Stimmungen zu vernachlässigen, da die Cembali und Clavichorde nur einen schwachen Klang hatten – und was man nicht hörte, darum musste man sich auch nicht zu sehr kümmern. Aber als im Zuge der technischen Entwicklung die Orgeln, Cembali und Clavichorde lauter wurden, konnte das Problem nicht mehr ignoriert werden. Die Musiker und Komponisten wollten ihre Fähigkeiten auf allen Instrumenten zeigen können und in neue, bislang unerforschte harmonische Bereiche vorstoßen. Sie erkannten klar: So geht es nicht weiter, es muss etwas geschehen. Die Lösung entstand zur Zeit und im Umfeld von Johann Sebastian Bach – ein Genie, als Musiker, Komponist und Orgelsachverständiger.

Dass gerade Bachs Name mit dieser Lösung des Problems verbunden ist, entbehrt nicht einer gewissen Ironie, er war nämlich von den damals neuen Klavieren überhaupt nicht begeistert. Was also war – und ist – das Problem?

Die Lösung des Pythagoras

Das Problem ist, wie man, basierend auf den Schwingungen der einzelnen Töne, die Intervalle zwischen ihnen bestimmt. Zwei Töne, die eine Oktave voneinander entfernt sind, z.B. C-c, erzeugen zusammen eine perfekte Harmonie: die Schwingungsrate des höheren Tones ist doppelt so hoch wie die des unteren. Fast ebenso verwandt klingen zwei Töne im Quintabstand, z. B. C-G. Diese Quint bildet den Grundstein musikalischer Harmonie und wird oft auch als einfache, wenn auch auf die Dauer etwas ermüdende Begleitung verwendet (wie der Bordun-Klang des Dudelsack).

Das Problem mit den Intervallen bestand schon lange. Es war angeblich Pythagoras (jawohl, der mit $a^2+b^2=c^2$!), der als erster um 500 v. Chr. eine Lösung vorschlug, wahrscheinlich wurden aber bereits in einigen babylonischen Texten aus dem Jahr 300 v. Chr. ähnliche Probleme behandelt.

Pythagoras' Ziel war es, alle Quinten zu bestimmen (ob es wirklich Pythagoras war, ist nicht sicher. Aber da er so ein brillanter Denker war, sei ihm diese Ehre auch zu gestanden). Da ihm keine elektronischen Stimmgeräte zur Verfügung standen, benutzte er Schmiedehämmer. Er entdeckte, dass zwei Hämmer, von denen einer halb so schwer war wie der andere, im Intervall einer Oktave klingen, wenn man auf den Amboss schlägt. Weiter fand er heraus, dass zwei Hämmer, die jeweils 2/3 der ersten wogen, eine Quinte höher klangen. Das war sein Heureka-Moment. Sein nächster Schritt war entsprechend der Zwölfteilung der Oktave eine Reihe von Hämmern nach diesem 2/3-Verhältnis herzustellen.

Theoretisch sollte mit Schritt 12 der Ausgangston wieder erreicht sein, nur eine Oktave höher. Praktisch war das aber nicht der Fall, der Ton war daneben (ähnlich wie bei einem Heimwerker, der eine gerade Linie an den Innenwänden eines Zimmers ziehen möchte und dann zwei verschiedene Enden hat). Der Zielton war etwas höher als die Oktave des Ausgangstones.

Der Grund liegt darin, dass die Schwingungsfrequenzen von Saiten sich mit jeder Oktave verdoppeln (mathematisch: eine exponentielle Zunahme), während die harmonischen Grundbausteine (d.i. die Intervalle) als Brüche beschrieben werden. Es gab und gibt keine mathematische Lösung, diese beiden natürlichen Methoden der Intervallbestimmung in Einklang zu bringen.

Ob Pythagoras dies nun bemerkt hat oder nicht, jedenfalls beendete er an diesem Punkt seine Untersuchungen. Das musikalische Ergebnis war, dass Jahrhunderte lang alle Musiker, und damit auch Spieler von Tasteninstrumenten, mit einem Tonsystem leben mussten, dessen Stimmung jeden Versuch in mehr als einer Tonart zu spielen, die Zuhörer mit Bauchkrämpfen zurückließ.

DIE WAHL DES KLAVIERS

Die wohltemperierte Stimmung

In Kapitel 10 wird ausführlicher erklärt, wie ein Stimmer heutzutage die gleichschwebend-temperierte Stimmung einrichtet. Zur Zeit Johann Sebastian Bachs wurde ein Stimmungs-System entwickelt, das die Ecken und Kanten an den Oktavübergängen ausglich. In diesem System klangen bei richtiger Stimmung des Klaviers einige Intervalle falsch, allerdings gleichmäßig in jeder Tonart. Dieses Konzept ist schwer zu vermitteln. Ein heutiger Klavierstimmer würde wohl in den Verdacht geraten, zwei linke Hände zu haben, sollte er so etwas vorschlagen (und das wird zu Bachs Zeit wohl nicht viel anders gewesen sein).

In der Umkehrung des C-Dur-Akkord G-C-E ist die Quarte G-C etwas zu tief, das E dagegen ist sehr hoch, eigentlich sogar zu hoch, wenn wir heute nicht daran gewöhnt wären. Wenn das E etwas erniedrigt und das G etwas erhöht würden, klänge der Akkord besser. Aber das Problem wäre nur verschoben. In dem cis-moll-Akkord G#-C#-E klänge das E jetzt unangenehm tief.

Die wohltemperierte Stimmung ist ein wunderbarer Kompromiss. Mathematisch löst sie das Problem zwar nur in dem Sinn optimal, dass in allen Tonarten „Fehler" sind, alle Tonarten also gleichmäßig „falsch" klingen. Der Punkt ist, dass man keine Tonart verbessern kann, ohne eine oder mehrere andere zu verschlechtern. Aber wenn man ein Musikstück in jeder beliebigen Tonart spielen können möchte, oder wenn man Musikstücke spielen möchte, die in verschiedene Tonarten modulieren und wenn wir dazu das gleiche Instrument nehmen wollen, ohne es andauernd umstimmen zu müssen – dann gibt es keine andere Möglichkeit.

Und das macht im Grunde die gleichschwebend-temperierte Stimmung aus. Sie hängt weder von der Konstruktion noch vom Bau eines Klaviers ab, sondern nur davon, wie es gestimmt ist. Wir alle benutzen Klaviere, bei denen, bei korrekter gleichschwebend-temperierter Stimmung, alle Intervalle außer der Oktave gegenüber den reinen Intervallen leicht verstimmt sind. Dass uns das beim Hören nicht stört, hat seinen Grund darin, dass es für uns durch die Gewöhnung richtig klingt. Es ist wie eine riesige Verschwörung, an der wir seit unserer Geburt teilnehmen.

Das „Wohltemperierte Clavier", Bachs großartige Sammlung von 48 Präludien und Fugen in allen Dur- und Molltonarten, ist eine eindrucksvolle Demonstration dieses neuen Stimmsystems – ohne dieses System wären die meisten Stücke schlicht nicht spielbar. Trotzdem brauchte es noch einige Zeit, bis sich die temperierte Stimmung allgemein durchsetzte. Einige große Komponisten hielten aus bestimmten Gründen verbissen an anderen Stimmungen fest. Es ist beispielsweise anzunehmen, dass Chopin seinen berühmten Trauermarsch nicht nur deshalb in b-moll geschrieben hat, damit er schwer zu spielen ist.

Die von Bach verwendete Stimmung entsprach, nach allem was wir wissen, noch nicht ganz unserem heutigen Stimmsystem, man unterscheidet wissenschaftlich zwischen (wohl)temperierter Stimmung und gleichschwebend-temperierter Stimmung. Mit der temperierten Stimmung sind alle Tonarten gut spielbar, doch sie klingen alle etwas verschieden. Mit der gleichschwebend-temperierten Stimmung klingt ein Musikstück dagegen in allen Tonarten gleich. Wenn die Musiker zu Bachs Zeit alle auch Mathematiker gewesen wären, hätten sie vielleicht gleich die gleichschwebend-temperierte Stimmung verwendet. Aber das ist nicht so wichtig. Was zählt ist, dass mit der temperierten Stimmung das Klavier, das Klavierspiel und damit auch die Komposition aus einem engen Korsett befreit wurden.

Problem Nr. 3: Die Saiten

Das größte Problem bei der weiteren Entwicklung des Klaviers war das Fehlen geeigneter Saiten. Mit den zeitgenössischen Fertigungsmethoden konnten keine zufriedenstellenden Ergebnisse erzielt werden. Dies ließ eine immer größer werdende Zahl von Musikern, die das Potential des Klaviers erkannt hatten, enttäuscht zurück und händeringend nach Lösungen suchen. Es wurde sogar mit ausgesägten und anschließend rundgefeilten Metallstreifen experimentiert – ein fürchterlicher Aufwand mit einem enttäuschenden Ergebnis. Etwa hundert Jahre nach Christoforis Pianoforte und Bachs Wohltemperiertem Clavier wurde in deutschen Gießereien damit begonnen, Gussstahl durch immer kleiner werdende Löcher zu festem, dünnen Draht zu ziehen. Die technischen Fortschritte nach 1820 ermöglichten schließlich die Herstellung hochqualitativer Drähte mit enormer Zugfestigkeit und einheitlicher Dicke. Zudem stellte sich heraus, dass Draht beim Ziehen stabiler wird: Je dünner der Draht, desto fester ist er im Vergleich zu seinem Durchmesser.

Die Herstellung von Klaviersaiten kann immer noch verbessert werden. Eines der Probleme, mit dem Klavierbauer und Stimmer ständig zu tun haben, sind Fehler bei der Herstellung, die sich in der Inharmonizität der Saiten äußert. Manchmal hat man eine einzelne Saite, die in sich Schwebungen (kleine Dissonanzen) produziert. Ein Phänomen, das eigentlich nur auftritt, wenn zwei leicht gegeneinander verstimmte Saiten zusammen klingen. Das ist dann wirklich schwierig. Es liegt meist daran, dass der Draht leicht oval ist. Es gibt dann zwei unterschiedliche, einander abwechselnde Schwingungsebenen. Die Saite weiß sozusagen nicht, wie dick sie ist. Eine dickere Saite schwingt langsamer und klingt damit tiefer als eine dünne Saite. Schwingt die betreffende Saite in der dünneren Ebene klingt sie höher, schwingt die in der dickeren, klingt sie tiefer. Sie verhält sich damit wie zwei verschiedene Saiten!

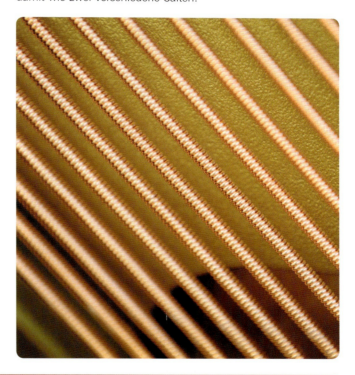

Weitere Entwicklungen

Als das Problem der Saitenherstellung gelöst war, beschleunigten sich die Fortschritte in der Klavierentwicklung im 19. Jahrhundert. Die Saiten wurden länger und konnten dadurch auch stärker belastet werden, die Klangqualität wurde dadurch erheblich verbessert.

Damit rückte als nächstes der Rahmen ins Blickfeld. Der Rahmen muss die meiste Kraft im Klavier aushalten und je stärker die Saiten gespannt werden, desto mehr Kraft wirkt auf den Rahmen. Die alten Holzrahmen, vom Aussehen her mehr einer Harfe ähnlich, konnten diesen Kräften nicht mehr standhalten. Die Holzrahmen wurden zunächst mit Metall verstärkt, schließlich traten Rahmen aus Gusseisen an ihre Stelle.

Im Jahr 1859 meldete der deutschstämmige Klavierhersteller Steinway zwei Patente an: den Gussrahmen mit Kreuzbesaitung und die Roller-Mechanik, genauer gesagt: die Mechanik mit doppelter Auslösung (siehe Kap. 2). Andere Hersteller übernahmen diese Neuerung bald in Lizenz, teils auch erst später, nach dem Auslaufen der Patente. Steinway vollendete damit die Entwicklung des modernen Klaviers, alle nach 1859 erfolgte Änderung waren marginaler oder kosmetischer Natur aber nicht wirklich innovativ. Es wurden noch die Kreuzbesaitung und die Unterdämpfer-Mechanik für aufrechte Klaviere (siehe Kap. 2) entwickelt. Das war alles.

Die Herstellungsprozesse wurden seit dem ausgehenden 19. Jahrhundert stetig verbessert, ein Klavier aus dem Jahr 2000 ist daher deutlich besser als ein fabrikneues aus dem Jahr 1900. Aber – und das macht den universellen Reiz der Klavierinstrumente aus – die beiden unterscheiden sich kaum. Ein Keyboard ist 5 Jahre nach dem Kauf eigentlich nicht mehr zu gebrauchen. Ein gut gepflegtes Klavier dagegen ist auch 50 Jahre nach seiner Herstellung noch so gut wie neu.

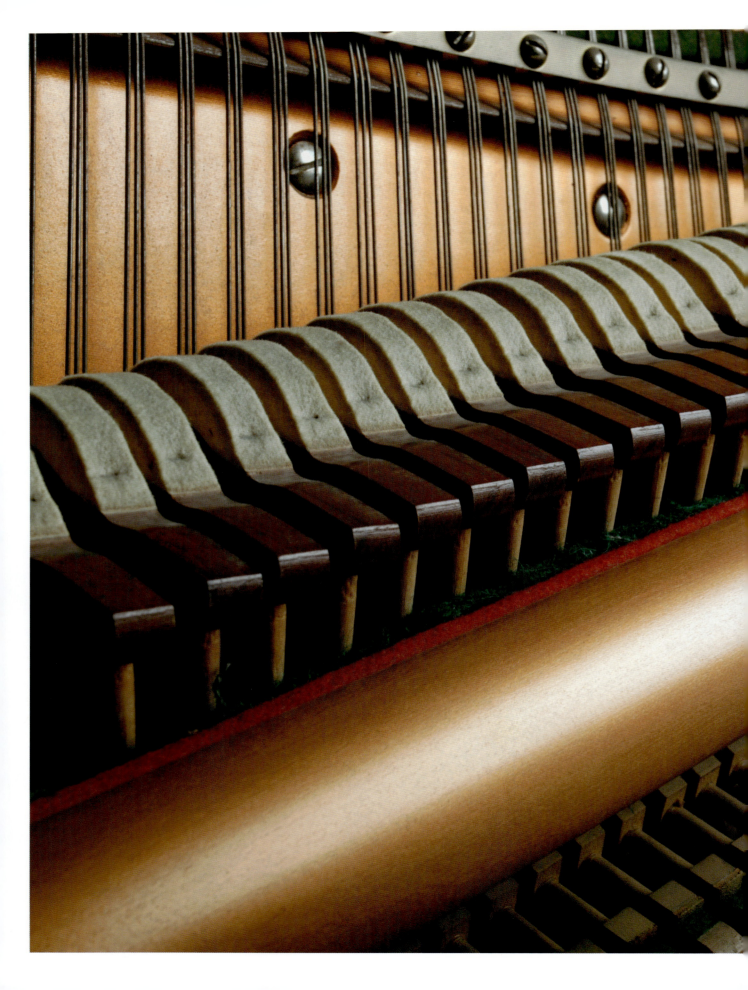

Kapitel 2

Die Funktionsweise des Klaviers

Grundlagen – und wie gute und schlechte Klaviere zu unterscheiden sind:

22	Was ist wo? – Die Bauteile des Klaviers
24	Was heißt modern?
25	Moderne Klaviere – Design und Konstruktion
30	Stimmstock und Stimmnägel
33	Das Gehäuse
34	Resonanzboden und Stege
35	Die Tastatur
36	Die Mechanik beim Klavier
40	Die Flügelmechanik
42	Die Pedale

DIE WAHL DES KLAVIERS

Was ist wo? – Die Bauteile des Klaviers

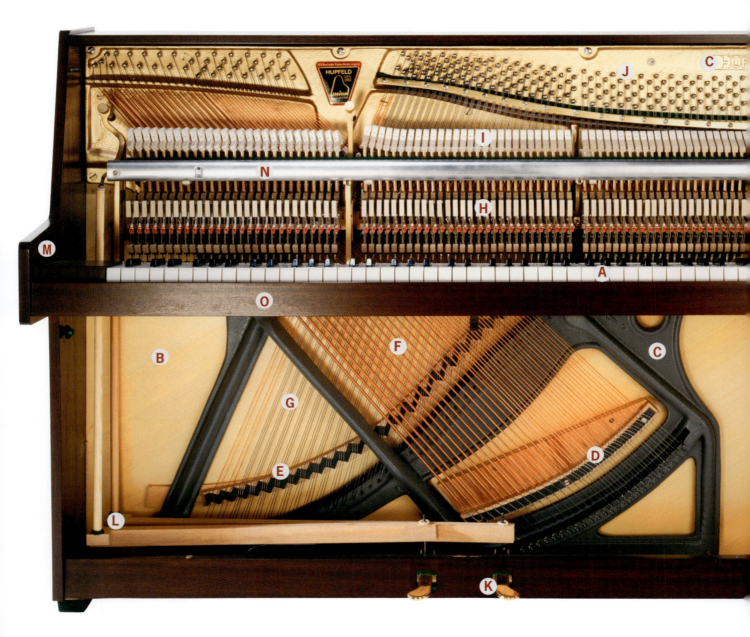

- **A** Tastatur
- **B** Resonanzboden
- **C** Gusseisenplatte oder -Rahmen, mit Kreuzbezug
- **D** Bass-Steg
- **E** Diskant-Steg
- **F** Bass-Saiten (mit Kupfer umsponnen)
- **G** Diskant-Saiten
- **H** Mechanik
- **I** Hämmer
- **J** Stimmnägel
- **K** Pedale
- **L** Pedalmechanismus
- **M** Gehäuse
- **N** Hammerruheleiste
- **O** Schlossleiste

DIE FUNKTIONSWEISE DES KLAVIERS

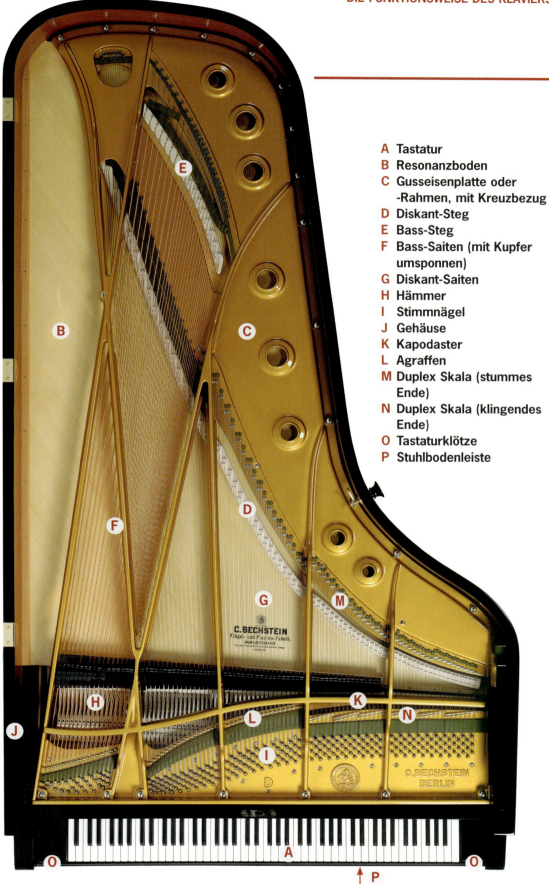

A Tastatur
B Resonanzboden
C Gusseisenplatte oder -Rahmen, mit Kreuzbezug
D Diskant-Steg
E Bass-Steg
F Bass-Saiten (mit Kupfer umsponnen)
G Diskant-Saiten
H Hämmer
I Stimmnägel
J Gehäuse
K Kapodaster
L Agraffen
M Duplex Skala (stummes Ende)
N Duplex Skala (klingendes Ende)
O Tastaturklötze
P Stuhlbodenleiste

DIE WAHL DES KLAVIERS

Was heißt modern?

Dieses Kapitel behandelt den Bau und die Funktionsweise eines modernen Klaviers. Einige Hinweise zu älteren, inzwischen technisch überholten Bauarten, ergänzen die Ausführungen zum Kauf eines gebrauchten Klaviers in Kapitel 5.

Zunächst stellt sich die Frage was modern heißt. Bei den meisten Industrieerzeugnissen ist diese Frage leicht zu beantworten, da über Jahrzehnte jeder noch so kleine technische Fortschritt übernommen wurde und alles Veraltete sofort über Bord geworfen wurde.

Im Vergleich dazu reagiert der Klaviermarkt nur sehr langsam und ungleich auf Veränderungen. So kommen Neuerungen der Markenhersteller, egal ob in Design oder Technik, bei den Billig-Herstellern oft erst Jahrzehnte nach ihrer Einführung an. Daher ist das Herstellungsdatum allein eines Klaviers kein Kriterium für Modernität, leicht kann ein Klavier aus dem Jahr 1900 von Hersteller A technisch moderner sein als eines von Hersteller B um 1950.

Manche Hersteller hielten an der veralteten Technik fest, weil sie sich die Umstellung auf die neuen Techniken nicht leisten konnten. Andere, da sie mit der alten Technik billiger produzieren konnten, was ein Verkaufsvorteil gegenüber den neueren, teureren Klavieren war. All das muss bedacht werden, wenn man von „modernen" Klavieren spricht.

Diese Problematik trifft vor allem auf Klaviere zu, die zum heutigen Zeitpunkt älter als 20 Jahre sind. Bei neueren Klavieren weiß man, was man erwarten kann, davor findet man oftmals unglückliche Kombinationen neuer und alter Elemente, hierzu mehr in Kapitel 4 und 5. Die Zeitangaben der folgenden Beschreibungen sind daher ungefähr.

DIE FUNKTIONSWEISE DES KLAVIERS

Moderne Klaviere – Bau und Konstruktion

Der Rahmen (auch: die Platte)

Das wichtigste Bauteil ist der meist harfenförmige Rahmen aus Gusseisen, über den die Saiten gespannt sind. (Wie in Kapitel 1 erwähnt, wurden die Rahmen früher ganz aus Holz, später aus Holz mit Metallverstärkungen gebaut. Da es solche Klaviere nur noch im Museum gibt, werden sie hier nicht weiter behandelt.)

Alle heutigen Instrumente sowie alle hochqualitativen Klaviere seit etwa 1920 haben einen großen Rahmen mit Kreuzbezug. Da immer noch ältere Klaviere mit anderen Bauweisen angeboten werden, müssen in diesem Zusammenhang zwei Punkte erwähnt werden:
- Der Unterschied zwischen Dreiviertel-Rahmen und ganzem Rahmen.
- Der Unterschied zwischen geradem Bezug und Kreuzbezug.

Dreiviertel-Rahmen – ganzer Rahmen

Der Dreiviertel-Rahmen ist die ältere Bauweise des Eisenrahmens. Wie der Name sagt, nimmt der Rahmen nicht die gesamte, sondern nur etwa Dreiviertel der Höhe des Klaviers ein. Diese Bauart ist heute vollkommen veraltet. Ihr Hauptnachteil war, dass die Zugkräfte der Saiten, die oft mehrere Tonnen betragen, allein auf den offenen Stimmstock wirkten, ohne die Unterstützung der Gussplatte (siehe S. 30, Stimmstock und Stimmnägel).

Um 1900 begannen die besseren Klavierhersteller große Rahmen zu verbauen (siehe S. 31). Weniger gute Hersteller produzierten leider weiterhin Klaviere mit Dreiviertel-Rahmen, die daher immer noch auf dem Markt sind. Der Grund war wohl der niedrigere Herstellungspreis, da für den Ganz-Rahmen Lizenzgebühren gezahlt werden mussten. Um die schlechtere Qualität ihrer Klaviere zu verdecken, schreckten diese Hersteller auch nicht vor Tricks zurück, um leichtgläubigen Käufern vorzuspiegeln, sie kauften ein Instrument mit ganzem Rahmen: Holz wurde mit Goldfarbe angemalt, damit es wie Metall aussah oder es wurden Metallteile angefügt, die zwar beindruckend wirkten, jedoch keinerlei Funktion hatten (siehe „Die drei Todsünden", S. 32).

Gerader Bezug und Kreuzbezug

Ein Klavier mit Kreuzbezug ist nicht deshalb gut weil es einen Kreuzbezug hat, sondern es verhält sich umgekehrt: ein Klavier mit geradem Bezug ist niemals gut. Diese werden schon seit längerer Zeit nicht mehr hergestellt, daher gibt es nicht mehr

Die beiden oberen Fotos zeigen Dreiviertel-Rahmen, die unter den Stimmnägeln aufhören. Die Stimmnägel sind scheinbar in solides Metall gebohrt, in Wirklichkeit aber handelt es sich nur um ein dünnes Plättchen aus Messing oder Blech, das lediglich das bloße Holz des Stimmstocks verdeckt (siehe unten). Und was wie massive Bolzen aussieht, sind nur Holzschrauben, mit denen der Stimmstock am Rahmen befestigt ist. Dies war ganz klar Vortäuschung falscher Tatsachen. Bessere und größere neue Klaviere haben einen soliden Holzrahmen hinter der Gussplatte, vgl. das Bild unten.

PIANO MYTHOS & TECHNIK

DIE WAHL DES KLAVIERS

viele, aber immer noch genug, um unachtsame Käufer in Versuchung zu führen. Viele Pianos mit geradem Bezug sind zwar gut gebaut und sehen immer noch gut aus. Doch der der scheinbar gute Klang wird bei nachlassender Stimmung schnell schlechter.

Gerade Besaitung

Der Gerade Bezug wird auch „Vertikaler Bezug" genannt. „Vertical" ist in den USA jedoch die Bezeichnung für aufrechte Klaviere. Daher wird hier nur der Begriff „Gerader Bezug" verwendet.

Im Folgenden wird mit „Klavier" meist das aufrechtstehende Klavier bezeichnet, im Gegensatz zum Flügel. Wo eine Verwechslung mit dem Sammelbegriff „Klaviere" möglich ist, wird vom „aufrechten Klavier" gesprochen.

Der gerade Bezug ist eine eigentlich einfache Konstruktion. Über den massiven, harfenförmigen Gussrahmen (siehe oben) werden die Saiten vertikal in einer Richtung verlaufend gespannt. Diese Art der Besaitung wurde von Cembalo und Clavichord übernommen.

Klaviere mit geradem Bezug waren recht gut, kamen aber mit dem Aufkommen des Kreuzbezugs mit all seinen Vorteilen schnell außer Gebrauch. Um 1918 bauten die Markenhersteller keine Klaviere mit geradem Bezug mehr.

Auf dem Billigsektor wurden solche Instrumente noch bis in die 1960er und sogar 1970er angeboten, alles Klaviere von schlechter Qualität und zweifelhafter Herkunft. Trotzdem verkauften sie sich, weil sie erstens billiger hergestellt werden konnten und weil es zweitens viele Händler und Kunden gab, denen es egal war oder die keine Ahnung davon hatten, wie schlecht diese Instrumente waren. Vorsicht ist geboten, viele solcher Klaviere sind immer noch im Handel.

Der gerade Bezug hat zwei fundamentale Nachteile, die sich vor allem beim Klavier auswirken:

- Keine Saite kann länger sein als die Höhe des Instruments. Je kräftiger der Bass, desto größer muss das Klavier sein.
- Je höher das Klavier ist, desto monströser sieht es aus – und desto leichter kippt es um.

Ein drittes Problem ergibt sich aus dem Alter der Instrumente.

- In Klaviere mit geradem Bezug muss man viel Arbeit investieren, damit sie spielbar bleiben. Ersatzteile sind vielfach nicht mehr zu bekommen, viele Reparaturen sind daher nicht durchführbar oder die Kosten stehen in keinem Verhältnis zum Wert des Instruments. Und was sich jetzt schon kaum lohnt, wird in einigen Jahren noch schlechter.

Und das ist so ziemlich alles, was man zu Klavieren mit geradem Bezug sagen kann. Sie sind im besten Fall Museumsstücke, die man niemals kaufen sollte.

Der Kreuzbezug

Der Kreuzbezug ist als Bauweise aufwendiger, doch sowohl Konstruktion wie der daraus resultierende Klang sind in allen Belangen besser als beim geraden Bezug (vgl. dennoch weiter unten im Abschnitt „Eine Lanze für den Geradbezug?")

Die grundlegenden Unterschiede sind:

- Die Saiten sind in zwei Hälften angeordnet: auf der einen Seite die Bass-Saiten, auf der anderen die Diskant-Saiten.
- Im Klavier überkreuzen sich die Saiten in einem Winkel zwischen 40° bis 60°. Die Bass-Saiten verlaufen von links oben nach rechts unten, die Diskant-Saiten von rechts oben nach links unten. (Bei genauem Hinsehen erkennt man, dass die Diskantsaiten auf der rechten Seite zunächst vertikal verlaufen und dann fächerartig in die Diagonale übergehen. Siehe das Bild unten).
- Die Saiten kreuzen sich an einer Stelle, daher der Name „Kreuz"-Bezug. Dies ist bei einem Flügel bei geöffnetem Deckel leicht zu sehen, beim Klavier ist diese Stelle hinter Tastatur und Mechanik verborgen. Damit die beiden Saitenhälften sich nicht in die Quere kommen, ist der Rahmen leicht gebogen, die Bass- und Diskantsaiten haben in diesem Bereich einen Abstand von ca. 130 mm.

Der Kreuzbezug hat zwei deutliche Vorteile gegenüber dem geraden Bezug: Zum einen können die Saiten bei gleicher Rahmengrößer länger sein. Es handelt sich zwar nur im wenige Zentimeter, aber diese sind für eine deutlichen Klangunterschied ausreichend.

Zum anderen, mit weitreichenderen Auswirkungen, die Position des Basssstegs: Bei einem Klavier mit geradem Bezug kommt der Bass-Steg notwendigerweise ganz links zu liegen, am äußeren Ende des Resonanzbodens. Der Klang ist jedoch umso besser, je weiter in der Mitte des Resonanzbodens die Stege liegen. Ein Klavier mit gerader Besaitung wird daher immer einen unbefriedigenden Klang im Bass haben, mit zunehmender Tiefe noch dazu immer schlechter. Schon 1820 experimentierte der englische Klavierbauer John Broadwood mit einem separaten Bassbalken und platzierte ihn etwas mehr in die Mitte des Resonanzbodens. Seine Erfindung bereitete so den Weg für die Kreuzbesaitung.

Die zwei hauptsächlichen Vorteile der Kreuzbesaitung sind:

- Der weitaus bessere Klang im Bass, verglichen mit einem ebenso großen Klavier mit gerader Besaitung, oder andersherum auch ein ebenso guter Bass-Klang mit einem kleineren Instrument.
- Längere Saiten ermöglichen kleinere Saitendurchmesser und damit weniger störende Obertöne.

Bei einem Flügel mit Kreuzbesaitung kreuzen sich die Saiten in einem Winkel von 20° bis 30°. Der Gewinn an Länge ist durch den kleineren Winkel im Vergleich zum Klavier zwar fast marginal und spielt bei einem Flügel, wo sowieso alles schon größer ist, keine besondere Rolle. Der weitaus größere Vorteil ist hier, neben der Verlagerung des Basssteg in die Mitte, die stabilere Konstruktion. Dass dafür noch dazu weniger Eisen benötigt wird, ist ein Vorteil bei der Herstellung, der mit dem musikalischen Gewinn Hand in Hand geht.

DIE WAHL DES KLAVIERS

Hat das Klavier einen geraden oder einen kreuzsaitigen Bezug?

Einen ersten Hinweis geben die Klötze links und rechts der Tastatur (siehe Abb.). Bei einem Klavier mit Kreuzbezug ist der linke, bassseitige Klotz breiter als der rechte im Diskant. Da dies aber nicht immer so ist, muss man, wenn man es wissen will, ins Innere des Instruments sehen.

Dazu muss der obere Deckel geöffnet werden (nicht der Tastaturdeckel, bzw. besser Tastaturklappe). Bei einem fremden Klavier sollte man den Besitzer bitten, all die auf dem Klavier stehenden Pflanzen, Fotos etc. abzuräumen, bevor man neben dem Klavier noch irgendein hochgeschätztes Erinnerungsstück beschädigt.

Bei offenem Deckel sieht man sofort die Saitenenden, eine Taschenlampe ist nicht unbedingt nötig aber hilfreich. Am leichtesten kann man die Basssaiten an der linken Seite erkennen. Verlaufen die Saiten alle parallel senkrecht nach unten, so handelt es sich um ein Piano mit geradem Bezug (wie auf dem Bild unten, mit abgenommener Vorderfront leicht zu erkennen). Das heißt: Finger weg, es kommt für einen Kauf nicht in Frage.

Den Kreuzbezug erkennt man daran, dass die Saiten in zwei Teilen angeordnet sind, die sich kreuzen. Die dickeren Saiten (Bass) verlaufen von links nach rechts abwärts, die höheren (Diskant) von rechts nach links. Die Diskantsaiten verlaufen anfangs oft vertikal und gehen erst allmählich fächerartig in die Diagonale über, daher ist dies an den Basssaiten eher zu erkennen.

Bei manchen gerade bezogenen Klavieren sind die Saiten parallel geführt, aber schräg in einem Winkel von etwa 15° bis 20°, um etwas Saitenlänge zu gewinnen. Auch hier sollte man vom Kauf Abstand nehmen (das unten abgebildete Schiedmayer-Piano von 1890 hat einen Dreiviertel-Rahmen mit schräggeführtem Gerad-Bezug. Das Instrument wurde kürzlich aufgearbeitet, die Stimmnägel sind jedoch bereits wieder locker. Das ist rausgeschmissenes Geld für ein Instrument, das schon kurz nach seinem Kauf eigentlich veraltet war).

PIANO MYTHOS & TECHNIK

DIE FUNKTIONSWEISE DES KLAVIERS

Eine Lanze für den Gerad-Bezug?

Technologisch betrachtet wirkt die Betonung der Entwicklung vom Gerad-Bezug zum Kreuzbezug übertrieben, eher wie ein kleiner Schritt als ein Riesensprung.

In der Theorie hat der gerade Bezug sogar einen kleinen Vorteil, weswegen wenige große Hersteller, wie z.B. Bechstein in Deutschland oder Collard & Collard in England auch einige Zeit nach der generellen Umstellung zur Kreuzbesaitung noch Klaviere mit gerader Besaitung herstellten.

Der Kreuzbezug hatte – und hat immer noch – eine Schwachstelle in der Konstruktion. An der Kreuzungsstelle reicht der Platz nicht für die normale Dämpfergröße aus (siehe die Abb. unten). Diese Stelle ist der „Kreuzungssprung", der oben an den Stimmnägeln bis 15 cm groß sein kann. Spielt man mehrmals über diese Stelle, hört man, dass die Dämpfer hier nicht so gut wirken wie sonst. Fällt diese Stelle mit dem Überhang von der Dreichörigkeit (drei Saiten pro Ton) zur Zweichörigkeit (zwei Saiten pro Ton) und daher auch mit dem Wechsel von Blanksaiten zu umsponnenen Seiten zusammen, kann dieser Sprung einen deutlichen Klangunterschied ausmachen. Je besser das Klavier ist, desto weniger hörbar ist dieser Sprung. Ein einfacher Test ist, einen erfahrenen Spieler nur durch Spielen diese Stelle finden zu lassen, ohne dass er einen Blick in das Instrument wirft.

So betrachtet, gibt es durchaus Argumente für den geraden Bezug, da alle diese Probleme entfallen. Die größeren Ausmaße, an die man sich gewöhnen könnte, würden durch die technischen Vorteile aufgewogen.

Am Ende war es eine Entscheidung des Marktes: In der Praxis wurde die Kreuzbesaitung zum Synonym für Qualität und Klaviere mit geradem Bezug waren nicht mehr zu verkaufen. Dies ist vergleichbar mit Verdrängung der eigentlich überlegenen Betamax-Technik durch das VHS-Video-Format in den 1980er Jahren. Bei allen Vorbehalten mussten die Klavierhersteller zum Kreuzbezug wechseln, wenn sie im Geschäft bleiben wollten.

Und damit kommt die theoretische Verteidigung des geraden Bezugs an ihr Ende. In den letzten 100 Jahren wurden einfach keine guten derartigen Klaviere mehr hergestellt, und auch die besten damaligen sind inzwischen unbrauchbar. Sicherlich finden sich immer wieder Händler, die derartige Klaviere gerade wegen der Länge der Bass-Saiten anpreisen. In Punkto Länge haben sie wahrscheinlich recht, aber das ist auch alles. Es gibt bessere Klaviere und diese sollte man kaufen.

DIE WAHL DES KLAVIERS

Stimmstock und Stimmnägel

Der Rahmen muss solide und stark sein, um die enormen Kräfte auszuhalten, die auf ihn wirken – die Zugkräfte der gespannten Saiten betragen über 10t bei einem Klavier und bis zu 20t bei einem Konzertflügel. Im Großen und Ganzen sind sie auch stabil, bei normaler Behandlung hält ein Rahmen praktisch ewig.

Ganz anders jedoch der Stimmstock, der aus einem etwa 5 cm starken laminierten Stück Holz besteht. Dessen natürlicher Schwund und Abnutzung führt zum Tod vieler älterer Klaviere. Eine Vorhersage, wie lange ein Stimmstock hält ist nicht möglich. Normalerweise kann man von 60 bis 70 Jahren ausgehen, doch die heutigen Zentralheizungen reduzieren die Lebensdauer erheblich, immer öfter sind Klaviere bereits nach 30, im Extremfall schon nach 20 Jahren am Ende. Je länger man also etwas von seinem Stimmstock und damit dem ganzen Klavier haben will, desto weniger sollte man die Heizung aufdrehen oder möglichst ganz auslassen.

Funktion des Stimmstocks

Jede Saite ist am oberen Ende des Rahmens um einen Stimmnagel gewunden, mit dem die Saite gestimmt wird. Die Stimmnägel (oder: Stimmwirbel) stecken nicht im Metallrahmen, sondern in dem hölzernen Stimmstock, dessen Aufgabe es ist, die Nägel zu halten. Die Bestückung erfolgt relativ einfach mit einem großen Hammer, mit dem die Nägel in kleine Löcher geschlagen werden. Gehalten werden die Stimmnägel lediglich durch die Reibung, dem Widerstand des metallenen Wirbels in einem kleinen, gerade ausreichenden Loch im Holz.

Die Saite wird dann durch Drehen des Stimmwirbels in die eine oder andere Richtung gestimmt. Nun ist das Stimmen zwar kein so brutaler Vorgang wie es der Name des dazu verwendeten Stimmhammers vermuten lässt, doch wirken auf das Holz enorme Kräfte, die ihre Spuren hinterlassen.

Man findet drei unterschiedliche Konstruktionsweisen des Stimmstocks:

■ Der sichtbare Stimmstock

Dies ist die älteste, fehleranfälligste und am wenigsten Stimmer-freundliche Bauweise. Wie der Name schon sagt, ist der gesamte Stimmstock sichtbar (siehe S. 25, obere Fotos). Ohne den Schutz einer Gussplatte wirkt der tonnenschwere Zug der Saiten direkt auf das Holz, die Stimmwirbel werden aus den Löchern gezogen und ziehen wiederum den gesamten Stimmstock nach unten. Nur der Erfahrung der Klavierbauer ist es zu verdanken, dass die Stimmwirbel halten und das Klavier nicht zusammenklappt.

Ein Klavier mit sichtbarem Stimmstock ist äußerst undankbar zu stimmen, man muss die Stimmwirbel sehr vorsichtig drehen, ohne Rütteln oder Druck nach unten. Aber auch bei größter Vorsicht bleibt es nicht aus, dass das Holz Schaden nimmt und die Löcher der Wirbel allmählich ausleiern. Nach einiger Zeit ist das Stimmen vergebliche Liebesmüh, das natürliche Schwinden des Holzes fordert zusammen mit dem Ausleiern beim Stimmen seinen Tribut. Es ist ein Teufelskreis: Wegen des Ausleierns muss man stimmen, dadurch lockern sich die Stimmwirbel aber noch mehr. Manchmal sind davon nur ein paar Wirbel betroffen, manchmal sind es alle. Dass bei besseren Klavieren alle Wirbel gleichmäßig nachlassen, ist nur ein schwacher Trost.

Früher oder später hält so ein Klavier die Stimmung nur noch ein paar Stunden, vor allem wenn der Stimmstock nicht nur schwindet, sondern auch zu reißen beginnt. Im schlimmsten Fall von Loch zu Loch. Im Foto unten erkennt man einen über drei Wirbel desselben Tones verlaufenden Riss, der ungeschickt geflickt und übermalt wurde. So klein er auch ist, so ein Riss bedeutet meistens das Ende für ein Klavier. Auch ohne Risse sind lockere Stimmwirbel verhängnisvoll. Das einzige was hilft ist, die originalen Wirbel durch größere zu ersetzen, die wieder besser in den weiteren Löchern sitzen. Meistens braucht es dann auch neue Saiten. All das entspricht einem größeren chirurgischen Eingriff und die Kosten stehen meistens in keinem Verhältnis zum Wert des Klaviers nach dem Wiederaufbau.

DIE FUNKTIONSWEISE DES KLAVIERS

■ Die Panzerplatte (frühe Bauweise)

Die führenden Hersteller begannen um 1900 mit dem Einbau von großen Gussrahmen, damals sogenannten Voll-Panzerplatten (was sich bis um 1950 allgemein durchsetzte). Die heute verbreitete Bauweise (s.u.) ist eine Weiterentwicklung dieser Bauart.

Bei der frühen Bauweise nimmt die Gussplatte die gesamte Höhe des Klaviers ein und bedeckt den nun nicht mehr sichtbaren Stimmstock, mit dem sie durch starke Schrauben verbunden ist. Erst eine verbesserte Gusstechnik machte eine derartige Konstruktion möglich, da in diesem Bereich der Rahmen sehr dünn gegossen werden muss.

In die Platte werden Löcher gebohrt, durch die die Stimmwirbel gerade so hindurch passen und dann wie gehabt im Stimmstock verankert werden. Natürlich ist auch dieser „gepanzerte" Stimmstock dem Schwund und der Abnutzung ausgesetzt, doch im Vergleich geschieht das wesentlich langsamer als bei Instrumenten, deren Stimmstock offen liegt.

Die Vorteile der Voll-Panzerplatte sind erstens, dass der Stimmstock durch die Verbindung mit der Platte langsamer schwindet; zweitens, dass durch eventuell unvorsichtiges Stimmen die Löcher nicht mehr so leicht ausleiern, da die Wirbel von Metall geführt werden. Bei sehr guten Klavieren kommt als dritter Pluspunkt hinzu, dass die Stimmwirbel an der Unterkante der Löcher in der Gussplatte anliegen und so von einem guten Teil des Saitenzugs befreit werden. Die dabei auftretende Reibung von Eisenplatte und Stahlwirbel spielt keine Rolle.

So konnte schon früh durch den Einbau der Panzerplatte die Lebensdauer des Stimmstocks und damit der Klaviere erheblich verlängert werden. Aber es geht noch besser.

■ Die Panzerplatte (heutige Bauweise)

Bei dieser heutigen Standardbauweise ruht der größte Teil der Saitenspannung auf dem Gussrahmen. Sie wurde um 1920 eingeführt und ist eine Weiterentwicklung der früheren Bauweise. Vor dem Einsetzen des Stimmstocks werden die vorgebohrten Löcher der Gussplatte mit Dübeln versehen. Diese sogenannten „Plattendübel" sind aus Hartholz (meist Ahorn) und sehen in etwa pilzförmig aus, ihr Kopfende kommt zwischen Platte und Stimmstock zu liegen. Die Stimmwirbel sind dadurch wie mit einem festen Mantel umgeben, wie im Foto oben gut zu erkennen.

Durch die Plattendübel wird im Vergleich zur früheren Bauweise die Zugkraft der Saiten von den Stimmwirbeln, und damit vom Stimmstock, auf den Rahmen abgelenkt. Die Vorteile dieser einfachen und sichtbaren Konstruktion sind enorm. Durch die geringere Belastung kann der Stimmstock die Stimmung länger halten und die Führung der Stimmwirbel in den harten Dübeln verhindert weitgehend die Beschädigung des Holzes des Stimmstocks beim Stimmen. Der natürliche Schwund des Stimmstocks lässt sich zwar auch hier nicht aufhalten, ist aber so langsam, dass der Stimmstock ein ganzes Klavierleben lang halten wird.

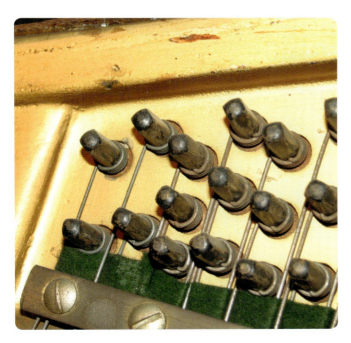

Die drei Todsünden

Die Fotos eines Pianos mit Gradbezug zeigen drei typische „Bausünden", von denen bereits eine ausreichen würde, das Instrument zu einem schlechten Klavier zu machen:

- eine Mechanik mit Oberdämpfern
- ein Dreiviertel-Rahmen
- ein offener Stimmstock

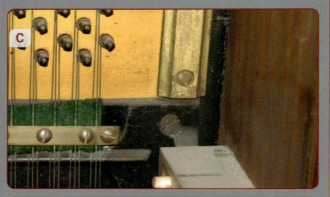

Die meisten Klaviere mit Geradbezug sind wenigstens nur mit einer oder zwei dieser Sünden geschlagen, alle drei in einem Instrument vereint zu sehen ist schier unglaublich. Foto B zeigt den Oberdämpfermechanismus vor dem Ausbau. Die Drähte vor der Mechanik bewegen die Dämpfer und führen deutlich vor Augen, weshalb diese Konstruktion (im anglo-amerikanischen Bereich) mit „Hamsterkäfig" bezeichnet wird. Oberdämpfer waren niemals gut – auch nicht, als dieses Klavier neu war – nicht zuletzt, weil sich der Dämpferfilz sehr schnell abnutzt. Erstaunlicherweise wurden Klaviere mit Oberdämpfern bis in die 1950 Jahre hergestellt. Diese Instrumente waren damals schon schlecht und sind jetzt noch schlechter.

Man meint außerdem einen glänzenden, von fünf massiven Schrauben gehaltenen Rahmen zu erkennen, der die gesamte Höhe des Instruments einnimmt. Doch nur anscheinend, wie man beim genauen Hinsehen erkennt.

An der Diskant-Seite rechts (Foto C) und der Bass-Seite links (Foto D) ist leicht zu erkennen, wo der der schwarze Gussrahmen aufhört. Er ist kürzer, als es zunächst den Anschein hatte, es handelt sich um einen Dreiviertel-Rahmen (in den USA noch drastischer als „halbe Platte" bezeichnet). Die gold-glänzenden Aufsätze am Rand sind damit nur Schwindel. Sie erfüllen keinerlei Funktion – das Klavier wird lediglich schwerer.

Wie oben erklärt, ist der Hauptnachteil der Dreiviertel-Rahmen, dass der Stimmstock den Zug der Stimmwirbel alleine halten muss, ohne die Unterstützung des haltenden Eisenrahmens. Bei dem gezeigten Klavier liegt der Stimmstock offen, das bedeutet, dass die Stimmwirbel und der darauf wirkende Zug der Saiten nur vom Holz gehalten werden (die originale Goldfarbe soll eine Metallplatte vortäuschen, wie bei den goldenen Aufsätzen handelt es sich dabei um absichtliche Vorspiegelung falscher Tatsachen, was auf dem Billigmarkt durchaus üblich war).

Das gezeigte Instrument ist über 80 Jahre alt. Die zwischen Wirbel verlaufenden Risse zeigen, dass der Stimmstock irreparabel ist und nie mehr die Stimmung halten wird.

Das Gehäuse

Das Gehäuse, also alle Holzteile, die man von außen sieht, hält das Instrument zusammen. Es bestimmt das Aussehen des Klaviers, hat aber auf den Klang keinerlei Einfluss. Dies mag zunächst überraschen, kann aber leicht erklärt werden. Klang bedeutet Schwingung und jeder Teil des Klaviers gerät beim Spielen mehr oder weniger in Schwingung. Ein Stimmer spürt die Schwingungen sogar durch die Stimmwirbel. Auch das Gehäuse vibriert natürlich mit, doch ohne dass dadurch Lautstärke oder Klang wesentlich verändert würden. Diese Aufgabe übernimmt der eigens dafür konzipierte Resonanzboden (siehe S. 34) in solcher Perfektion, dass weitere schwingende Bauteile keinen wahrnehmbaren Einfluss auf den Klang mehr haben. Da das Gehäuse ein so ineffektiver Verstärker ist, wird im Klavierbau eher versucht, möglichst wenig der Klangenergie des Resonanzbodens in das Gehäuse gelangen zu lassen.

Es ist zugegebenermaßen schwer zu akzeptieren, dass das solide schöne Mahagonigehäuse eines großen alten Pianos keinen Einfluss auf den Klang haben soll. Aber das ist leider nur eine romantische Vorstellung, das Klavier würde genauso klingen, wenn das Gehäuse aus Bodendielen zusammengeschraubt wäre.

Das Gehäuse öffnen

Tatsächlich klingt ein Piano sogar lauter und lebhafter, wenn man einige Gehäuseteile abnimmt. Konstruktionsbedingt entsteht der Klang bei Pianos und Flügeln in einem geschlossenen Bereich und wird dort zum Teil durch die auftretenden Reflexionen bereits beim Entstehen gedämpft. Einen gedämpften Klang aber wollen die wenigsten Spieler, daher wird ein Flügel beim Spielen üblicherweise aufgeklappt – ein Bild, das wohl jeder deutlich vor Augen hat.

Bei einem Klavier entfernt man am einfachsten und besten die Vorderfront. Das sieht nicht unbedingt elegant aus, eher wie zum Reparieren, außerdem fehlt damit auch das Notenpult. Aber es wird lauter. Bei einem Klavier hat der Spieler sogar mehr davon als bei einem Flügel: Der geöffnete Flügeldeckel reflektiert den Schall seitwärts in Richtung Publikum, bei einem geöffneten Piano trifft der Klang zuerst den Spieler. Wenn man sich also wirklich hören möchte, ist es besser, das Piano aufzumachen – solange Familie und Nachbarn sich nicht zu sehr beschweren.

Als Kompromiss kann man den oberen Klavierdeckel öffnen und so etwas zusätzliche Lautstärke bekommen.

Die meisten Pianos haben einen kleinen Riegel zum Aufstellen des Deckels – was übrigens viele Spieler auch nach Jahren noch nicht wissen und überrascht sind, wenn man es ihnen zeigt. Das Foto unten zeigt einen metallenen Riegel, die Klappe wird etwa um 7,5 cm geöffnet.

Moderne Gehäuse – Vorsicht ist geboten

Bei alten Instrumenten ist es das stabile Gehäuse, das das Klavier und seine Einzelteile bombenfest zusammen hält. Alte Klaviere und auch neue große Klaviere haben rückseitig einen großen Holzrahmen mit vier oder fünf senkrechten Spreizen und ein ebenso stabiles Gehäuse. Da dies im Grunde ein technologischer Overkill ist, verzichtet man bei vielen modernen Pianos auf die sogenannten Rasten, hier trägt allein der Gussrahmen die Saitenspannung. Im Foto oben ist zu erkennen, dass bei neuen Klavieren dieser Bauweise die gesamte Rückseite vom Resonanzboden gebildet wird. Das mag vielleicht den Holzverbrauch reduzieren, besser zu transportieren oder zu verrücken ist so ein Klavier aber nicht.

Bei Pianos mit einem Holzrahmen an der Rückseite liegt der Gussrahmen etwa am Schwerpunkt in der Mitte des Instruments. Man kann das Klavier bis zu einem gewissen Grad (ca. 20°) kippen, ohne dass es umfällt. Liegt der schwere Gussrahmen jedoch an der Rückseite, gleich hinter dem Resonanzboden, so kippt das Klavier viel schneller um, schon eine Neigung von 5° reicht locker aus (diese Angaben sollten aus Sicherheitsgründen nicht wirklich überprüft werden, siehe Kapitel 6).

Daher sollte ein Klaviertransport, vor allem über Treppen, nur von Profis durchgeführt werden. Viele Klaviere kippen auch beim Putzen um, weil man „nur kurz" dahinter saubermachen möchte. Die beste Vorsichtsmaßnahme ist daher von vornherein ordentlicher zu sein – und das Klavier immer (!) an eine Wand zu stellen.

Bei einem Flügel trägt normalerweise die Raste die Last, wie man bei den meisten Instrumenten von unten leicht erkennen kann. Doch auch hier folgen einige Hersteller inzwischen dem Trend zu weniger Holz und verzichten auf den Holz-Rahmen. Bei einigen modernen Flügeln wird die Stabilität der äußeren Flügelwand durch eine (unten angebrachte) Spannspinne verbessert.

Resonanzboden und Stege

Der Resonanzboden ist die große, helle Holzfläche, die man beim Klavier hinter Rahmen und Saiten, beim Flügel darunter, erkennt. Sie besteht gewöhnlich aus verklebten und verklammerten diagonalen, dünnen Holzleisten (meist Fichte), die durch entgegengesetzt diagonal verlaufende Rippen zusammengehalten werden. Das Foto S. 33 zeigt den Resonanzboden eines Klaviers, die Fotos unten den eines Flügels: In beiden Fällen verlaufen die Holzleisten und die Rippen im 90°-Winkel zueinander, die Rippen sind mit Schrauben und großen, knopfförmigen Unterlagscheiben befestigt.

Bei den besseren Instrumenten sind die Holzleisten längs der Maserung aus dem Kernholz des Stammes geschnitten. Auf diese Art erhält man zwar weniger Bretter als beim üblichen Längsschnitt, aber sie schwinden und verziehen sich weniger. Der Resonanzboden ist komplizierter als er zunächst aussieht. Es handelt sich genaugenommen um eine große Membran, vergleichbar dem schwingenden Konus eines Lautsprechers. Er wird an den Enden leicht dünner und ist entgegen dem äußeren Anschein nicht völlig flach, sondern wird beim Einbau leicht gewölbt, d.h. in der Mitte leicht erhöht. Die Wölbung ist beim Zusammenbau des Instruments noch gut zu erkennen, durch die Saitenspannung (am Ende bis zu 20 t) wird der Resonanzboden beim Beziehen allmählich wieder flacher, jedoch nicht völlig.

Die Saiten verlaufen über die auf dem Resonanzboden angebrachten Stege. Diese sind ebenfalls nur scheinbar flach, der Neigungswinkel der Oberfläche ist meist weniger als 2°. Um die Aufgabe der Stege zu verstehen, hilft ein Blick auf die Bauweise der Gitarre (oder genauso der Violine). Hier erfüllt der Steg prinzipiell dieselbe Aufgabe, ist aber im wahrsten Sinn anschaulicher.

Je höher der Steg einer akustischen Gitarre ist, desto lauter klingt das Instrument, es ist aber auch anstrengender zu spielen. Wie man auf Fotos sieht, benutzte Django Reinhardt Gitarren mit außerordentlich hohen Stegen – zum Spielen eine Qual, aber in Zeiten ohne Verstärker ein Gebot der Notwendigkeit um maximale Lautstärke zu erzielen. Ein weiteres Charakteristikum hoher Stege ist, dass laute Noten schneller verklingen. Je höher der Steg ist und je stärker die Saite damit auf den Resonanzboden drückt, desto weniger frei kann sie schwingen, da ein proportional größerer Teil der Schwingungsenergie verwendet wird, den Resonanzboden in Schwingung zu versetzen. Je lauter die Note, desto mehr Energie wird in das Holz abgegeben. Das Resultat ist ein kürzerer Ton.

Das gleiche gilt für das Klavier. Der Winkel, in dem die Saiten über den Steg verlaufen, heißt hier Stegdruck. Je größer der Stegdruck, desto lauter wird das Klavier klingen. Aufgrund der Längenverhältnisse ist dieser Winkel so klein, dass er nur mit einem speziellen Stegdruckmesser bestimmt werden kann.

Da der Resonanzboden aus Naturmaterialien hergestellt wird, ist der Stegdruck von Instrument zu Instrument verschieden, trotz aller Bemühungen der Qualitätskontrolle. Ist das Klavier erst einmal zusammengebaut, können etwaige Abweichungen nur schwer ausgebügelt werden. Dies ist der Hauptgrund, weshalb sich auch zur selben Zeit gebaute Klaviere derselben Baureihe und desselben Alters eines einzigen Herstellers unterscheiden.

Geklebt oder geschraubt?

Der Zusammenbau von Resonanzboden und Steg kann auf zwei Arten geschehen. Einige Hersteller verwenden fast ausschließlich geleimte Resonanzböden und aufgeleimte Stege, da nach ihrer festen Überzeugung nur so ein wirklich guter Klang zu erreichen ist. Auf dem Foto unten sind die Stege mit Schrauben befestigt, bei dem modernen Klavier, abgebildet auf S. 33, wurde offensichtlich nur Leim verwendet. Es ist daher kaum überraschend, dass in diesem Fall ein Bass-Steg manchmal locker wird (siehe Kapitel 8, D).

Andere Hersteller schrauben und kleben sowohl Rippen wie Stege, wiederum in der festen Überzeugung, dass diese Bauart besser ist und keinen Einfluss auf den Klang hat, eine Meinung, der viele Klaviertechniker folgen. Beim Wiedereinbau eines Bass-Stegs sollte man ihn leimen und schrauben, auch wenn er ursprünglich nur geklebt war. Ein Unterschied ist nicht hörbar.

Die Tastatur

Eine Taste hat zwei Seiten – den bekannten, sichtbaren vorderen Teil mit den schwarzen und weißen Tasten und unsichtbar „hinter dem Vorhang" den Teil, der die Mechanik in Gang setzt. Die Tasten sind aus Holz, sie werden quasi scheibchenweise aus einem großen flachen Holzblock herausgeschnitten.

Drückt man die Taste am vorderen Ende nach unten (etwa 12 mm) hebt die Mechanik den Hammer etwa 26 mm nach oben. Die Taste wirkt wie ein umgekehrter Hebel: kleiner Weg im Verhältnis zu großer Masse-Bewegung. Beim normalen Hebel ist es genau andersherum: großer Weg und kleine Masse-Bewegung. Mechanisch gesehen, ist die Klaviatur eine Sammlung von Hebeln. Sie hat ihren Platz auf dem sogenannten Stuhlboden, sie ruht auf drei Leisten, den Klaviaturrahmenleisten (siehe die Fotos unten).

- die mittlere Rahmenleiste, auch Waagbalken genannt, trägt den Dreh- und Angelpunkt jeder Taste – einen polierten Stahlstift mit einer Unterlegscheibe aus Filz. Die Taste wippt darauf hin und her, geführt von den Stiften, die leicht versetzt angeordnet sind, um die Längenunterschiede der schwarzen und weißen Taste auszugleichen und die unterschiedlichen Hebelkräfte anzugleichen.
- Die vordere Klaviaturrahmenleiste trägt zwei Reihen von Stiften, eine vordere für die weißen Tasten, eine etwas weiter nach hinten versetzte für die schwarzen Tasten. Die Stifte führen über passende Löcher in den Tasten diese bei der Auf- und Ab-Bewegung. Dicke Filzringe verhindern jeglichen Lärm der Taste beim Anschlagen.
- Die Tasten sind so gewichtet, dass sie im Ruhezustand spielbereit auf der hinteren Klaviaturrahmenleiste, der Ruheleiste, aufliegen, die über die gesamte Breite des Klaviaturrahmens läuft. Durch eine dicke Filzauflage ist gesichert, dass die Tasten ohne Geräusch in die Ruheposition zurückfallen können.

Sowohl bei Klavieren wie bei Flügeln bewirkt das Niederdrücken des vorderen Tastenendes ein Heben des hinteren Endes. Beim Piano wandelt die Mechanik diese Bewegung in eine Vorwärtsbewegung des Hammers um, beim Flügel jedoch in eine Aufwärtsbewegung. Was hat es nun mit der Mechanik auf sich? Ab jetzt wird es etwas komplizierter.

Tastenbeläge

Früher wurden die Beläge der weißen Tasten aus Elfenbein, die der schwarzen Tasten aus Ebenholz hergestellt. Da der der Handel mit Elfenbein heutzutage verboten und Ebenholz knapp ist werden beide Materialien nicht mehr verwendet. Kunststoff ist der übliche Ersatz, obwohl auch Zelluloid verwendet wurde und wird.

Durch den Schweiß, der mit dem Material des Belags reagiert, sind die meisten erhaltenen Elfenbeinbeläge vor allem in der mittleren Lage verfärbt und gelb wie schlechte Zähne. Einteilige Beläge aus Elfenbein findet man nur bei sehr teuren Klavieren, die meisten wurden in zwei Teilen hergestellt: dem Blatt (vordere Hälfte) und dem Stiel, die am Ende der schwarzen Tasten zusammengefügt wurden, erkennbar an der bleistiftstrichdünnen Linie auf

den weißen Tasten (siehe die Abb.).

Nur ein kleiner Teil des Elfenbeinzahnes ist makellos weiß, der Rest ist gemasert wie ein menschlicher Fingernagel. Nur sehr teure Klaviere hatten daher Tastaturen aus ungemasertem Elfenbein. Eine Preisklasse darunter wurde das Blatt mit Elfenbein ohne Maserung, die Stiele dagegen mit gemasertem Elfenbein belegt, zuletzt wurde für beide Teile Elfenbein mit Maserung verwendet. Das als Elfenbeinersatz für billigere Klaviere entwickelte Zelluloid sah anfangs zu gut aus, was als Problem empfunden wurde. Auf den Markt kam schließlich nur ein gemasertes Zelluloid, das dem hellen, teureren Elfenbein (zur Freude der Werbeleute) keine allzu große Konkurrenz machte.

Heute wird für die weißen Tasten Kunststoff verwendet, was ganz hervorragend ist. Einige Hersteller geben sich damit nicht zufrieden und erfinden immer neue „elfenbeinartige" Beläge, einer besser als der andere. Es mag engstirnig klingen, aber die Verwendung von Elfenbein ist nun mal Geschichte, warum also sollte man dann nicht Kunststoff auch Kunststoff nennen? Das gelegentlich noch verwendete Zelluloid erfordert zur Bearbeitung eine spezielle Ausrüstung, wogegen Kunststoff recht einfach verarbeitet werden kann (siehe Kapitel 8, A).

DIE WAHL DES KLAVIERS

Die Mechanik beim Klavier

Der bei weitem wichtigste Bauteil eines Klaviers ist die Mechanik. Sie verwandelt den Druck der Finger in musikalische Töne.

Genau betrachtet ist die Mechanik kein eigenes Bauteil, sondern besteht aus zahlreichen Einheiten die als Ganzes ein- und ausgebaut werden. Das Foto unten zeigt eine Klaviermechanik in ihrer ganzen Pracht. Man erkennt, dass es sich eigentlich um eine Ansammlung von Mechaniken handelt – eine pro Note.

Eine Mechanik ist ein hochkomplizierter Präzisionsmechanismus. Die meisten Klavierhersteller bauen sie daher nicht selbst, sondern lassen sie nach ihren Vorgaben von Spezialfirmen fertigen. In der Klavierbaugeschichte wurden zahlreiche verschiedene Mechaniken entwickelt, manche besser, manche schlechter. Der größte, leicht sichtbare Unterschied besteht zwischen Klavier- und Flügel-Mechanik. Aber wie verschieden die Mechaniken im Detail sein mögen, das Grundprinzip ihrer Funktion ist das gleiche.

Einfach genial – genial einfach?

Man kann von der Klaviermechanik nicht anders als mit Ehrfurcht sprechen. Sie sticht als Meisterwerk der Ingenieurkunst und der Musik aus allen anderen geschickt konstruierten und präzise gebauten Teilen des Instruments hervor. Das Bauprinzip war von Anfang so perfekt, dass es seit 1720 (!) nahezu unverändert blieb, eine letzte Verbesserung geschah 1859.

Der Mechanismus funktioniert so unglaublich perfekt, dass er auch ohne dauernde Wartung über Jahrzehnte Millionen von Spielvorgängen aushält. Einen weiteren Einblick in dieses Wunderwerk der Technik geben die Reparaturanleitungen von Klavier- und Flügelmechaniken in den Kapiteln 8B und 9.

Das Unerklärliche erklären

Die Funktionsweise einer Klaviermechanik auf einfache Art zu erklären ist eine große Herausforderung.
Was macht es so schwierig?

- Eine Klaviermechanik weicht von eigentlich allen anderen vertrauten Mechanismen ab
- Eine Menge unterschiedlichster Vorgänge finden statt – gleichzeitig
- Eine Mechanik besteht aus Dutzenden von einzelnen Teilen, mit teils merkwürdigen Bezeichnungen
- Sie ist komplizierter als alles, was in einem Computer oder einem Motor vor sich geht

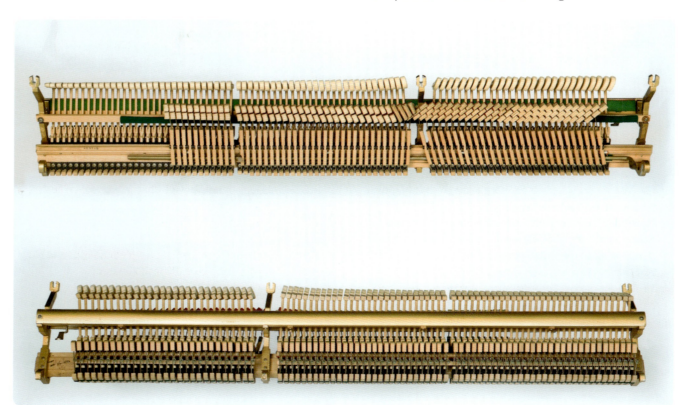

DIE FUNKTIONSWEISE DES KLAVIERS

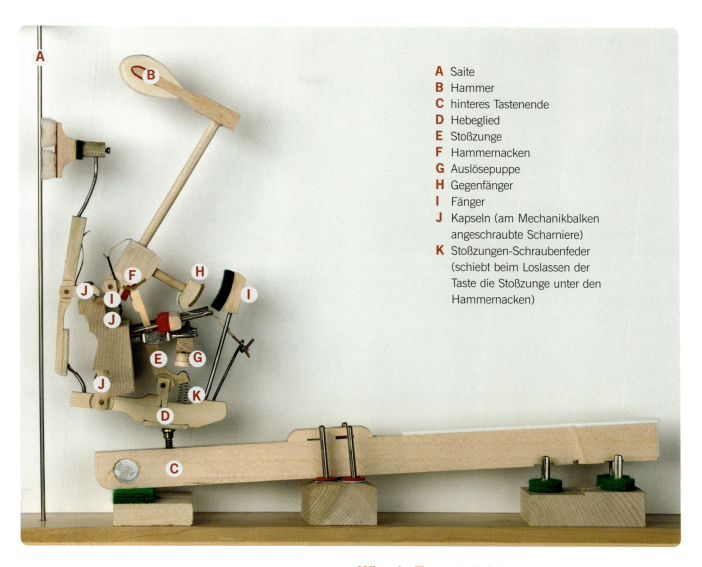

A Saite
B Hammer
C hinteres Tastenende
D Hebeglied
E Stoßzunge
F Hammernacken
G Auslösepuppe
H Gegenfänger
I Fänger
J Kapseln (am Mechanikbalken angeschraubte Scharniere)
K Stoßzungen-Schraubenfeder (schiebt beim Loslassen der Taste die Stoßzunge unter den Hammernacken)

Das alles macht die Mechanik:

- Sie wandelt die kleine Abwärtsbewegung der Taste in eine wesentlich größere Vorwärtsbewegung des Hammers um (Aufwärtsbewegung beim Flügel, da die Saiten hier von unten angeschlagen werden)
- Der zeitliche Abstand zwischen Anschlag und Erklingen der Note ist nahezu null
- Beim Loslassen der Taste wird der Ton sofort abgedämpft
- Noten können in sehr schneller Folge gespielt werden
- Der Spieler hat die Kontrolle über Lautstärke, Länge und damit Ausdruck jeder Note
- Nicht klingende Saiten werden gedämpft, um störende Schwingungen zu vermeiden

Im Folgenden wird die Funktionsweise detailliert erklärt, zuerst die Klaviermechanik, dann die Flügelmechanik.

Wie ein Ton entsteht

Die Mechanik S. 38-39 stammt aus einem 30 Jahre alten Kemble-Piano. Zum besseren Verständnis sind alle nicht unbedingt notwendigen Teile weggelassen, es ist sozusagen eine „Light-Version" einer Klaviermechanik. Nur die im Text erwähnten Bauteile sind ausdrücklich angezeigt (die etwa 80 Einzelteile aufzuzählen wäre auch möglich gewesen – aber abschreckend).

Mit dem Druck der Taste beginnt der Hammer sich nach vorne (Klavier) oder nach oben (Flügel) zu bewegen. Würde der Tastendruck immer weitergeführt, würde der Hammer nur mit einem dumpfen Schlag auf die Saite treffen. Der Hammer muss sich daher von der Taste lösen, bevor er auf die Saite trifft. Diese Auslösung wird durch die Stoßzunge bewirkt (in beiden Diagrammen mit E bezeichnet). Es gibt natürlich noch viel mehr beteiligte Komponenten, doch die Stoßzunge ist die (im wahrsten Sinn des Wortes) treibende Kraft. Schritt für Schritt passiert beim Spiel Folgendes:

DIE WAHL DES KLAVIERS

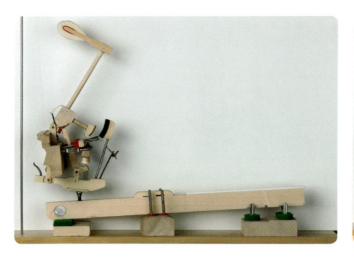

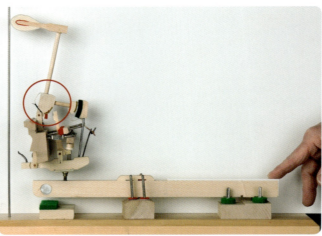

1 Die Mechanik ist in Ruheposition, bereit zum Anschlag – Der Hammer ist 26 mm von der Saite entfernt.

3 Der Hammer bewegt sich weiter nach vorne und nähert sich der Saite,
- die Stoßzunge wird von der Auslösepuppe gehalten.
- Dies bewirkt, dass die Stoßzunge unter dem Hammernacken hervorkommt
- und den Hammer nun nicht mehr länger vorwärts drückt. Der Hammer fliegt nun in Richtung der Saite.

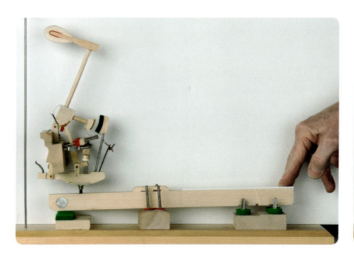

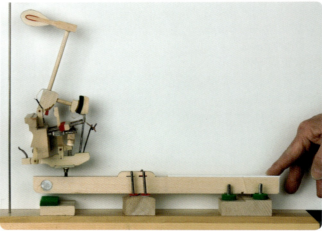

2 Die Taste wird gedrückt, das hintere Ende hebt sich und
- Hebeglied und Stoßzunge werden angehoben,
- die Stoßzunge drückt gegen den mit einem kleinen Stück Leder bezogenen Hammernacken
- und bewegt den Hammer nach vorne.

4 Der Hammer ist „gefangen". Er ist gegen die Saite geprallt, wieder zurück gesprungen und wurde gestoppt.
- Er stoppt in dieser Position, weil der mit Wildleder bezogene Gegenfänger auf den Fänger prallt (erkennbar am dunklen Filz).
- Die Taste kann wieder angeschlagen werden, auch ohne zuvor ganz ausgelassen zu werden. Beliebig oft und schnell, zwar nicht so kräftig, wie bei einem Anschlag aus der Ruheposition, aber ausreichend.

Bei einer Flügelmechanik (siehe unten) ist aus dieser Position auch ein Anschlagen mit voller Kraft möglich.

DIE FUNKTIONSWEISE DES KLAVIERS

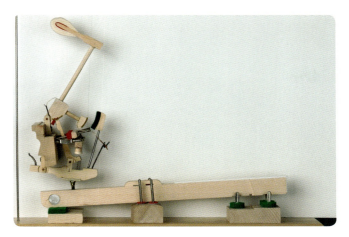

5 Die Taste ist ausgelassen und die Mechanik wieder in ihrer Ruheposition. Ein Anschlagszyklus ist vorbei, ein neuer kann beginnen. Dies passiert millionen-mal in einem Klavierleben.

Wie ein Ton verschwindet

Nachdem die Saite zum Klingen gebracht wurde, muss die Schwingung aber auch wieder gestoppt werden, wenn die Taste losgelassen wird. Dies geschieht durch den Dämpfermechanismus.

Nur die obersten etwa 20 Töne eines Klaviers bleiben ohne Dämpfer, da sie rasch ausklingen. Die Saiten sind kurz, die Schwingungen lassen auch ohne zusätzliche Eingriffe schnell nach. Aber ungefähr zwischen dem 60. und 70. Ton wird, abhängig von Bauart und Qualität des Instruments, eine Dämpfung notwendig, um die Schwingungen schneller zu stoppen.

Ein Dämpfer besteht im Grund aus einer Feder, die einen Filz gegen die Saite drückt, sobald die Taste losgelassen wird. Zu jeder Saite gehören eine Feder und ein Dämpferfilz, die alle zusammen die Dämpfermechanik bilden.

Die Dämpferfilze unterscheiden sich in Form und Größe. Die Dämpfer der dünnen Diskantsaiten sind klein, sie werden größer, je länger und dicker die Saiten zum Bass hin werden. Im einchörigen Bereich legen sich die Dämpfer um die Saite herum, im zweichörigen Bereich schieben sie sich keilförmig zwischen die Saiten, die Dämpfer für die tieferen dreichörigen Töne haben annähernd eine doppelte Keilform. Vgl. hierzu das Foto auf S. 36.

Da Dämpferfedern und Hämmer mit zunehmender Tiefe stärker und schwerer werden, haben die Tasten der Basstöne einen höheren Spielwiderstand. Dies macht sich vor allem bei einem Flügel bemerkbar, da hier der Hammer aus einer liegenden Position bewegt werden muss.

Wo kommt die Dämpfermechanik ins Spiel?

In den Abb. 1-5 ist ein kleiner Metall-Löffel am vorderen Ende des Hebeglieds zu sehen. Dieser hebt bei der Aufwärtsbewegung des Hebeglieds auch den Dämpfer von der Saite.

- Die linke Abb. zeigt, wie beim Niederdrücken der Taste der Dämpfer von der Saite gehoben wird.
- Die rechte Abb. zeigt den Dämpfer in Ruheposition, der Filz liegt an der Saite an und stoppt den Ton.

Soweit die kurz gefasste Beschreibung von Tonerzeugung und Dämpfung durch die Pianomechanik.

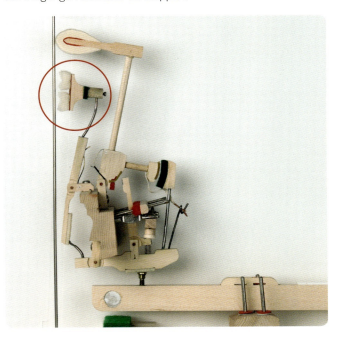
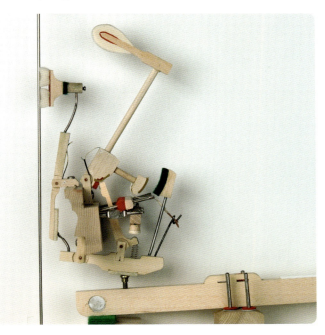

DIE WAHL DES KLAVIERS

Die Flügelmechanik

Aus der Sicht des Spielers unterscheiden sich die Mechaniken von Flügel und Klavier vor allem in zwei Punkten:

- Es ist eine schnellere Ton-Repetition ohne Verlust an Lautstärke möglich. Da dies aber auch für leises Spiel zutrifft, wird der Flügel zu einem flexiblen Instrument für jegliche Spielart und Musik.
- Doch kein Vorteil ohne Nachteil. Flügel haben aufgrund des Dämpfermechanismus und der Hämmer, die aus der Horizontale bewegt werden müssen, einen größeren Tastenwiderstand und sind daher anstrengender zu spielen.

Viele Spieler sind bei der ersten Begegnung mit einem Flügel konsterniert, zu schwer und schwerfällig gehen die Tasten, ein schnelles Spiel ist schwierig. Ohne Zweifel ist das Spielen auf einem Flügel bis zu einem gewissen Grad auch eine athletische Herausforderung. Aber je mehr Arbeit man in das Instrument steckt, desto mehr kommt auch wieder heraus.
Zur Erklärung der Funktionsweise wird ein Modell einer einzelnen Taste mit ihrer Mechanik gezeigt. Die Fotos 1-5 zeigen die Funktions-Stadien beim Niederdrücken einer Saite. Eine Flügelmechanik sieht aus verschiedenen Gründen auch völlig anders aus als eine Klaviermechanik:

- Der Dämpfermechanismus ist nicht sichtbar, er liegt im Inneren des Instruments (ist aber im Modell gezeigt).
- Die Mechanik ist mit Tastatur und Klaviaturrahmen verbunden (vgl. S. 161).
- Die Hämmer liegen horizontal auf dem Rücken, beim Klavier stehen sie vertikal.

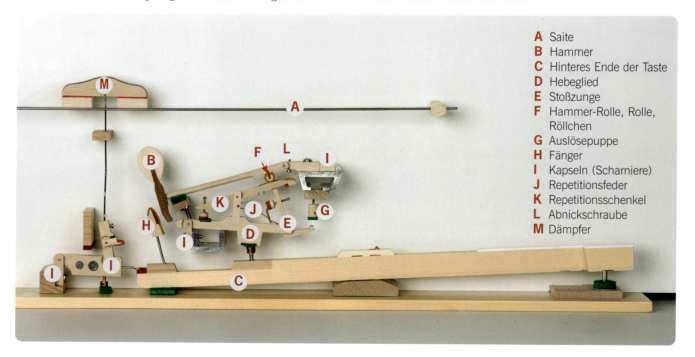

A Saite
B Hammer
C Hinteres Ende der Taste
D Hebeglied
E Stoßzunge
F Hammer-Rolle, Rolle, Röllchen
G Auslösepuppe
H Fänger
I Kapseln (Scharniere)
J Repetitionsfeder
K Repetitionsschenkel
L Abnickschraube
M Dämpfer

DIE FUNKTIONSWEISE DES KLAVIERS

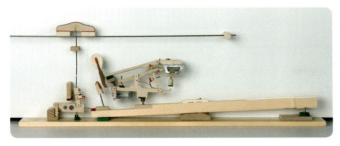

1 Die Mechanik in Ruheposition

2 Die Taste wird niedergedrückt, das hintere Ende (links) hebt sich. Man beachte die Lücke über dem grünen Filz der Hammerruheleiste.
- Der Dämpfer wird von der Saite gehoben, sie kann frei schwingen.
- Die Stoßzunge drückt den Hammer mittels der Hammerrolle nach oben …
- der Stoßzungenarm bewegt sich in Richtung der Auslösepuppe …
- und gleichzeitig springt der Repetitionsschenkel gegen die Abnickschraube.

3 Den Bruchteil einer Sekunde später steht die Stoßzunge aus dem Repetitionsschenkel leicht hervor (bei genauem Hinsehen auf der rechten Seite der Hammerrolle zu erkennen). Der Repetitionsschenkel bleibt noch an der Abnickschraube.
- Die Stoßzunge löst sich von der Hammerrolle in dem Moment, in dem der Stoßzungen Arm die Auslösepuppe berührt.
- Der Hammer schlägt auf die Saite, nachdem er etwa 1,59mm frei geflogen ist.

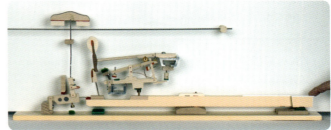

4 Der Hammer ist nun von der Saite zurückgeprallt und auf dem Fänger gelandet.
- Die Hammerrolle drückt den Repetitionsschenkel abwärts. Die so gespannte Repetitionsfeder beginnt das vorstehende obere Ende der Stoßzunge wieder unter die Hammerrolle zu drücken.

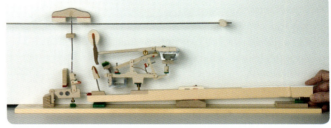

5 Die Taste ist nicht völlig ausgelassen um nochmals anzuschlagen.
- In dem Moment in dem Hammer und Fänger sich trennen, drückt die Repetitionsfeder den Repetitionsschenkel und den Hammer gleichmäßig leicht nach oben. Das ermöglicht dem hervorstehenden Ende der Stoßzunge wieder unter die Hammerrolle zu gleiten.
- Die Note kann nun wieder angeschlagen werden, mit voller Lautstärke und ohne zuvor völlig ausgelassen zu werden.

Die Mechanik eröffnet dem Spieler so ein breites Band an Ausdrucksmöglichkeiten. Bei Klavier und Flügel erklingt der Ton desto lauter, je fester die Taste angeschlagen wird. Beim Flügel kann darüber hinaus auch sehr leise und gleichzeitig sehr schnell gespielt werden.

Hinzu kommen nun noch die erweiterten Ausdrucksmöglichkeiten durch das Pedalspiel.

PIANO MYTHOS & TECHNIK

DIE WAHL DES KLAVIERS

Die Pedale

Alle Klaviere haben mindestens zwei, oft sogar drei Pedale. Jedes beeinflusst den Klang auf eine andere Art.

Das rechte Pedal oder Dämpfer-Pedal

Man spricht oft auch vom Forte-Pedal, was genau genommen nicht ganz richtig ist. Wie oben erklärt, wird beim Drücken einer Taste der zugehörige Dämpfer gehoben, beim Auslassen fällt der Dämpfer wieder zurück auf die Saite. Beim Treten des rechten Pedals werden alle Dämpfer gehoben. Alle Noten klingen so lange bis entweder das Pedal losgelassen wird oder die die Saiten allmählich ausklingen.

Es schwingen auch immer alle Obertöne mit, was sich besonders bei den am nächsten liegenden Oktaven und Quinten bemerkbar macht. Werden verschiedene Noten gespielt, überlagern sich alle Töne und klingen gleichzeitig. Kinder lieben es, damit kakophonische Experimente durchzuführen. Meist jedoch ist es eher qualvoll, wenn ein Missklang stehen bleibt, bei richtigem Pedalgebrauch sollte dies nicht passieren.

Das Dämpfer-Pedal erweitert die Ausdrucksmöglichkeiten des Spielers und ermöglicht auch eine vollständige klingende Begleitung der Oberstimme. In vielen Kompositionen sind Pedalangaben notiert, viele Pianisten benutzen jedoch lieber ihre eigenen Pedalisierungen.

Das linke Pedal, una corda

Das linke Pedal ist viel älter als das Dämpferpedal, schon Cristoforis Flügel aus dem Jahr 1720 hatte eine ähnliche Vorrichtung, die mittels eines Hebels bedient wurde. Die Bezeichnung una corda rührt daher, dass die gesamte Tastatur ein wenig verrückt wurde und die Hämmer daher nur eine Saite der zweichörigen Noten anschlugen (Christoforis Flügel hatte für jeden Ton zwei Saiten). Der entstehende Ton war leiser, ein weiterer subtiler Effekt war das harmonische Mitschwingen der zweiten Saite und die Klangveränderung durch die veränderte Anschlagsstelle des Hammerkopfs.

Dies funktioniert in einem heutigen Flügel ganz ähnlich: Auch hier wird die gesamte Tastatur verschoben; dort, wo drei Saiten sind, werden zwei angeschlagen, wo zwei sind, wird eine angeschlagen und dort wo nur eine Saite, wird auch nur eine angeschlagen. Die Bezeichnung una corda ist bis heute geblieben, wohl weil es keine andere griffige (italienische) Bezeichnung dafür gibt.

Drückt man zum ersten Mal das linke Pedal eines Flügels, kann es verwirrend sein, zu beobachten, wie sich die ganze Tastatur verschiebt. Viele Kinder und auch Erwachsene machen diese Erfahrung leider oft zu einem ungünstigen Zeitpunkt, etwa bei Prüfungen, wenn sie zum ersten Mal auf einem Flügel spielen.

In einem Piano arbeitet das linke Pedal völlig anders. Beim Treten des Pedals werden die Hämmer etwa die Hälfte des Wegs näher an die Saiten verschoben. Aufgrund des kürzeren Wegs, auch Halb-Gang genannt, kann keine so große Anschlagskraft entwickelt werden, die Töne werden leiser. Diese Art der „Dämpfung" ist zwar effektiv aber doch etwas grob, auch leidet der Lederbezug der Hammernacken darunter.

In älteren Pianos arbeitet das linke Pedal nochmals anders. Beim Treten wird ein dünnes Filzkissen vor den Hammer geschoben, der Anschlag wird durch den Filz gedämpft, es entsteht ein wesentlich leiserer Ton. Die eher schönfärberische Bezeichnung „Moderator" („Moderator-Pedal") klingt weniger grob, als der Vorgang eigentlich ist.

Das mittlere Pedal

Viele neue Flügel und Klaviere haben ein drittes Pedal, das verschiedene Funktionen haben kann.

Beim Flügel handelt es sich im Normalfall um ein Tonhalte-Pedal. Es wirkt im Grund wie das Dämpfer-Pedal, aber nur auf die Töne, deren Tasten beim Treten des Pedals niedergedrückt sind. Die Bedienung erfordert einiges an Übung, eröffnet aber nochmals neue Ausdrucksmöglichkeiten („dritte Hand"). Billigere Flügel bieten als halbwegs brauchbaren Ersatz ein drittes Pedal, das nur die Dämpfer im Bass hebt.

Bei einem neuen Klavier ist das dritte Pedal meist ein sogenanntes „Übe-Pedal", beim Betätigen wird ein Filz vor die Hämmer bewegt. Er ist meist weicher als der oben beschriebene Moderator-Filz und etwas weniger wirkungsvoll. Im Gegensatz zum Moderator kann das Übe-Pedal festgestellt werden und muss nicht die ganz Zeit gedrückt werden. Dies ist zum Üben ideal, wenn man aus Rücksicht auf Andere leiser spielen möchte. Dies ist naturgemäß nur ein sehr grober Überblick. Vor allem bei älteren Klavieren findet man Varianten aller Art, Flügel mit Halbgang, Pianos mit echtem dritten Pedal oder sogar mit una corda-Vorrichtung. Solche Sonderentwicklungen machen alle Generalisierungen schwierig, auch und gerade bei Klavieren!

DIE FUNKTIONSWEISE DES KLAVIERS

Unterdämpfer und Oberdämpfer

Alle neuen Pianos seit etwa 1914 verwenden das Unterdämpfersystem. Dabei sitzen die Dämpfer unter den Hämmern und sind nur sichtbar, wenn das Klavier auseinandergenommen wird. Das Foto unten zeigt eine Unterdämpfermechanik aus dem Blickwinkel der Saiten. Die Unterdämpfer liegen nahe am Mittelpunkt der Saiten, der Ton wird nahe am Punkt der Erzeugung (Hammer) gedämpft, der physikalisch wirkungsvollsten Stelle. Die Dämpfer haben eine Feder, die den Dämpferkopf auch bei zunehmender Abnutzung zuverlässig gegen die Saite drückt.

Saitenende und Hammer passen müssen, auch viel zu klein. Die letzten 13 Dämpfer auf dem unteren Foto (links) sind daher sowieso vollkommen nutzlos.

Die Entwickler der Unterdämpfung hatten erkannt, dass eine Saite am schnellsten zu klingen aufhört, wenn man die Saiten in der Mitte dämpft, dort wo die Schwingung am stärksten ist. Oberdämpfer sind daher schon von ihrer Konstruktion her zum Scheitern verurteilt, die Töne können nicht schnell genug abgedämpft werden, sie klingen ineinander. Noch dazu nutzen sich Oberdämpfer sehr schnell ab, was ihre Wirkung nochmals beeinträchtigt.

Oberdämpfer

Beim Oberdämpfermechanismus liegen die Dämpfer über den Hämmern, wie im Foto unten gezeigt (ein Anblick den man sich besser ersparen sollte, vor allem beim eigenen Klavier).

Wie kann man eine Oberdämpfung erkennen: Ganz einfach daran, dass man die die Dämpfer sieht, im Gegensatz zu Unterdämpfern. Die Fotos rechts zeigen Oberdämpfer aus Sicht der Saiten (vgl. mit dem Foto oben, wo Unterdämpfer aus derselben Blickrichtung gezeigt sind). Die Dämpfer sitzen zu nah am oberen Saitenende um noch effektiv wirken zu können, und sind, da sie zwischen

Es gibt kaum Klaviere mit funktionierenden Oberdämpfern. Ohne große Übertreibung kann, man sagen, ihr Daseinszweck wäre es gewesen zu scheitern. Das hindert trotzdem niemand daran, solche Klaviere zu verkaufen, vor allem bei Auktionen oder im Internet. Oft geben Händler sogar zu, dass Oberdämpferklaviere eigentlich schlecht seien. Aber gerade das Ihrige sei eine Ausnahme, da es aus Deutschland sei und da dort bis 1914 die besten derartigen Klaviere gebaut worden seien. Das mag völlig richtig sein, aber es ist nichtsdestotrotz eine Oberdämpfung, die hundert Jahre später unbrauchbar ist.

Kapitel 3

Wahl des Klaviers

Bevor man ein Klavier kauft, gleich ob neu oder gebraucht, sollte man sich im Klaren darüber sein, was man will – und was nicht. Auch von den besten Klavieren passen nicht alle zu einem, vielleicht sogar nur eininge wenige.

46	Auswahlkriterien
49	Klavier oder Flügel?
52	Nicht zu vergessen: der Klavierhocker

Auswahlkriterien

Ein Klavier darf nicht spontan gekauft werden. Ein Kleidungsstück, das einem im Laden gefallen hat, kann man leicht zurückbringen und umtauschen; nicht so ein zentnerschweres Klavier, das nur von Profis bewegt werden sollte. Die Beachtung folgender Punkte vor und während der Auswahl hilft, gleich das richtige Instrument zu finden. Folgende Kriterien sind bei der Wahl eines Klaviers zu beachten:

Technisches

Ein gebrauchtes Klavier muss gestimmt werden können. Egal wie schön es aussieht, wie gut es beim Ausprobieren klingt – wenn man es nicht mehr stimmen kann, ist es unbrauchbar. Bei Klavieren, die älter als zehn Jahre sind, sollte man professionellen Rat einholen.

- Das Klavier muss für die Person spielbar sein, die am meisten darauf spielt. Kinder haben kleinere Finger und eine geringere Spannweite als Erwachsene, ein Klavier, an dem sich ein Erwachsener wohlfühlt, kann daher für ein Kind äußerst unangenehm zu spielen sein.
- Wird ein Klavier für eine Schule, ein Theater etc. gekauft, muss es ohne große Anstrengung laut genug spielbar sein, um den Raum zu füllen. Also muss es eher ein größeres Instrument sein. Entgegen der weitverbreiteten Meinung ist ein Flügel nicht immer lauter als ein Klavier. Kleine Flügel (Stutzflügel) gehen auch in einem mittelgroßen Saal leicht unter.

Ästhetisches

- Das Klavier muss angenehm klingen. Zu Hause sollte das nicht nur der Spieler entscheiden, sondern auch die anderen zwangsläufig mithörenden Bewohner. Jedes Klavier hinterlässt bei jedem einen unterschiedlichen Klangeindruck.
- Es muss zur Umgebung passen, besonders wenn es an einem auffallenden Platz steht. Der Klang ist nicht alles, daher sollte man gut überlegen, bevor man ein hässliches oder unpassendes Klavier nur deswegen kauft.
- Wenn das gewünschte Klavier nicht zum Raum passt, hilft vielleicht ein Umstellen der Möbel oder eine andere Veränderung der Umgebung. Bevor man sich nach einen anderen, teureren Klavier umsieht, kann das die einfachere und billigere Alternative sein.

Der tägliche Umgang

- Die Lautstärke ist entscheidend. In einem kleinen Haus mit womöglich dünnen Wänden wird man kaum ein Konzertinstrument haben wollen (die meisten gebrauchten Klaviere kommen allerdings tatsächlich aus Konzertsälen oder Schulen, also Örtlichkeiten, wo ein lautes Instrument nötig ist). Andererseits ist ein zu leises Klavier für den normal

Leises Üben

Das Übe-Pedal (siehe Kap. 2) ist eine Lösung, wenn man zu Zeiten über möchten, zu den die Kinder schon im Bett sind oder die heilige Mittagsruhe gilt. Das Klavier wird damit beinahe auf ein Viertel seiner Lautstärke gedämpft, es klingt nicht mehr so gut, aber das ist besser, als überhaupt nicht üben zu können. Die meisten Klaviere haben ein solches drittes Pedal, das beim Niederdrücken festgestellt werden kann und einen Filzstreifen zwischen Hämmer und Saiten bewegt.

Ein solcher Mechanismus kann auch nachgerüstet werden. Er wird dann nicht mit einem Pedal, sondern mit einem Hebel, versteckt unter dem Klavierdeckel bedient. Sie werden selten einzeln verkauft, man muss einen Klavierhändler fragen oder hat das Glück, ein Klavier zu bekommen, wo so etwas schon eingebaut ist (was einige Besitzer manchmal gar nicht wissen und überrascht sind, wenn man es ihnen zeigt).

zupackenden Spieler oft frustrierend.
- Wie viel Platz ist vorhanden? Selbst Stutzflügel sind schnell zu groß für ein normales Haus (außer man möchte wie der Jazzpianist Thelonious Monk unter dem Flügel schlafen). Klaviere wurden zwar extra für kleinere Wohnungen geschaffen, aber auch das war zu Zeiten, als die Räume noch größer waren. Heutzutage möchten viele Leute ein kleines Klavier und nehmen dafür Klangeinbußen in Kauf. Die Tastatur ist jedoch bei allen Instrumenten mehr oder weniger gleich breit, daher betrifft die Platzeinsparung vor allem die Höhe, kleine Klaviere nehmen weniger Wandfläche ein. Dies mag ein Argument für den Kauf eines größeren Klaviers mit einem besseren Klang sein.
- Passt der Aufstellungsort? Auch ohne Feng Shui ist klar, dass Position und Ausrichtung des Klaviers im Raum einen nicht zu unterschätzenden Einfluss sowohl auf den Klang wie den Spieler haben. Viele Pianisten sitzen beispielsweise ungern mit dem Rücken zum Raum. Ausreichendes Licht ist ebenso wichtig. Und nicht immer trifft das, was dem Spieler gefällt, auch auf die Zustimmung der anderen Familienmitglieder. Dies führt erfahrungsgemäß immer wieder zu Spannungen. Ein Klavier kann nun mal nicht wie ein Koffer herum geschoben werden. Mit Mühe vielleicht, aber meist bleibt es an seinem Aufstellungsort stehen.

Klaviermoden

Wie vieles andere unterliegt auch das Klavierdesign verschiedenen Modeströmungen. Sucht man etwas ganz bestimmtes, wird die Auswahl kleiner und die Suche dauert länger. Womöglich braucht man sogar professionelle Hilfe, um das Gesuchte oder zumindest etwas Ähnliches zu finden. Hier ist der Platz für eine kurze Darstellung der Geschichte des modernen Klavierdesigns.

Im 19. Jh. waren die Gehäuse der Klaviere oft mit Intarsien verziert, meist mit floralen Strukturen. Ungewöhnlich gemasertes Holz, vor allem Walnuss, war ebenfalls sehr beliebt. Um 1900 bevorzugte man schlichter aussehende Instrumente, oft in Palisander, und nach 1918 kam Mahagoni in Mode. Dies blieb es bis heute, daher sind diese Instrumente am besten zu verkaufen, in Gegensatz zu Klavieren mit Walnuss-, Teak- oder Eichen-Gehäusen, die man ab und zu findet (letztere stammen meist aus Schulen, Kirchen und dergleichen Einrichtungen).

Schwarze Klaviere gab und gibt es in Hülle und Fülle, da dies die bevorzugte Farbe der meisten deutschen Klavierbauer war, für die schon lange vor Henry Ford galt: Hauptsache es ist schwarz. Vielleicht sind englische Klaviere aus diesem Grund so selten schwarz.

Die deutsche Vorliebe für Schwarz grenzte ans Irrationale. So kann es vorkommen, dass beim Abschleifen eines älteren schwarzen Klaviers ein wunderschönes Palisandergehäuse zum Vorschein kommt (auch anderes Verborgenes kommt manchmal zum Vorschein, etwa Rahmen, die mit wunderschönen, handgemalten Emailrosetten versehen sind – anscheinend nur zum Vergnügen des Stimmers!).

In den letzten Jahrzehnten wurde schwarzer Glanzlack immer populärer, wahrscheinlich weil schwarz zu allem passt. Mit der Lackierung lässt sich aber auch minderwertiges Holz leicht verdecken, außerdem ist eine Sprühlackierung einfacher aufzutragen als von Hand polierter Lack.

In den letzten Jahren brachten einige Klavierhersteller neue Versionen ihrer alten, klassischen Modelle auf den Markt. Bechstein beispielsweise produzierte in den 1980ern ein Klavier, das eine Kopie eines Modells um 1900 war. Schwierig zu sagen, ob dies nur eine vorübergehende Marketing-Mode ist, aber wenn man ein Klavier aus einer älteren Zeit möchte, ist es denkbar, eine neue Version davon zu kaufen.

DIE WAHL DES KLAVIERS

Design Unfälle

In den 40'ern und 50'ern gab es einen Trend zu kleinen Klavieren und modischen Gehäusen, teils im art-nouveau-Stil. In den 1960ern und 70ern sahen die kleineren Klaviere plötzlich aus wie Hammondorgeln. Zu den Hammonds mag diese Spanplattenverkleidung passen, die Klaviere sehen heutzutage ziemlich verunglückt aus.

Darüber hinaus gab es von den 40er bis in die 70er Jahre die unglückliche und von vorne herein zum Scheitern verurteilte Angewohnheit, ältere Klaviere modernisieren zu wollen. Wie beim Wohndesign wurden Ecken und Kanten plötzlich rund und Rundungen gerade (alle, die in den 50ern und 60ern aufgewachsen sind, erinnern sich gut daran, wie Resopal und Spanplatten über den guten Geschmack triumphierten – Türfüllungen wurden geglättet, gedrechselte Geländer verschwanden etc.). Einige Klavierteile-Lieferanten haben die Teile für solch einen kosmetischen Vandalismus immer noch im Programm. Schande über sie!

Die noch am wenigsten schlimme aber dafür am weitesten verbreitete derartige Modernisierung ist die Entfernung der Kerzenhalter. Das mag noch nachzuvollziehen sein, da Gas oder elektrische Beleuchtung die Kerzen überflüssig gemacht hatten, auch das Gehäuse lässt sich natürlich

einfacher polieren. Aber der Preis sind hässliche Schraublöcher und verfärbte Oberflächen.

Doch die Modernisierungswut der 50er und danach ging noch viel weiter und ist für einen Händler leicht zu erkennen.

- Die dekorativen, oftmals intarsierten Frontplatten wurden ausgebaut und durch Sperrholzplatten ersetzt (manchmal wurden die originalen Platten – aus schlechtem Gewissen? – umgedreht im Instrument belassen und können restauriert werden).
- Ecken und Kanten wurden begradigt, Kannelierungen und Verzierungen entfernt.
- Die gedrechselten Füße von Flügeln wurden begradigt oder gleich durch quadratische Beine (besser: Klötze) ersetzt.
- am allerschlimmsten ist jedoch der Ersatz der durchbrochenen Notenständer durch Sperrholzplatten.

Solche Klaviere gibt es immer noch in Massen und sie werden immer billiger. Ob man sich mit solch einer Karikatur eines einstmals schönen Klaviers anfreunden kann, muss jeder selbst entscheiden. So ein Klavier kann sein Geld wert sein, wenn es die Stimmung hält und gut spielbar ist. Es wird jedoch immer ein rein funktionales Instrument bleiben, nicht aber eines zum Verlieben.

Klavier oder Flügel?

Da ein Flügel für die meisten Wohnungen zu groß ist, werden weitaus mehr Klaviere gekauft. Generell kann man sagen, dass Klaviere für das Heim und kleinere Räume gemacht sind, Flügel jedoch für größere Umgebungen, in denen auch höhere Ansprüche an die technische und musikalische Qualität gestellt werden.

Die Grenze dazwischen verläuft jedoch nicht so geradlinig, da viele Firmen kleinere Flügel speziell für den Hausgebrauch herstellen. Dies bedeutet immer eine Art Kompromiss und das Ergebnis ist selten zufriedenstellend.

Wenn man also einen Flügel haben möchte, muss man sich zuerst ganz klar darüber sein, dass ein Flügel nicht per se besser ist als ein Klavier. Viele Klaviere sind sogar viel besser. Was also macht einen Flügel aus?

Kleine Flügel sind gestutzte Flügel

Es ist schon erstaunlich, dass viele Flügelkäufer unbedingt einen kleinen Flügel wollen. Vermutlich möchten sie eigentlich nur den Status eines Flügels und das möglichst billig. Wenn es nur darum geht, in Ordnung. Aber wenn man die möglichst beste Klangqualität für sein Geld möchte, lohnt es sich vielleicht nochmals nachzudenken.

Wie schon gesagt wurde, klingt ein Instrument desto besser, je größer es ist. Dies gilt auch und vor allem für Flügel.

Im Verhältnis zum gesamten Instrument ist der Resonanzboden eines Flügels kleiner als der eines Klaviers. Bei einem Klavier kann der Resonanzboden nahezu die gesamte Höhe des Instruments einnehmen, beim Flügel wird der Platz für den Resonanzboden durch Tastatur und Mechanik reduziert.

Auch die Saiten sind beim Flügel im Verhältnis zum Klavier kürzer. Beim Klavier können sie die gesamte Bauhöhe einnehmen plus die durch den Kreuzbezug gewonnene Länge. Beim Flügel enden die Saiten um einiges vor der Tastatur und die durch den Kreuzbezug gewonnene Länge ist geringer als beim Klavier.

Wenn man also einen Flügel unter 1,68 m kauft, ist die Klangqualität nicht besser als die eines entsprechenden Klaviers.

Anders ist es ab einer Länge von 1,93 m, ab hier macht sich der Qualitätsunterschied zum Klavier deutlich bemerkbar. Dies ist die Mindestgröße ab der man wirklich von einem Flügel sprechen kann (die Größe eines Flügels wird übrigens von der Vorderkante der Tastatur bis zum hinteren Ende gemessen).

Außer der Größe gibt es drei weitere Gründe einen Flügel zu bevorzugen:

- Vor allem die überlegene Technik der „doppelten Auslösung" (siehe Kapitel 2). Die Mechanik spricht besser an und fühlt sich sogar auf einem Stutzflügel besser an als auf einem Klavier, Tonrepetitionen gehen schneller und lauter.
- Das überlegene Dämpfersystem. Da mehr Platz zur Verfügung steht, können die Dämpfer größer sein. Sie sind auch länger und schwerer und werden von der Schwerkraft unterstützt. Sie sind daher wirkungsvoller, obwohl die größere vibrierende Saitenlänge dem zum Teil entgegenwirkt, vor allem in einem Konzertflügel. Bei einem Klavier sitzen Hämmer und Dämpfer auf einer Seite und treffen daher an verschiedenen Stellen auf die Saite. Beim Flügel liegen Hämmer und Dämpfer einander gegenüber und treffen an derselben Stelle auf die Saite. Der Unterschied ist gering, aber signifikant. Mit dem Loslassen der Taste verstummt der Ton sofort, was beim direkten Vergleich eines guten Klaviers und eines Flügels leicht festzustellen ist.
- Die durch den Kreuzbezug verursachten Probleme entfallen weitgehend. – Zugegeben, dies ist nur ein kleiner Vorteil, der noch dazu von den meisten Spielern gar nicht wahrgenommen wird. Die Abb. zeigt eine typische Flügeldämpfung: Hier ist nur ein einzelner Dämpfer am Kreuzungspunkt verkürzt, im Gegensatz zu einer typischen Klavierdämpfung (vgl. die Abbildung auf S. 29), bei der die Anordnung die Kürzung von drei Dämpfern bis auf 26 mm erzwingt.

DIE WAHL DES KLAVIERS

Stutzflügel

Stutzflügel sind beliebt, aber taugen sie auch was? Im Handel werden sie gerne Möchtegern-Flügel genannt, ein Hinweis darauf, dass hier die Qualität zugunsten der Optik geopfert wurde.

Der erste Eindruck mag gegenteilig sein. Wegen des doppelten Auslösemechanismus aller modernen Flügel, spielt es sich auf einem Stutzflügel zweifellos besser als auf einem Klavier, was den Ausschlag zum Kauf geben kann. Fakt aber ist, dass ein Flügel, der kürzer als 1,52m ist, einfach nicht die Saitenlänge hat, um einen guten Klang zu produzieren. Ein ausgewachsenes Klavier ist daher die bessere Wahl.

Zusätzliche Qualitätskriterien:

Flügel stehen am oberen Ende der Preis- und Qualitätsskala. Einige Hersteller fühlen sich daher versucht, zusätzliche de-luxe-Features einzubauen, die man kaum in Klavieren finden wird. Einiges davon hat zwar eher zweifelhaften Wert, fördert aber bestimmt den Verkauf.

Spezielle Diskantstege:

Jeder Hersteller nutzt unterschiedliche Techniken für die Stege. Die erzielte Klangverbesserung ist eher marginal und subjektiv, kann aber für ernsthafte Spieler den Ausschlag geben. In einigen Flügel werden Agraffen, einzelne Stege für jede Saite, verbaut, andere haben Stege und Druckstäbe aus Gußeisen. Wieder andere haben im Diskant einen Kapodaster, einen entweder mit dem Rahmen gegossenen oder aufgeschraubten Steg, unter dem hindurch die Saiten zu den Stimmnägeln geführt werden. Das Foto zeigt links Agraffen mit den durchlaufenden Saiten, rechts einen Kapodastersteg mit darunter verlaufenden Saiten (Dieses Instrument klingt im oberen Bereich ziemlich schwach. Der Grund mag der Kapodaster sein).

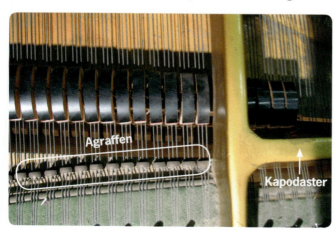

Duplex-Skala

Duplex nennt man den nichtklingenden Teil der Saite, der Rest an jedem Ende, hinter dem Steg. Bei den meisten Klavieren und Flügeln wird einfach ein farbiges Tuch unter oder zwischen diese stummen Saitenenden geführt, um ein Mitklingen zu vermeiden (gut zu erkennen auf der oberen Abb. S. 51). Bei den meisten kleineren Instrumenten wird dies nur am „toten", unteren Ende der Saite gemacht. Das „lebende" Ende an den Stimmnägeln ist so kurz, dass ein

DIE WAHL DES KLAVIERS

Mitschwingen unwahrscheinlich ist.

Bei größeren und teureren Flügeln wird die Länge der eigentlich stummen Enden berechnet („skaliert") und ein Mitschwingen zugelassen, im Normalfall in der Oberoktave der klingenden Saite, bei manchen Instrumenten sind es auch andere Intervalle. Das kleine Bild zeigt die Dämpfung der Bass-Saiten eines modernen Kawai-Flügels. Das große Bild zeigt die Diskantseite. Hier sind die Saiten vom Steg über einen weiteren, kleineren Steg geführt, der dazwischenliegende Abschnitt kann mitschwingen. Bei einigen Herstellern (etwa bei den Flügeln der amerikanischen Firma Mason & Hamlin) wird der Duplex-Bereich mit kleinen Keilen gestimmt, die unter jeder Saite verschoben werden

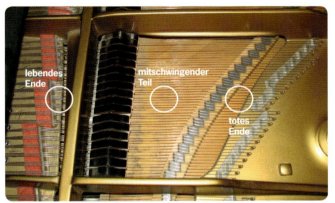

können. Nur bei absolut richtiger Stimmung klingt die Saite mit.

Bei vielen Klavieren mit einer Duplex-Skala wird nur das untere, „tote" Ende berechnet. Wenn das obere, „lebende" Ende ebenfalls berechnet ist, spricht man von einer doppelten Duplex-Skala. Dies ist in dem eingerahmten Bild mit einem Ausschnitt des „lebenden" Endes gut zu erkennen: Es handelt sich um den Abschnitt zwischen Kapodaster und Stimmnägeln, in dem die Saitenlängen ebenfalls berechnet sind und die Saiten frei mitschwingen können..

Aliquot-Saiten

Wohl der Gipfel der Esoterik waren Blüthners Aliquot-Flügel in 1870er Jahren. (Der mathematische Ausdruck „Aliquot" bezeichnet geradzahlige Teiler, 4 ist z.B. ein aliquoter Teil von 16). Jedem der dreichörigen Töne im Diskantbereich wird eine weitere, vierte Saite hinzugefügt, die eine Oktave höher gestimmt ist. Sie wird nicht mit angeschlagen, klingt aber mit und moduliert den Ton etwas, durch die Absorption der Anschlagsenergie klingt der Ton jedoch etwas kürzer.

Die Verwendung von Aliquotsaiten ist wohl eher der Versuch einer Produktdifferenzierung als ein ernsthafter Beitrag zum Klavierbau, Blüthner hält jedoch – kaum überraschend – bis heute daran fest. Ob die Klaviere deswegen besser sind, ist zumindest Ansichtssache. In vielen Fällen wurden die Aliquotsaiten auch abgedämpft oder ausgebaut, vielleicht als ein Zeichen der Rebellion von Stimmern und Technikern, die wenig Lust hatten, viel (wahrscheinlich auch noch unbezahlte) Zeit in eine Spielerei zu investieren, die in ihren Augen keine spürbare Klangverbesserung bringt.

Sind diese Extras ihr Geld wert?

Ist hier die Suche nach Perfektion nicht zu weit getrieben? Vielleicht, wahrscheinlich kann nicht einmal ein Fachmann das Vorhandensein dieser Merkmale beim bloßen Hören feststellen. Doch sie stehen für unvergleichliche Qualität und Handwerkskunst, für das Streben nach immer besseren, „perfekteren" Instrumenten und rechtfertigen sich allein schon dadurch, dass sie tatsächlich probiert werden. Aber all das hat natürlich seinen Preis (obwohl selbst schon billigere Klaviere aus China und Korea mit Duplex-Skala angeboten werden). Wenn man ein Instrument mit all diesen Extras möchte (und es sich leisten kann), sollte man so viele wie möglich spielen und vergleichen.

Das in Kapitel 4 und 5 umfassend beschriebene Vorgehen, die Qualität eines neuen oder gebrauchten Klavieres zu testen, kann natürlich genauso auf Flügel angewendet werden. Vor allem ist auf scheppernde Basssaiten und schwache Höhen zu achten. Auch die teuersten Instrumente können solche Schwachstellen haben.

PIANO MYTHOS & TECHNIK

DIE WAHL DES KLAVIERS

Nicht zu vergessen: Der Klavierhocker

Man muss sich wohlfühlen, um gut spielen zu können und wirkliche Freude am Klavierspielen zu haben. Und für Gesundheit und Sicherheit ist es auch unabdingbar beim Spielen richtig zu sitzen. Dies gilt vor allem für Kinder, deren Wachstum durch zu langes falsches Sitzen gestört werden kann. Ein geeigneter Klavierhocker ist daher wichtiger als man zunächst denkt. Es stimmt, sie sind teuer und brauchen Platz. Aber die üblichen Alternativen, ein Wohnzimmer- oder Küchenstuhl, sind einfach nicht ausreichend.

Die wichtigsten Gründe für einen Klavierhocker:

- Alle ernsthaft übenden Musiker sind gefährdet, eine Sehnenscheidenentzündung oder einen Mausarm (RSI repetetive strain injury) zu bekommen. Schlechte Haltung aufgrund einer ungeeigneten Sitzposition befördert dies noch.
- Wenn man das Klavierspiel ernst nimmt, sitzt man teils mehrere Stunden auf dem, was man als Klavierstuhl nimmt – mehr als auf jedem anderen Möbelstück (nur im Bett wird man wohl mehr Stunden verbringen, aber da liegt man!).
- Die meisten Stühle sind zum ruhigen Sitzen gemacht, beim Klavierspielen aber bewegt man sich teils heftig. Ein Erwachsener durchschnittlicher Größe kann beim Spielen eines energischen Stücks seinen Sitz leicht kaputtmachen – vielleicht sollte man schon deshalb keinen Biedermeierstuhl verwenden. Klavierhocker sind extra für derartige Beanspruchungen gemacht, sie sehen daher auch nicht wie normale Stühle aus.
- Die Höhe ist ein kritischer Punkt. Es ist unwahrscheinlich, dass gerade der nächstbeste Stuhl die richtige Höhe hat (manchmal sitzt man sogar auf zwei aufeinandergestapelten Bierkästen besser).

Es gibt keine absolut feste Regel für die Sitzhöhe, da Klaviere unterschiedlich hoch und Menschen verschieden groß sind. Die minimale Sitzhöhe für einen Erwachsenen wird bei den meisten Klavieren 56 cm betragen, bei Kindern teils erheblich mehr. Die ideale Sitzposition ist:

- Füße flach am Boden
- Rücken gerade
- Vorderarme gerade oder leicht nach unten geneigt, aber niemals nach oben
- Handgelenk- und rücken gerade oder leicht abwärts, niemals aufwärts

Dieselben Regeln gelten für Kinder. Wenn die Füße zu kurz sind, ist ein gerader Rücken wichtiger als das Pedalspiel. Es gibt Pedalverlängerungen, eine Investition, die man sich überlegen sollte, wenn das Kind Interesse und Begabung zeigt. In den meisten Fällen kann man mit dem Pedalspiel aber auch einige Jahre später anfangen, wenn das Kind größer ist, das lässt sich recht schnell lernen.

Nie und nimmer sollte ein verstellbarer Schreibtischstuhl verwendet werden, außer man möchte unbedingt jemanden verletzen. Sie sind natürlich verführerisch: billig, bequem, auf die richtige Höhe einstellbar. Aber sie haben Räder und sind daher wackelig und instabil. Für komische Effekte ist das perfekt, für ein ernsthaftes Spielen sind sie gefährlich.

Die beste Lösung ist und bleibt ein höhenverstellbarer Klavierhocker. Mit den Stellrädern an der Seite wird die Sitzfläche mittels eines Scherenmechanismus nach oben oder unten verstellt. Sie sind zwar nicht billig, doch wo immer verschiedene Spieler an einem Instrument spielen, etwa in Schulen, sind absolut notwendig.

Die billigeren Ausführungen zum Selber-Zusammenbauen haben angeschraubte Füße und gehen recht schnell kaputt. Hocker mit fest montierten Beinen sind besser, sie sind solider gebaut und können nicht auseinandergenommen werden. Die Luxusversion ist eine Klavierbank mit einer großen Ledersitzfläche, ideal für langes Spielen. Sie mag teuer sein, gehört aber zu einem Flügel.

Auch bei der Suche nach einem Klavierlehrer für ihr Kind kann die Stuhlfrage hilfreich sein: Steht ein richtiger Klavierhocker zur Verfügung? Und selbst wenn: Viele Klavierlehrer achten viel zu wenig auf die Haltung ihrer Schüler. Danach sollte man unbedingt fragen. Wenn die Antworten nicht befriedigend ausfallen (vgl. die obige Liste), ist das Kind bei einem anderen Lehrer vielleicht besser aufgehoben.

Kauf eines Klavierhockers

Wenn das Klavier mit einem passenden Stuhl verkauft wird, sollte man diesen unbedingt auch nehmen, selbst wenn man ihn gar nicht benutzen wird. Zusammengehörendes sollte man erstens prinzipiell nicht trennen, und zweitens, wenn das Klavier wieder verkauft werden soll, kann man mit einem passenden Stuhl auch mehr verlangen.

Man sollte im Hinterkopf behalten, dass neue Klaviere in der Regel immer mit einem passenden Stuhl verkauft werden. Fehlt dieser beim Kauf, ist dies ausdrücklich zu bemängeln. Zum einen muss man einen Ersatz kaufen und ein guter gebrauchter wird auch nicht billig sein; zum anderen findet man selten etwas wirklich Passendes. Mit etwas Glück hat ein Händler tatsächlich einen verwaisten, zum Klavier gehörenden Hocker, die Wahrscheinlichkeit, dass dies gerade dann der Fall ist, wenn man ihn braucht, geht jedoch gegen Null.

So kann man beim Kauf eines neuen oder guten gebrauchten Klaviers den Stuhl als Verhandlungsmasse betrachten und zuerst nach einem passenden, höhenverstellbaren Hocker mit Lederbezug fragen. Oder stattdessen um einen deutlichen Nachlass bitten, am besten kurz vor dem Bezahlen. Nichts stärkt die eigene Verhandlungsposition mehr, als eine Brieftasche, die sich wieder schließt.

Die meisten Klavierhändler haben eine Auswahl an Stühlen auf Lager oder können sie zur Ansicht bestellen. Die Preise können sehr unterschiedlich sein, also sollte man länger probesitzen, bis man das Passende gefunden hat. Ist das nicht möglich, kann man einen Stuhl auch im Internet kaufen. Hier gelten die üblichen Vorsichtsregeln gegenüber allem, was man unbesehen kauft. Generell sollte man sich von einem „Schnäppchen" nicht zu viel erwarten.

Schließlich sollte man noch prüfen, ob der angebotene Stuhl abgesägt wurde, was leider oft der Fall ist. Antike Stühle sind ganz nett zum Sammeln, aber sie wurden zu Zeiten hergestellt, als Klaviere, Zimmer und Häuser noch größer waren. Als dann alles kleiner wurde, wollten viele Besitzer ihre schönen Stühle behalten und machten sie passend – sie kürzten sie meist auf 45 cm, genau richtig um unter Klavier und Esstisch zu passen. Wenn man nicht gerade ein Zweimeter-Riese ist, ist solch ein Stuhl völlig ungeeignet. Also immer nachmessen, das Minimum sollten 56 cm vom Boden bis zur Sitzfläche sein. Auch bei einem in der Höhe verstellbaren Stuhl kann so viel abgesägt sein, dass kaum noch die minimale Höhe erreicht wird. Jeder Hocker, der so misshandelt wurde, ist ein Fehlkauf und sei er noch so antik.

Pflege des Klavierhockers

Bei aller Robustheit – ein Klavierhocker hält länger, wenn er nicht unnötig belastet wird. Erwachsene sollten ihn nicht im Sitzen verstellen und auch Kinder sollten nicht damit spielen oder ihn alleine verstellen, nicht zuletzt aus Sicherheitsgründen.

Normale, nicht verstellbare Klavierstühle haben oftmals ein Fach zum Aufbewahren der Noten unter dem aufklappbaren Sitz. Man sollte höchstens die gerade benutzten Noten hineinlegen, nicht aber, wie es leider meist gemacht wird, alles hineinstopfen, was man an Noten besitzt. Wenn das Fach randvoll ist, drückt das Gewicht des Spielers auf den Boden, der meist nur aus einer dünnen Sperrholzplatte besteht. Diese geht leicht zu Bruch, oder es fällt gleich der ganze Stuhl auseinander.

Beim Kauf eines wunderschönen alten Stuhles sollte man nicht vor Liebe blind werden. Sonst übersehen selbst sonst äußert penible Hausfrauen (und –Männer), dass der ach so schöne Stuhl zu seinen Lebzeiten wohl noch nie sauber gemacht wurde. Also genau ansehen. Oft reicht schon ein kurzes Riechen, aber nicht zu nah – wenn es der Lieblingsplatz der Katze des Vorbesitzers war, ist es wahrscheinlich ein Paradies für Flöhe. Nach dem Kauf sollte der Bezug gründlich gereinigt werden, oder man entscheidet sich gleich für einen neuen Bezug.

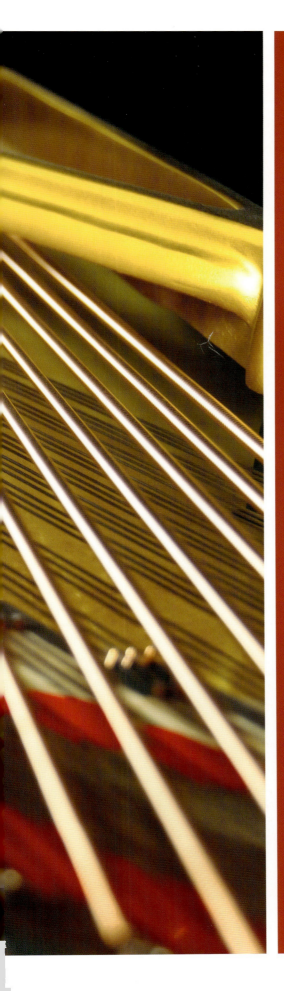

Kapitel 4
Kauf eines neuen Klaviers

Wenn man es sich leisten kann, sollte man ein neues Klavier kaufen. Aber nicht alle Klaviere derselben Preislage sind gleich. Sogar zwischen zwei anscheinend identischen Instrumenten gibt es Unterschiede. Die Tipps für „Testspiele" steigern die Chancen das passende Klavier zu finden.

| 56 | Probespielen |
| 61 | Geschäftsabschluss |

DIE WAHL DES KLAVIERS

🎹 Nach Möglichkeit ein neues Klavier

- Die Preise für neue Klaviere sind in der letzten Zeit gefallen. Dank steigender Einkommen können sich jetzt in vielen Ländern mehr Menschen als je zuvor ein neues Klavier leisten.
- Es werden heutzutage keine wirklich schlechten Klaviere mehr hergestellt. Die Wahrscheinlichkeit, einen faulen Apfel wie etwa das bis vor Kurzem (1975) gebaute, wirklich grauenvolle Lindner-Piano aus Irland (vgl. Kapitel 5) zu erwischen, ist extrem gering. Wenn man heute ein neues Klavier kauft, ist es so gut wie garantiert, dass es allen modernen Ansprüchen genügt und man jahrelangen hervorragenden Service hat.
- Dies bedeutet nun aber nicht, dass man sich gar keine Gedanken mehr machen muss und dass alle neuen Klaviere gleich gut sind. Auch hier gilt: Man kriegt das, was man bezahlt.
- In der Einsteigerklasse ist die Qualität zwar bereits recht hoch, doch auf einer Art Standardniveau ohne große Unterschiede. Darüber wird die Auswahl riesig: Je mehr man auszugeben bereit ist, desto eher bekommt man das was man möchte. Doch auch innerhalb eines festen Preisrahmens gibt es zahlreiche

Möglichkeiten – wie trifft man nun die richtige Entscheidung?

Probespielen

Ohne mehrere Instrumente auszuprobieren und anzuhören, kann man keine vernünftige Entscheidung treffen. Wer selber spielen kann, sollte beim Händler eine Auswahl von Klavieren spielen, bis er spürt, welches zu ihm passt.
Wer (noch) nicht spielen kann, sollte jemanden mitnehmen, der es kann. Gegen Bezahlung vielleicht sogar einen Profi oder einen Musikstudenten (das muss nicht unbedingt teuer sein – Studenten brauchen immer Geld und während der Ladenöffnungszeiten gibt es wenig andere Auftrittsmöglichkeiten …). Ein guter Händler wird nicht zu einer Entscheidung drängen, auch nicht beim zweiten oder dritten Mal, man sollte sich also wirklich Zeit lassen.

Es kann auch eine gute Idee sein, einen Klaviertechniker zu bitten, mitzukommen, um die endgültige Entscheidung zu treffen. Ein mechanischer Apparat wie ein Klavier erzeugt viele Nebengeräusche, die man normalerweise kaum wahrnimmt. So ist es nur von Vorteil, von jemandem beraten zu werden,

der wirklich alle, auch die „unmusikalischen" Töne beurteilen kann, die aus dem Klavier kommen.

Ist es tatsächlich nötig, ein fabrikneues Klavier so eingehend zu prüfen? Zugegebenermaßen kann man auch so Glück haben, doch ist es kein übertriebener Aufwand. Denn auch wenn die Klaviere bei der industriellen Produktion einer ständigen Qualitätskontrolle unterliegen, handelt es sich doch weitgehend um Handarbeit und um natürliche Materialien, Abweichungen und Unterschiede sind daher unvermeidlich. Das bedeutet nicht, dass es gute und schlechte neue Klaviere gibt. Aber es bedeutet zum einen, dass hier und da eine Kleinigkeit korrigiert werden muss und zum anderen, dass jedes Klavier aufgrund dieser natürlichen Unterschiede seinen ganz eigenen Ton hat. Ein Klaviertechniker kann helfen, dies im wahrsten Sinn zu „begreifen" und das passende Klavier zu finden.

Folgende Regeln für das Probespielen sollte man auf jeden Fall befolgen:

- Spielen und hören! Wie klingt das Klavier? Wie fühlt es sich an? Ist das „mein" Klang, „mein" Anschlag? Auch scheinbar identische Klaviere unterscheiden sich in Klang und Spielgefühl.
- Beim Kauf eines (aufrechten) Klaviers sollte man den Händler bitten, die obere Frontplatte abzunehmen und – wenn man sich traut – auch die untere. Auf keinen Fall selbst Hand anlegen, sonst hat man es sich schnell mit dem Verkäufer verdorben. Spielt man jetzt offen, wie beim Flügel mit geöffnetem Deckel, wird das Klavier zu ganz neuem Leben erweckt. (Um alles aus seinem Piano herauszuholen, ist generell sowieso besser, „offen" zu spielen, zumindest solange Familie und Nachbarn dafür Verständnis haben).
- Je teurer das Instrument ist, desto besser klingt es wahrscheinlich. Will oder kann man nicht so viel ausgeben, muss man bis zu einem gewissen Grad Kompromisse eingehen.

Um die Auswahl einzugrenzen, sollte man sich einige neuralgische Stellen genauer ansehen. Ihre Beachtung kann helfen, das perfekte Klavier zu finden, oder realistischer betrachtet, das beste Klavier für das Geld, das man auszugeben bereit ist, zu bekommen – eines auf dem man gerne spielt.

Die „Crux" mit dem Kreuzbezug

Alle neuen Klaviere haben Kreuzbesaitung. Wie in Kapitel 2 erklärt, ist die Kreuzungsstelle eine konstruktive Schwachstelle. Ist beim Spielen in diesem Bereich eine Klangveränderung hörbar? Wenn man diese Stelle beim bloßen Hören wahrnimmt (also ohne hinein zu sehen), hat irgendwer, Konstrukteur oder Klavierbauer, nicht gut gearbeitet.

Auch die Dämpfer sind an dieser Stelle kürzer (s. S. 29). Klingen staccato gespielte Töne hier länger? Wenn man dies jetzt schon bemerkt, wird man sich später noch mehr drüber ärgern.

Die Saitenübergänge

An der Kreuzungsstelle ändern sich oftmals auch die Saiten. Kann man diese Stellen wieder nur durch Hören herausfinden? Wenn ja, handelt es sich um ein Klavier von fragwürdiger Qualität.

Typischerweise gibt es zwei kritische Stellen beim Saitenwechsel (siehe das Bild unten):

- Von der Dreichörigkeit (drei Saiten pro Ton) zu Zweichörigkeit (zwei Saiten pro Ton)
- Von Blanksaiten zu umsponnenen Saiten

Der dritte Wechsel, von der Zweichörigkeit zur Einchörigkeit im Bass ist bei den meisten Klavieren gut wahrnehmbar und führt oftmals auch zu einer Klangverbesserung (manchen Klavieren würden mehr einchörige Basssaiten gut tun!). Die tieferen Basssaiten sind zudem doppelt umsponnen (siehe die letzten 6 Saiten im Bild rechts). Ist dieser Wechsel auch hörbar?

Unbrauchbare Töne

Ein weiterer Gradmesser für die Qualität eines Klaviers sind die nicht brauchbaren Töne im Diskant und im Bass. Selbst bei den besten Konzertflügeln gibt es Basstöne, die derartig grummeln, dass sie kaum benutzt werden können. Genauso im Diskant, so dass

DIE WAHL DES KLAVIERS

man beim Improvisieren gerne die Oktave wechselt.

Auch wenn man zum Zeitpunkt des Kaufs noch nicht den ganzen Umfang (alle Noten) des Klaviers nutzt, so wird sich das in Zukunft ändern. Alle Töne des Klaviers von oben bis unten müssen tadellos funktionieren. Wenn das tiefe „C" schlecht klingt, ist es das falsche Klavier. (Einige Bösendorfer-Flügel haben anstelle des Backenklotzes im Bass unter einer Klappe zusätzliche Tasten, bis zum tiefen F. Unvergesslich, wie Oscar Peterson in einer Fernseh-Show demonstrierte, dass diese Töne nur dann einigermaßen brauchbar sind, wenn sie schnell und mit der oberen Oktave zusammen gespielt werden).

Klirrende Basstöne

Im Bassbereich jeden Ton genau prüfen. Erfahrungsgemäß ist bei einem von vier Klavieren, auch bei neuen, mindestens bei einer Basssaite die Kupferumwicklung lose. Dies äußert sich in einem metallischen Klirren.

Obwohl es gar nicht so selten auftritt, achtet man oft nicht darauf – am wenigsten im Laden. Wenn man irgendetwas klirren hört, sollte man das sofort reklamieren und auf die Reaktion achtgeben. Weil dies so selten geschieht, tun viele Verkäufer dies als kleines Problem ab, das beim Stimmen behoben werden kann. Das ist falsch, hier hilft auch noch so viel Stimmen nichts. Diese falsche Behauptung sorgt oft für Ärger, wenn der Stimmer einige Zeit nach dem Kauf des neuen Klaviers zur inkludierten Garantiestimmung ins Haus kommt.

In Kapitel 7 wird erklärt, wie man mit einer scheppernden Saite umgeht, aber es ist am besten so etwas von vornherein zu vermeiden. Wenn der Verkäufer einen hier schlecht berät, sollte man entweder klar machen, dass man zumindest in diesem Punkt mehr davon versteht, oder gleich das

Geschäft verlassen (oder am besten beides, um ein solches Geschäftsgebaren auszumerzen. Anständige Händler und die meisten Stimmer sind dankbar dafür).

Zu schnelles Verklingen

Auch im Diskant kann es Probleme geben. Die hohen Noten verklingen zu schnell und die oberen ein, zwei Oktaven sind zu leise. Aufgrund der geringen Saitenlängen ist die Lautstärke manchmal so gering, dass die Anschlagsgeräusche lauter sind als der produzierte Ton, das Klavier gibt bei den oberen Noten nur ein dumpfes Klack-Geräusch von sich (wenn man es hört erkennt man es sofort).

Das Problem rührt von kleinsten Ungenauigkeiten im Stegdruck (d.i. der Winkel, in dem die Saiten über den Steg geführt sind, vgl. Kap. 2). Schon kleinste Abweichungen machen sich im Klang bemerkbar, vor allem im Diskant.

Der Stegdruck kann auch bei baugleichen Klavieren verschieden sein. Wenn das probegespielte Klavier einen annehmbaren Klang im Diskant hat (und auch in den andern genannten Punkten „stimmt"), sollte man sicherstellen, dass man genau dieses bekommt. Oder dass man ein anderes vor dem Kauf ebenso eingehend testen kann.

Der Stegdruck kann nur korrigiert werden, wenn das ganze Klavier zerlegt wird. Klingt der Diskant dünn und blass – Finger weg von diesem Instrument. Auch wenn noch so oft behauptet wird, das wäre der natürliche Klang der hohen Noten. Das trifft vielleicht auf einige Klaviere zu, die im Diskant dann auch kaum zu stimmen sind, aber es gibt genügend andere, die auch in der Höhe wunderschön klingen.

Agraffen

Bei den meisten Klavieren sind die Saiten über einen Eisensteg geführt und werden durch den Druckstab gehalten, im Bass sind die Saiten zusätzlich um einen Stift herumgeführt.

Einige Klaviere haben stattdessen eine Reihe von Agraffen. Das obere Fotos zeigt ein älteres, das untere ein neueres Klavier. Agraffen sind im Grunde einzelne Brücken für jede Saite. Diese Bauweise gilt als technisch überlegen. Sie ist aber auch teurer, da der Einbau der Agraffen mehr Zeit und Können verlangt als die Verwendung von Steg und Druckstab.

Gleichwohl kommen aus Osteuropa immer wieder Klaviere mit Agraffen, etwa von Petroff. Wenn man also ein preisgünstiges Klavier mit Agraffen entdeckt, sollte man ausprobieren, ob man den vielbeschworenen „runderen" Klang ebenfalls hören kann. Wenn ja, könnte dies in die Kaufentscheidung mit einfließen.

Ein zu greller Klang

Manchmal passt an einem Klavier eigentlich alles, nur der Klang ist etwas zu grell oder schrill. Wenn es nur das ist, kann man den Händler bitten, das Klavier neu zu intonieren (die Hämmer „stechen"; vgl. Kap. 8 B). Aber Achtung, obwohl es sich um eine Routinearbeit handelt, sollte diese lieber von einem erfahren Klaviertechniker als von einem Stimmer übernommen werden. Bei schlechter Ausführung klingen die Töne von Hammer zu Hammer ungleich.

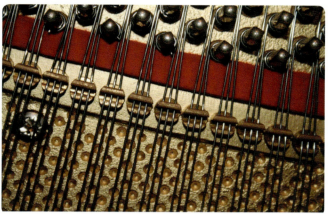

🎹 Die Welt der Klavierhersteller

Das Zentrum der Klavierherstellung hat sich seit dem Jahr 1900 erheblich verschoben. Früher kamen die meisten Firmen und Klaviere aus Deutschland, England und den USA. Ihre Zahl nahm durch Zusammenschlüsse, Übernahmen und Geschäftsaufgaben erheblich ab. Vor allem kleinere Hersteller mit niedrigeren Verkaufszahlen konnten dem enormen Preisdruck nicht standhalten. Aber auch große Namen verschwanden: Bentley in den 1980ern, Broadwood zehn Jahre später (Ladbrookes stellte noch einige Zeit Klaviere mit dem Namen „Broadwood" her, aber auch diese Firma verschwand 2007 vom Markt).

Ähnlich wie die Autos haben auch die Klaviere aus Asien die Welt erobert, zuvorderst Kawai und Yamaha. Dies soll keine Werbung sein, aber diese Firmen nicht ausdrücklich zu nennen, hieße die Verkaufsstatistiken zu ignorieren. Wie lange sie diese marktbeherrschende Position halten können, steht auf einem anderen Blatt.

Als am 2. April 2005 verlautbart wurde, dass die amerikanische Steinway-Tochter Boston die Produktion ihrer „Essex"-Klaviere (eine angesehene Produktlinie) in die Pearl River Fabrik nach China verlagern würde, kam das für Traditionalisten einem Erdbeben gleich. Aber das wirkliche Ausmaß der Globalisierung zeigt sich darin, dass die meisten U.S.-amerikanischen Betriebe schon lange nur noch Tochterfirmen ausländischer Großkonzerne sind. Inländische Firmen gibt es nurmehr wenige.

Der Massenmarkt der Zukunft wird mit aller Wahrscheinlichkeit von China beherrscht, die Hersteller anderer Länder werden nur noch eine marginale Rolle spielen. Gute und dabei recht preiswerte Instrumente kommen zur Zeit auch aus Polen und Tschechien, wie lange sie noch mit den Billigimporten aus Fernost konkurrieren können, steht in den Sternen.

DIE WAHL DES KLAVIERS

⌨ Blindkauf

Aus dem Gesagten sollte klar geworden sein, warum es ratsam ist, ein Klavier vor dem Kauf Probe zu spielen. Keine zwei Klaviere sind gleich, man sollte wirklich genau dasjenige kaufen, das einen beim Ausprobieren überzeugt hat. Und nicht ein anderes, „originalverpacktes", das nach Händleraussage angeblich völlig identisch ist.

Daher ist es auch schwierig zu einem Kauf im Internet zu raten, auch wenn viele sogar angesehene Händler inzwischen diese Möglichkeit anbieten. Wenn ein Angebot interessant ist und der Händler einen Laden hat, sollte man hingehen und das Klavier dort ausprobieren. Vielleicht ist der Ladenpreis etwas höher, aber wenn einem das Instrument gefällt, kann man zumindest versuchen, auch im Geschäft den niedrigeren Preis zu bekommen. Wichtiger als der Preis sollte immer aber die Devise sein, nur dieses eine Klavier zu kaufen, das man ausprobiert hat.

Abzuraten ist vom Kauf eines der immer zahlreicher im Internet angebotenen Klaviere, die man nicht Probe spielen kann. Die niedrigen Preise verführen jedoch eine immer größere Zahl offenbar risikofreudiger Käufer, so wie in diesem Fall: Das von Kunde X bei einem großen Internet-Auktionshaus erstandene Klavier aus China wurde nach einiger Zeit geliefert, über eine polnische Spedition. Die Ausfahrer sprachen kein Wort Deutsch [i.O.: Englisch] und stellten das Klavier „frei Haus", im Freien vor dem Haus ab – im Regen. Freunde halfen das Klavier ins Haus zu bringen. Ein passender Stuhl war ebenso wenig im Preis enthalten wie die äußerst nötige erste Garantiestimmung. Das Klavier erwies sich letztendlich zwar als recht gut, in einigen Punkten sogar sehr gut, wäre jedoch nach eigener Aussage des Käufers nicht seine erste Wahl gewesen – wenn er es denn hätte ausprobieren können. Aber: caveat emptor – Umtausch und Garantie ausgeschlossen.

Geschäftsabschluss

Hat man „sein" Klavier gefunden, geht es ans Bezahlen. Es ist schwierig, Tipps zum Feilschen zu geben. Vieles, was einmal funktioniert, kann beim nächsten Mal nach hinten losgehen, aber ein paar einfache Hinweise sind nicht verkehrt:

- Bei fast alle neuen Klavieren im Kaufpreis enthalten sind: eine Garantiestimmung, freie Lieferung (meist in einem Radius von 30 km, Erdgeschoß) und ein passender Klavierhocker. Ist dies nicht der Fall, sollte man darauf bestehen, schließlich zahlt man dafür, auch wenn es „inbegriffen" heißt. Zu Klavierhockern und anderem siehe Kapitel 3.
- Keine vorschnelle Kaufentscheidung treffen, das Sprichwort „Eile mit Weile" sollte ernst genommen werden. Haustiere und Klaviere verbindet, dass sie nicht einfach so gekauft werden sollten. Der Unterschied ist, dass ein Klavier größer ist und mehr Lärm macht. Wenn sich dann herausstellt, dass es nicht in den Raum passt oder nicht gut klingt, wird man die Anschaffung bald zutiefst bereuen. Daher sollte man vor dem Kauf lieber zweimal darüber schlafen.

- Abwarten kann sich auszahlen. Durchaus möglich, dass der Preis erheblich fällt, wenn der Händler dem Interessenten hinterher telefoniert und dieser noch unentschieden klingt. Wenn es jedoch „das letzte zu diesem Preis" ist, hat man Pech gehabt.
- Nicht zu einer Kaufentscheidung drängen lassen, wenn man noch Zweifel hat. Lieber länger auf das richtige Klavier warten, als eines zu kaufen, mit dem man nicht ganz zufrieden ist. Beim wiederholten Ausprobieren fühlt man es irgendwann instinktiv, wenn man das richtige Klavier gefunden hat. Ein guter Händler, dem an zufriedenen Kunden liegt, wird dafür Verständnis und Geduld aufbringen.
- Man sollte dem Händler nicht mehr Zugeständnis abringen als vertretbar. Die meisten Händler sind ehrlich bestrebt ihren Kunden das Beste zu bieten. Dieses Vertrauen sollte man nicht verspielen.

Kapitel 5

Der Kauf eines gebrauchten Klaviers

Gebrauchte Klavier sind billiger als neue, der Kauf birgt jedoch immer auch Risiken. Mit dem nötigen Wissen über Klaviere und Händler kann man viele Fallstricke umgehen.

65	Ist der Kauf eines gebrauchten Klaviers sinnvoll?
66	Wo kann man suchen?
68	Klavierhändler
69	Auktionen
70	Anforderungen an ein gebrauchtes Klavier
72	Pianos
73	Flügel
76	Der 20-Minuten-Check

DIE WAHL DES KLAVIERS

Folgendes Szenario beim Klavierkauf ist nicht unüblich: Eltern mit wenig oder sehr wenig Ahnung von Klavieren, suchen ein Einsteigerinstrument für ihr Kind. Zwei bestimmende Faktoren spielen dabei immer mit, bleiben aber meist unausgesprochen:

- Auch wenn der Wunsch vom Kind ausgeht (was selten der Fall ist), sind die Eltern nicht sicher, dass die Begeisterung anhält (was oft der Fall ist).
- Daher wollen die meisten Eltern kein teures Klavier kaufen, das dann nach ein paar Wochen sein Dasein als Staubfänger fristet. Die Parole lautet daher: Ein Schnäppchen soll es sein.

So wird meist mehr auf den Preis als auf die Qualität geachtet, geleitet von der Überlegung: Wir schauen wie es läuft, später können wir immer noch ein besseres Klavier kaufen. Bei solch einer niedrigen Erwartungshaltung kann man auch ein Auto mit Motorschaden als das „für Anfänger geeignetste" verkaufen. Für Klaviere gilt das gleiche.

Der Gerechtigkeit halber muss man zugeben, dass ganz schlechte, nicht mehr zu stimmende Klaviere sehr selten sind. Das Risiko, einen solchen Schrotthaufen zu kaufen, ist damit nicht wesentlich höher als beim Kauf eines Gebrauchtwagens.

Die meisten dieser schlechten Klaviere werden zu geringen (aber immer noch im Verhältnis zu hohen) Preisen gehandelt, das Geld ist daher nicht der größte Verlust. Viel schlimmer ist, dass niemand, und vor allem kein Kind, Freude am Spielen auf einem solch schlechten Klavier haben kann. Ein schlechtes Auto wird ihre Fahrfähigkeiten nicht kaputtmachen. Ein schlechtes Klavier verhindert womöglich lebenslang die Freude am Spielen, vielleicht sogar eine vielsprechende musikalische Karriere – noch bevor sie begonnen hat.

Ohne dass das Kind wirklich versteht warum, verliert es die Lust am Spiel. Die Eltern sind heilfroh, nicht zu viel Geld verschwendet zu haben. Auf die Idee, dass es nicht die Schuld des Kindes, sondern vielleicht die des Händlers oder gar die eigene ist, kommt keiner. Das Kind will man natürlich auch nicht schimpfen, also ist letztendlich gar keiner schuld. Und so endet das Szenario.

Klaviere zu Schnäppchen-Preisen

„Schnäppchen" bedeutet für jeden etwas anders, für die meisten jedoch heißt es „billig". Legt man die Berechnung von S. 65 zugrunde, wird der Preis eines Schnäppchen-Klaviers etwa 25-30% eines vergleichbaren neuen Klaviers betragen.

Mit genügend Zeit und Anleitung ist es möglich ein annehmbares Klavier für die Anfangszeit zu finden (wenn es dann tatsächlich an Mozart und Beethoven-Sonaten und weiter geht, sollte man über die Anschaffung eines anständigen Klaviers nachdenken).

Aber Vorsicht! In diesem Preissegment werden weit mehr schlechte als gute Klaviere angeboten. Dann und wann findet man vielleicht ein ganz ordentliches Instrument, die meisten sind es aber nicht, auch wenn sie auf den Laien zunächst einen ganz guten Eindruck machen. Und gerade diese werden den Kindern als Anfängerinstrument zugemutet, was sich in keinerlei Hinsicht auszahlt. Je weniger Geld man also für ein Klavier

investieren möchte, desto mehr sollte man sich auf den Rat eines Fachmanns verlassen.

Ist der Kauf eines gebrauchten Klaviers sinnvoll?

Viele Leute kaufen ein gebrauchtes Klavier, weil sie keine Ahnung haben, was ein neues kostet. Sie halten den Preis einfach von vornherein für viel zu hoch, vor allem, wenn es sich um ein Anfängerinstrument für Kind handeln soll. Sie kaufen dann ein meist überteuertes gebrauchtes Klavier, das am Ende, mit allen nicht bedachten Kosten wie Transport, Stimmung und Reparatur, das Gleiche wie ein neues kostet. Häufig ist so viel zu reparieren, dass ein neues Klavier sogar billiger gewesen wäre.

Daher sollte man sich in einem ersten Schritt einen Überblick auch über neue Klaviere und ihre Preise verschaffen, sich beraten lassen und die Ratschläge aus Kapitel 4 befolgen (das meiste dort Gesagte trifft auch auf gebrauchte Klaviere zu. Vor allem das Probespielen ist wichtig, da hier mehr Klaviere nicht in Frage kommen werden als bei neuen). Erst wenn man die Kosten für ein gebrauchtes Klavier mit denen für ein neues wirklich vergleichen kann, sollte man den nächsten Schritt unternehmen.

Will man dann immer noch ein gebrauchtes Klavier kaufen, so ist der zweite Schritt festzulegen, wie viel man ausgeben möchte. Dies geschieht oft leider ziemlich blauäugig, so kommen lediglich Fantasiepreise zustande. Auf dem Boden der Tatsachen müssen vier Kostenpunkte berücksichtigt werden:

- der Kaufpreis.
- die eventuell nicht enthaltenen Kosten für Transport und Stimmung. Hier sollte man im Vorfeld einige Klavierstimmer kontaktieren, um einen Überblick zu erhalten.
- die Kosten für wichtige Reparaturen und Ausbesserungen. Die sind meistens nötig und für den Laien unmöglich vorherzusehen. Und oft übersteigen sie den Wert des Instruments, der letzte und wichtigste Punkt ist daher:
- die Kosten für die Hilfe von einem Profi. Man sollte das Objekt seiner Wünsche von einem Klaviertechniker prüfen lassen, oder ihn gleich ein passendes Instrument aussuchen lassen. Diese Kosten sind vorhersehbar (einfach fragen!) und ersparen einem so manche, mit weit größeren Kosten verbundene, Enttäuschung.

Dies alles zusammengenommen, darf der Preis für ein gebrauchtes Klavier nicht mehr als die Hälfte eines neuen Klaviers betragen. Man sollte daher ganz bewusst nach einem gebrauchten Klavier suchen, das einem neuen entspricht und einem gefällt, aber nur 50% dessen kostet.

Weniger als 50% kann viel bedeuten, streng genommen auch „0" (siehe „Geschenkte Klaviere" auf S. 66). Wie weit man unter diese Marke gehen kann, hängt teils vom Glück ab, vor allem aber von guter Urteilskraft.

Die Zusicherung eines Klaviertechnikers, dass das Instrument wirklich sein Geld wert ist, hilft die Kosten einigermaßen niedrig zu halten. Professioneller Rat ist kein zusätzlicher Luxus, sondern die Voraussetzung Kosten und Risiken zu minimieren.

DIE WAHL DES KLAVIERS

Wo kann man suchen?

Kleinanzeigen

Hier kann man wirkliche Schnäppchen machen, meistens bei Privatleuten, die ohne größere Gewinnabsichten ihr Klavier möglichst schnell los werden wollen. Mit etwas Glück findet man ein gepflegtes und regelmäßig gespieltes Instrument, dessen Besitzer es wieder in gute Hände geben möchte. Solche Fälle sind leicht zu erkennen.

Öfter jedoch trifft man auf ungepflegte, über die Jahre abgespielte Klaviere. Das heißt, dass zu Transport und Stimmung auf jeden Fall noch die Kosten für Reparaturen und eine Generalüberholung dazuzurechnen sind. In Kapitel 6-8 wird gezeigt, was alles nötig sein kann.

Der Aufwand kann leicht den Preis des Klaviers übersteigen, so ist es auch hier besser, vor dem Zahlen professionellen Rat einzuholen. Es kann dann immer noch ein Schnäppchen sein, andernfalls muss man eben weitersuchen.

Es gibt zwei Arten von Kleinanzeigen, die nur mit Vorsicht zu genießen sind:

■ Der „private" Händler

Hinter Kleinanzeigen verbergen sich oft halbseidene Händler, die sich als Privatleute ausgeben, um die im Handel üblichen gesetzlichen Verpflichtungen wie Ersatzleistung oder Rückgaberecht zu umgehen. Erfahrungsgemäß trifft dies auf mehr als die Hälfte der Anzeigen zu. So sollte man eine Zeitlang darauf achten, ob unter der gleichen Kontaktadresse immer wieder verschiedene Klaviere angeboten werden (dies könnte dann auch ein Fall für die örtliche Handelskammer sein).

Nicht angemeldete Händler arbeiten oft von einer (nicht immer ihrer) Wohnung aus. Um keinen Verdacht zu erregen, wird immer nur ein Klavier auf einmal angeboten. Ein Hinweis kann das Angebot sein, das Klavier zu liefern. Ein Klaviertransport ist eine größere Sache, umso seltener gibt es Privatverkäufer, die so etwas machen können und wollen. Für einen Händler dagegen ist es die beste Möglichkeit, schnell an sein Geld zu kommen. Ein weiterer Hinweis kann sein, dass der Verkäufer „zufällig" noch andere Dinge anzubieten hat, etwa ein paar übrige Klavierhocker …

„Klavier zu verschenken"

Viele Klaviere werden verschenkt, aber Vorsicht: nichts ist kostenlos. Die Gründe zum Verschenken reichen von Todesfällen bis Umbau, die Kosten für Transport oder eine Inspektion sind üblicherweise nicht enthalten. Manchmal hat der Empfänger das Glück ein echtes Juwel zu bekommen. Oft aber muss man schauen, wie man das Klavier selbst wieder los wird, eine echte Verschwendung von Zeit und Geld.

Einige dieser Stifter sind so schlau und wissen genau was sie tun. Zumindest kennen sie das erste, einfachste Gesetz des Klavierkaufs, auch bekannt als „Satz der Asymmetrie": Es ist einfacher ein Klavier zu erwerben, als es loszuwerden.

Die Kosten für den Abtransport betragen zur Zeit etwa EUR 150,-, für eine eventuelle komplette Entsorgung können nochmals EUR 100,- hinzukommen. Einem geschenkten Gaul, in diesem Fall das Klavier, sollte man eben doch zuvor ins Maul schauen (lassen). Wenn man das Geschenk, aus welchen Gründen auch immer, gar nicht ablehnen kann, sollte man sich einen Fachmann suchen, der das Klavier nach der Sichtung entweder transportiert und stimmt oder ihm ein würdiges Begräbnis, vielleicht in Form von Feuerholz, zukommen lässt.

Klaviertransport

Die weitverbreitete Annahme ist, dass ein Klaviertransport lediglich eine schwere körperliche Arbeit ist, wie die Arbeit am Bau oder im Garten. Es braucht in der Tat etwas Kraft, aber auch viel Können. Der Irrglaube, dass ein paar starke Männer und ein Lastwagen ausreichen, hat schon an vielen Klavieren, aber auch an Autos und „Heimwerkern" Spuren hinterlassen.

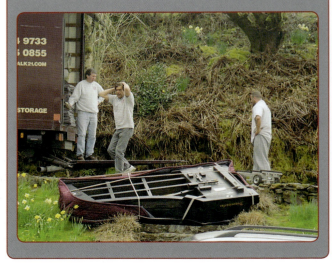

DER KAUF EINES GEBRAUCHTEN KLAVIERS

Der Zeitpunkt des Kaufs

Die meisten Klaviere werden gegen Ende des Jahres, zwischen September und Dezember, gekauft. Dieses jahreszeitliche Hoch folgt dem Schuljahr. Die meisten Kinder haben zu dieser Zeit den ersten Klavierunterricht und wenn alles gut geht, begeben sich die Eltern kurz danach auf die Suche nach einem Klavier. Diese ist wider Erwarten gar nicht so einfach, das Klavier gibt es dann meist zu Weihnachten.
Für den Rest des Jahres ist der Markt ziemlich flau, daher sind Chancen auf günstigere Angebote in der Zeit zwischen Januar und August sehr gut. Ein weiterer Vorteil ist, dass die schwarzen Schafe unter den Händlern zu dieser Zeit nicht so aktiv sind.

Auf jeden Fall ist das Risiko hoch, dass das Klavier nicht sein Geld wert ist, ob mit oder ohne Feilschen. Geht etwas schief, hat man keine juristische Absicherung – und mit solchen Händlern geht oft etwas schief. Einige bringen es auch fertig, mit einigen angelernten Fachtermini dem unbedarften Käufer die Mängel eines Schrottklaviers als „Entwicklungspotential" schönzureden.

■ Der ahnungslose private Verkäufer

Dieser Verkäufertyp ist der Meinung, dass Klaviere einer Wertsteigerung wie Häuser oder ein Gemälde von Rembrandt unterliegen und nicht wie ein Gebrauchsgegenstand (Auto, Waschmaschine) billiger werden. Natürlich wird ein Instrument mit einer langen Lebenserwartung immer einen gewissen Wert behalten. Aber ein Klavier, das vor 30 Jahren DM 2000,- gekostet hat, ist jetzt nicht plötzlich EUR 3000,- wert. Dafür bekommt man heute leicht ein neues Klavier. Aber nicht in der Qualität des alten Klaviers, sondern zu einer weit besseren im Vergleich von vor 30 Jahren.

Wenn man das Klavier haben möchte, aber keinen gemeinsamen preislichen Nenner findet, ist es möglich einen unabhängigen Schätzer zu beauftragen. An diesem Punkt stellt sich jedoch die Frage, ob es das wirklich wert ist.

Klavierhändler

Die Guten

In den meisten Städten gibt es mindesten einen Händler für gebrauchte Klaviere, der oft auch neue Klaviere verkauft und Serviceleistungen wie Transport, Stimmung oder Reparatur anbietet. Oft sind es alteingesessene, angesehene Firmen, bei denen man gerne kauft. Ihre Leidenschaft und Professionalität spürt man schon beim Betreten des Geschäfts.

Ein großer Vorteil ist, dass man sich hinsetzen und in Ruhe spielen kann, meist sogar unter guten akustischen Bedingungen. Und je mehr Klaviere man ausprobiert, desto sicherer kann man sich entscheiden. Bei einem privaten Verkäufer wird man nicht so viel spielen können, unseriöse Händler versuchen einen gleich ganz vom Spielen abzuhalten, aus Angst, die Mängel des Klaviers würden hörbar (die liebsten Kunden dieser Händler sind Eltern, die gar nicht spielen können und für ihr Kind, das auch kaum spielen kann, ein Klavier suchen).

Bei einem guten Händler kann man beruhigt kaufen. Doch wie bei jedem anderen Geschäftsbetrieb schlagen sich auch bei ihnen die Betriebskosten in den Preisen nieder. Jedes Klavier, das verkauft werden soll, muss zuerst gekauft, ins Geschäft transportiert, repariert und aufgearbeitet werden (dies bedeutet auch bei einem guterhaltenen Klavier mindestens einen Tag Arbeit), bevor es angeboten und im Verkaufsfall wieder ausgeliefert werden kann. Das bedeutet, dass auch das billigste gebrauchte Klavier ziemlich nah an die 50%-Marke vom Preis eines neuen Klaviers kommt.

Genaugenommen muss der Preis eines guten wiederaufgearbeiteten Klaviers sogar so hoch sein. Da gebrauchte Klaviere aber oftmals schöner aussehen als billigere

Neue, werden diese etwas höheren Preise gerne gezahlt.

Zusammenfassend kann man sagen, dass man bei einem angesehenen Händler gut beraten wird und einen guten Service erhält, dass dies aber auch seinen Preis hat. Ist man aber bereit, mehr Zeit und Mühe (auch mit Hilfe dieses Buchs) zu investieren und vielleicht auch ein kleines Risiko einzugehen, kann man mit an Sicherheit grenzender Wahrscheinlichkeit die gleiche Qualität weit billiger bekommen.

Die Schlechten und die ganz Schlechten

Am Rand des Gebraucht-Klavierhandels tummeln sich die verschiedensten Gestalten. Ganz in Ordnung sind die Klaviertechniker, die nebenbei oder in Teilzeit Klaviere verkaufen und dieses Geschäft ganz ehrbar betreiben. Im Großen und Ganzen aber sollte man dieses Geschäftsumfeld vermeiden, wenn man nicht genug Erfahrung mit Klavieren hat.

Diese Teilzeithändler verkaufen kaum neue Klaviere. Sie schlagen Vorteil aus der Tatsache, dass der unkundige Käufer oft gar nicht weiß, wie billig ein neues Klavier sein kann und verkaufen schlechte Instrumente völlig überteuert. Es gibt Entrümpelungsfirmen, die immer wieder mal das ein oder andere Klavier verkaufen (ob stimmbar oder nicht, entzieht sich naturgemäß ihrer Kenntnis). Und einige sind richtige Betrüger, die immer wieder damit davonkommen, Klaviere zu verkaufen, deren angepriesene erfolgte „Instandsetzung" sich auf Abstauben und Polieren beschränkt. Die meisten dieser Klaviere sind Schrott und der Händler wurde wahrscheinlich schon für die Entsorgung bezahlt – und lässt die sich nun nochmal zahlen.

Also nochmal: Wer unbedingt in diesen trüben Wassern fischen, d.i. kaufen will, sollte einen Fachmann zu Rate ziehen, bevor er sein Geld zum Fenster hinaus wirft. Garantie oder Ähnliches braucht man ebenfalls nicht zu erwarten, und wenn, ist sie auch nichts wert.

DER KAUF EINES GEBRAUCHTEN KLAVIERS

Auktionen

Auktionshäuser
Es gibt kaum Auktionshäuser, die nur Klaviere versteigern, auch rein auf Instrumente spezialisierte Häuser sind selten. Bei den meisten Auktionsfirmen laufen Instrumente, also auch Klaviere nebenbei mit. So ist, wie bei allen Auktionen, Vorsicht geboten.

Illegale Absprachen
Werden in einem kleinen Auktionshaus mehrere Klaviere angeboten, treffen Händler oft zuvor Absprachen, um sich nicht gegenseitig zu überbieten. Dadurch werden die Preise künstlich niedrig gehalten, nach der Auktion teilen die Händler die Klaviere und damit den Profit unter sich auf. Solche Absprachen sind illegal, doch werden sie kaum verfolgt und nachgewiesen, und wenn, dann handelte es sich um Fälle mit weit wertvolleren Kunstwerken.

Nicht alles ist Gold …
Bei einigen Auktionshäusern ist es fast so wie bei windigen Gebrauchtwagenhändlern, die auch ihre letzte Rostlaube noch verkaufen. So werden immer wieder irreparable Klaviere, etwa mit einem Riss im Rahmen, von willigen Klaviertechnikern schnell aufgehübscht und dann teuer versteigert. Oft geben „Experten" im Publikum falsche Ratschläge und so mancher Käufer erlebt daheim dann eine herbe Enttäuschung. Die Moral der Geschichte ist – neben der Tatsache, dass zahlreiche Handwerker sich von Betrügern einspannen lassen – dass nicht alles sein Geld wert ist, was auf den ersten Blick so aussieht.

Auktionen im Internet
Zum jetzigen Zeitpunkt gibt es nur wenige auf Klaviere oder Instrumente spezialisierte Internetauktionshäuser, die wenigen, die es gibt, handeln vor allem mit hochwertigen und teuren Instrumenten. Die Gefahr illegaler Preisabsprachen ist hier aufgrund des Öffentlichkeitsfaktors eher gering. Die Adressen sind mit einer Websuche nach „Klavierauktion" resp. „piano auction" leicht aufzufinden.

Auf den normalen Internetauktionsseiten findet man jederzeit Hunderte Klaviere, die meist schon der Beschreibung nach reiner Müll sind. Manche Anbieter versuchen das blumig zu umschreiben und bieten sogar eine kostenlose Lieferung an. Andere haben noch weitere Angebote auf Lager, zum Beispiel mehrere Klavierhocker. Das klingt unheilvoll vertraut nach den Teilzeit- und nicht angemeldeten Händlern, vor denen bereits gewarnt wurde. Der Kauf bei diesen bekannten Internetauktionsseiten ist daher recht riskant.

Wenn der Verkäufer einigermaßen nah wohnt, kann man fragen, ob ein Probespiel möglich ist. Bekommt man zur Antwort, ein Besuch sei zwecklos, da die Gebote sowieso bereits alle Erwartungen übertroffen hätten, ist eigentlich alles klar.

PIANO MYTHOS & TECHNIK 69

DIE WAHL DES KLAVIERS

Technische Anforderungen an ein gebrauchtes Klavier

Lohnt sich die Besichtigung überhaupt?
Das Klavier sollte Kreuzbesaitung und Unterdämpfer haben (vgl. Kap. 2), alles andere ist von vornherein ohne jedes Wenn und Aber abzulehnen. Klaviere mit gerader Besaitung und Oberdämpfern sollten eigentlich längst ausgestorben sein, werden jedoch leider immer noch angeboten.

Hält das Klavier die Stimmung?
Auch eine einzelne Saite, die sich immer wieder verstimmt, muss professionell repariert werden. Sind es mehrere, so wird daraus leicht eine teure Reparatur, die den Wert des Klaviers schnell übersteigt (siehe Kap. 8, C). Prüfen kann man dies nur mit einem Stimmhammer: Jeder Stimmwirbel, der sich zu leicht drehen lässt ist wohl zu locker, um die Stimmung halten. Dieser Test hat zwei Nachteile:

- Nur ein ausgebildeter Stimmer oder Techniker kann den Zustand der Stimmwirbel auf diese Weise wirklich beurteilen und sicherstellen, dass die Saite danach wieder stimmt.
- Der Verkäufer wird kaum einen Laien an sein Instrument lassen.

Wie kann man also sonst herausfinden, ob das Klavier die Stimmung hält?

Stimmt die Tonhöhe?
Alle modernen Instrumente sind auf a=440 Hz gestimmt. Das heißt, ein korrekt gestimmtes a über dem mittleren c übt genau 440 Schwingungen pro Sekunde aus. Bei mehr als 440 Schwingungen klingt es zu hoch, bei weniger zu tief. Die Aufgabe nun lautet herauszufinden, wie nah das a diesen magischen 440 Hz kommt. Idealerweise sollte dies von einem geübten Musiker beurteilt werden. Das sollte jeder (außer vielleicht ein Schlagzeuger) können.

Die nächstbeste Möglichkeit ist ein elektronisches Stimmgerät (siehe Kap. 10), die inzwischen alle sehr akkurat arbeiten und recht billig sind. Damit kann man leicht feststellen, welcher Ton zu hoch oder zu tief ist. Die meisten professionellen Stimmer kommen eigentlich ohne aus, haben aber zumindest eines dabei, da viele Kunden hinterher mit genau so einem Gerät die Arbeit des Stimmers prüfen.

Man kann auch ganz traditionell eine Stimmgabel oder Stimmpfeife benutzen. Diese gibt es in allen Tonhöhen, am häufigsten ist die A-Stimmgabel. Die Handhabung ist sehr einfach, aber man sollte sicher sein, dass man ein ausreichend gutes musikalisches Gehör hat (Kinder sind darin besser!). Und so geht es:

- Stimmgabel oder -Pfeife kaufen (oder leihen)
- Das mittlere „a" finden – ohne das geht es nicht!
- Stimmgabel anschlagen (oder Pfeife anblasen), gleichzeitig den Ton „a" anschlagen
- Hören: Klingen die Töne genau gleich?
- Wenn nein: Klingt ein daneben liegender Ton (Taste) besser?

Wenn man erst mehr als zwei oder mehr Tasten weiter oben einen übereinstimmenden Ton findet, ist das Klavier erheblich unter der Stimmung. Das verheißt nichts Gutes, vor dem Kauf sollte unbedingt ein Stimmer befragt werden (möglichst nicht der, den der Verkäufer empfiehlt). Ein gutes Klavier sinkt nie so tief, selbst wenn es jahrelang nicht gestimmt wurde. Es gibt Klaviere, die die Stimmung nahezu perfekt halten, obwohl sie Jahrzehnte mit den Tauben unter dem Dach oder bei den Mäusen im Keller „gewohnt" haben.

Der „honky-tonk"-Test

Je Ton erklingen eine, zwei oder drei Saiten, siehe Kap. 2 („Ein, Zwei- und Dreichörigkeit"). Wenn die dreichörigen Saiten leicht gegeneinander verstimmt sind, erzeugen sie den typischen, blechernen „honky-tonk"-Klang, den man von den Saloon-Klavieren aus alten Westernfilmen kennt. Klingt das Klavier zu sehr nach honky-tonk, ist die Gefahr groß, dass die Stimmwirbel locker und das Klavier schwierig bis unmöglich zu stimmen ist.

Worauf man noch achten sollte

Auch wenn die Tonhöhe in Ordnung ist und das Klavier einigermaßen gestimmt ist, ist das noch keine Kaufempfehlung. Andere leicht zu untersuchende Kriterien sind:

■ Staub auf den Stimmwirbeln

Das Klavier ist wohl jahrelang nicht gestimmt worden. Eine kürzlich erfolgte Stimmung hätte Spuren hinterlassen, der Staub wäre entfernt. Dies gilt auch anders herum: Vorsicht, wenn das Klavier offensichtlich (= kein Staub) gerade gestimmt wurde und trotzdem nicht gut klingt.

■ Rost auf den Saiten

Während die Diskantsaiten auch mit Rost immer noch gut klingen, geben verrostete Basssaiten nur einen matten, „hölzernen" Klang von sich (siehe Kapitel 8, C). Die Saiten auf dem Foto rechts klingen so schlecht wie sie aussehen.

■ Risse im Resonanzboden

Hört man bei moderatem Spiel ein Summen oder Klirren von irgendwo aus dem Klavier, hat der Resonanzboden vermutlich ein Riss. Dies tritt meist nur bei einzelnen Noten auf, wenn die Kanten des Risses in der „richtigen" Frequenz mitschwingen.

Risse sind meist eine Folge des Alters, wenn durch das Schwinden des Holzes die Leimungen aufgehen, trockene Heizungsluft beschleunigt den Vorgang. Ausbesserungen sind möglich, für eine gründliche Reparatur muss das Klavier auseinander genommen werden. Siehe Kap. 8, D und das Foto auf S. 77. Der Rat eines Fachmanns ist angebracht.

■ Gebrochene Stege

Klirrt eine Saite am Ende eines Steges, so kann auch der Steg gebrochen sein. Wie das aussieht, zeigt das Foto auf S. 78. Auch hier sollte ein Fachmann herangezogen werden (vgl. auch Kap. 8, D).

Honky-Tonk

Der Honky-Tonk-Sound wird von vielen Musikern bewusst eingesetzt, in den 1950er und 60er Jahren war Winifred Atwell damit äußerst populär. Der Sound imitiert den lustig-fröhlichen Klang eines verstimmten, halbkaputten Klaviers. Ironischerweise ist es aber unmöglich, auf einem wirklich verstimmten, halbkaputten Klavier so etwas zu spielen.

Für Aufführungen wird daher ein gutes Klavier absichtlich verstimmt, zwei Saiten der dreichörigen Töne werden minimal hinauf bzw. hinab gestimmt. Auf dem Cover von Keith Emersons Album „Honky Tonk Train Blues" ist ein abgespieltes, altes Piano zu sehen, mit Oberdämpfern und allem, was eine authentische Bar-Atmosphäre erzeugt. Im Studio spielte Emerson jedoch einen präparierten Steinway-Flügel.

Der Honky-Tonk-Effekt kann heute auch mit digitalen Effektgeräten erzeugt werden. Viele E-Pianos bieten einen solchen Sound, mit Flanger oder Leslie-Effekten kann jedes Klavier auch so klingen (der Leslie-Effekt wird dabei herrlich unkonventionell durch einen rotierenden Trichter erzeugt).

Aber nichts kommt an den Klang eines echten Honky-Tonk-Pianos heran. Der Stimmer aber steht vor einem Dilemma: Es ist furchtbar, so etwas mit einem Klavier machen zu müssen, und es ist Verschwendung von hochqualifizierter Arbeitszeit (so, als würde Michelangelo ihr Bad streichen). Und doch entsteht am Ende ein einzigartiger Sound.

DIE WAHL DES KLAVIERS

Pianos

Die Nachfrage nach ganz kleinen Klavieren ist seit Langem sehr hoch, so ist es wenig verwunderlich, dass es auch hier viele gebrauchte gibt, die nichts taugen. Wenn man unbedingt ein kleines Piano haben muss und es mit Freude spielen will, sollte man unbedingt einen Fachmann hinzuziehen.

Mit dem Kleinerwerden der Wohnungen in den 1940er Jahren begannen auch die Klaviere zu schrumpfen. Bis in die 1980er reichten die teils extremen Anstrengungen, solche „Handtaschen-Klaviere" herzustellen, und sie waren eigentlich nie zufriedenstellend. Das Bentley-Klavier auf S. 48 stellt mit 100 cm Höhe die äußerste Grenze dessen dar, was an Verkleinerung gerade noch machbar ist. Wegen der abgewinkelten Tasten ist es etwas schwerfällig zu spielen, aber es klingt erstaunlich laut und klar.

Weitere platzsparende Neuerungen wie etwa hängende Mechaniken waren von Anfang an zum Scheitern verurteilt. Die durch Tangenten mit der Mechanik verbundenen Tasten sind furchtbar zu spielen, und genauso ist der Klang.

Die allerschlimmsten Kleinklaviere stammen von der Firma Eavestaff (sie ist abgewickelt, doch der Name wird für einige Pianos chinesischer Produktion noch verwendet). Die Instrumente der Minipiano-Serie hatten nur sieben Oktaven (73 Tasten), einige sogar nur lächerliche fünf. Sie sehen zwar angenehm klein aus, sind aber eher Spielzeug als ein richtiges Klavier. Das Foto rechts zeigt ein typisches Eavestaff-Piano. Geschlossen sieht es wie ein Schreibpult aus, im offenen Zustand (unteres Foto) erkennt man die Stäbe zwischen den Tasten und der Mechanik. Durch die kurzen Tasten und die schweren Stäbe ist es eine Qual, darauf zu spielen, und der Klang ist entsetzlich. Der verkleinerte Stimmstock trocknet noch schneller aus, die Stimmnägel werden alle locker. Dieses Klavier ist von vorne bis hinten miserabel.

Ein gepflegtes Instrument?

Der letzte Punkt, auf den man achten sollte, betrifft mehr die Art und Weise, wie das Klavier behandelt wurde. Backenklötze (die Holzstücke an den Enden der Tastatur) mit hässlichen, dunklen Scharten zeigen, dass die Spieler ihre brennenden Zigaretten dort abgelegt haben, häufiger auf der rechten Seite (auch die meisten Raucher sind Rechtshänder).

Dies ist auch ein ziemlich sicheres Zeichen dafür, dass das Klavier längere Zeit in einer Bar stand, wo jeder darauf spielen konnte, vermutlich gaben weder Spieler noch Besitzer große Acht auf das Klavier. Dieser respektlose Umgang hinterlässt nicht nur außen Spuren. Entdeckt man Brandspuren am Klavier, sollte man das gesamte Instrument eingehendest prüfen.

Brandlöcher sind auch deswegen so schlimm, da sie sich im Gegensatz zu Kratzern kaum beseitigen lassen. Das Klavier links war zuerst weiß lackiert, aber auch nach dem Abschleifen sind die Spuren noch deutlich sichtbar.

Flügel

Eine allgemeine Beschreibung der Flügel wurde in Kapitel 3 gegeben. Nur Flügel mit einer Mindestlänge von 152 cm (besser sind 183 cm) besitzen einen vernehmbar besseren Klang als ein Klavier von vergleichbarer Qualität. Sie sind aber auch um einiges größer und teurer.

Der nicht in Zweifel zu ziehende Vorteil eines Flügels ist die doppelt auslösende Mechanik. Dies darf aber nicht dazu verleiten, einen Stutzflügel allein deshalb für besser als ein Klavier zu halten.

Bis in die 1950er Jahre wurden Stutzflügel ohne eine doppelt auslösende Mechanik hergestellt, die vereinzelt immer noch im Handel auftauchen. Zum Fluch der zwergenhaften Länge von 122 cm kommt als ein weiterer Defekt der Einbau einer um 90° gedrehten Klaviermechanik, manchmal auch „Simplex Mechanik" genannt. So etwas „Flügel" zu nennen, ist der Gipfel der Anmaßung. Diese Instrumente sollte man meiden wie die Pest, außer man benötigt einen neuen großen Blumenkübel.

Wegen seiner Größe kommt ein Flügel für viele Käufer eigentlich nicht in Frage. Doch gebrauchte Flügel sind wegen der überlegenen Anschlagsqualität gute Instrumente und man kann hier und da sogar ein Schnäppchen machen. Man sollte sie daher bei der Suche nicht ganz außer Acht lassen. Und ein wenig Vertrautheit mit einem Flügel kann nicht schaden, da man immer wieder mal auf einem (vor)spielen wird.

Im 20. Jahrhundert beherrschten vor allem deutsche

🎹 Grau-Importe

Unter Grau-Import versteht man Instrumente, die ohne Autorisierung und Zustimmung eines Herstellers oder eines Zwischenhändlers eingeführt wurden. Die meisten auf Internetplattformen angebotenen billigen Instrumente sind solche Grau-Importe. Sie kommen meist aus Südost-Asien, wo an Schulen und Universitäten die Instrumente regelmäßig ausgetauscht werden.

Es ist nicht ganz klar, ob und wie sich die veränderte klimatische Umgebung und auch die Zentralheizung auf den Zustand der Instrumente auswirken. Nicht zuletzt deshalb weigern sich die Originalhersteller oft, diese Instrumente zu reparieren, und geben auch keinerlei Garantie.

Wenn man das Klavier zuvor ausgiebig spielen und testen kann, ist es trotzdem möglich, auch bei einem solchen Grau-Import ein gutes, langlebiges Klavier zu bekommen. Nur beim Kauf über das Internet sollte man vorsichtig sein.

Nicht nur bei Grau-Importen sollte man immer nach der Geschichte, nach den Vorbesitzern eines Instruments fragen. Wenn das Klavier recht neu aussieht, der Verkäufer aber nur vage Angaben zur Herkunft machen kann oder will, handelt es sich höchstwahrscheinlich um einen Grau-Import. Ob das eine Rolle spielt ist, solange das Geschäft legal abgewickelt wird, ist eine persönliche Entscheidung.

DIE WAHL DES KLAVIERS

und österreichische Hersteller den Markt, allen voran Bösendorfer und Steinway. Als nächstes zu nennen wären Bechstein und Blüthner, gefolgt von Namen wie Gotrian-Steinweg, Ibach, Lipp, Kaps, Müller, Ritmüller, Rönisch und Schiedmayer. Englische Firmen wie Broadwood – deren Instrumente zu den besten zählten und zählen – spielten eine vergleichsweise geringere Rolle.

Bis vor ein paar Jahren erzielte jeder deutsche Flügel bei Auktionen Höchstpreise, unabhängig vom Zustand. Ließ der Käufer ihn aufarbeiten konnte er sicher sein, dass das Instrument danach besser als ein neues war (was zu dieser Zeit sogar zutreffend war. Wie die Autoindustrie hatten die Klavierhersteller in den 1960er Jahren und noch danach deutliche Qualitätsprobleme).

Die seitdem zunehmende Beliebtheit japanischer Flügel – vor allem Kawai und Yamaha – ließ die Preise für gebrauchte Flügel fallen, ausgenommen die der deutschen Top-Hersteller. Gebrauchte Flügel sind daher für mehr Käufer erschwinglich geworden. Die auf Auktionen erzielten Preise für nicht mehr ganz schöne, aber spielbare Flügel entsprechen etwa der magischen 50%-Marke des Neupreises. Auch lassen sie sich mit relativ wenig Aufwand spielbar machen. Es ist also gut möglich, zu überschaubaren Kosten einen Flügel mit einem guten Namen zu bekommen.

Flügel testen

Die wichtigen Teile sind bei einem Flügel glücklicherweise viel leichter zu sehen und zu untersuchen als bei einem Klavier.

Hat man beim Probespielen ein schönes Instrument gefunden, kann man, im Gegensatz zu einem Klavier, die Mechanik relativ leicht ausbauen. Man sollte den Händler oder einen Techniker bitten, dies zu tun und vielleicht auch mithelfen. Wenn man es selbst machen möchte, sollte man zuvor Kapitel 9 lesen.

Den Stimmstock prüfen

Die ausgebaute Mechanik ermöglicht es, ins Innere zu sehen und den Zustand des Stimmstocks (mit Hilfe einer Lampe) in Augenschein zu nehmen. Gibt es Risse? Vielleicht sogar zwischen den Wirbeln? Die betroffenen Töne klingen beim Spielen höchstwahrscheinlich fürchterlich verstimmt. Das Instrument ist unbrauchbar, die Kosten für die Reparatur übersteigen jeglichen Wert (das kann man dem Händler bei der Kaufabsage mitteilen).

Verschleiß

Die ausgebaute Mechanik muss auf Abnutzungspuren (Mottenfraß etc.) untersucht werden, wie in Kapitel 9 beschrieben.

Die Lyrahalterung

Bei vielen Flügeln geht irgendwann die Pedalhalterung verloren. „Lyra" bezeichnet die gesamte nach unten hängende Vorrichtung zur Bedienung des Pedals. Sie ist mit zwei, meist sehr schwergängigen, Flügelschrauben befestigt.

Die Halterung besteht aus bis zu zwei Stangen aus Holz oder Metall, die ungefähr im 45°-Winkel von den Pedalen zur Unterseite des Klaviers führen. Sie stabilisieren die Pedalanlage und wirken dem durch die Füße auf die Pedale ausgeübten Druck entgegen. Ohne diese Halterung funktioniert alles eine Zeitlang noch wunderbar – bis die Hebelwirkung auf die Flügelschrauben die Bodenplatte beschädigt. Wenn man das nicht rechtzeitig bemerkt, ist es zu spät (vgl. Kap. 9). .

DER KAUF EINES GEBRAUCHTEN KLAVIERS

🎹 Achtung vor Lindner-Klavieren!

Etwa zwischen 1964 und 1975 produzierte die Firma Rippen ihre Klaviere in Irland. Sie wurden meist unter dem Namen Lindner verkauft. Sie waren für ihre Zeit recht modern, klein, mit Kreuzbesaitung und Unterdämpfern, hatten damit eigentlich alles, was man sich wünscht. Und sie klangen dank ordentlicher Verarbeitung von Stimmstock und Resonanzboden auch gar nicht so schlecht. In Erinnerung geblieben sind sie aber wegen anderer, weniger guter Eigenschaften.

Zum einen hatten sie einen geschweißten Aluminiumrahmen, aus vorgefertigten Vierkantrohren, wie auf den Fotos zu sehen ist. Dies war ein neuer Weg um Gewicht und Fertigungskosten zu sparen, doch wurde diese an sich

gute Idee, warum auch immer, von keiner anderen Firma übernommen.

Zum anderen hatten die Pianos nur einen Dreiviertel-Rahmen, dies kann nur als ein Rückschritt angesehen werden (im Foto rechts ist der schwarze Stimmstock gut zu erkennen). Eine noch so dünne Abdeckung des Stimmstocks hätte aus Gusseisen sein müssen, und dies stand wohl im Widerspruch zur der einfachen und vor allem leichten Aluminiumausführung. Einen ganzen Rahmen zu fertigen wäre allerdings sinnlos gewesen, da das Aluminium den Kräften des Stimmstocks wohl kaum standgehalten hätte.

Die Tasten wurden aus Plastik gefertigt. Nicht aus Holz mit einem Kunststoffbelag, wie das heute üblich ist, sondern nurhohle Plastiktasten (siehe rechts), die leicht brechen und nicht zu reparieren sind. Auch die Verbindungsscharniere zwischen Tasten und Mechanik sind aus Plastik und zerbrechen ebenfalls oft beim Ausbau der Tastatur.

Der Ruf der Lindner-Klaviere wurde außerdem erheblich beschädigt durch Gerüchte über absichtliche, die Lebensdauer auf 10 Jahre verkürzende, „Sollbruchstellen". Ein in den 1970er Jahren angekündigter Plan, Ersatztastaturen zu fertigen, wurde wohl aus ökonomischen Gründen nie in die Tat umgesetzt.

Bei aller Abneigung gegenüber Lindner-Klavieren, muss man zugeben, dass eine gute Idee dahinter steckte. Sie waren erheblich leichter als alle anderen kleinen Klaviere, und das zu einer Zeit, als die ersten E-Pianos aufkamen. Sie wiegen etwa so viel wie eine Hammondorgel und sind damit gerade noch transportabel, zumindest für zwei Roadies. Bei etwas besserer Qualität hätten sie sich für Bands im Livebereich durchaus etablieren können.

Aufgrund der schlechten Verarbeitung sollte man die Finger von diesen Instrumenten lassen.

Rippen / Lindner stellte auch Flügel mit Aluminiumrahmen und Plastiktasten her, die qualitativ keinen Deut besser sind als die Klaviere.

PIANO MYTHOS & TECHNIK 75

DIE WAHL DES KLAVIERS

Der 20-Minuten-Check

Ein gutes gebrauchtes Klavier wird man nur finden, wenn man möglichst viele Instrumente ansieht, spielt und vergleicht. Neben dem bereits Gesagten hilft die folgende Checkliste die Suche etwas zu verkürzen.

Der ganze Check dauert etwa 20 Minuten. Diese Zeit ist gut investiert, da man ungeeignete oder übertreuerte Klaviere viel schneller erkennt.

Um ihn zügig durchführen zu können, ist es hilfreich, die Handgriffe vorher an einem zur Verfügung stehenden Instrument zu üben; die erworbene schlafwandlerische Sicherheit wird auch so manchen Verkäufer beeindrucken.

Die ersten fünf Minuten
Das Äußere

- Ist der erste Eindruck von Klavier und Gehäuse gut? Kann man sich das Klavier bei sich zu Hause vorstellen?
- Wie fühlt sie sich die Tastatur an? Wie ist ihr Zustand? Abnutzung ist normal, aber ein neuer Belag kann teuer werden.
- Welcher Hersteller? Auf keinen Fall darf man sich durch Aufkleber mit Namen bekannter Firmen oder Fantasiemarken täuschen lassen. Solche Aufkleber gibt es im regulären Klavierfachhandel zu kaufen. Die großen Namen sind im Tastaturdeckel intarsiert oder in den Rahmen eingegossen, bei gehobenem Deckel meist gut sichtbar auf der rechten Seite. Flügel tragen den Namen oft auch auf dem Resonanzboden.
- Ist die Tastatur eben? Kniend, auf Augenhöhe mit der Tastatur erkennt man schnell eine eventuelle Neigung hin zur Mitte (Anzeichen für Abnutzung der Garnierung) oder ungleiche Tastenhöhen (Anzeichen für Mottenbefall).

Deckel auf – ein schneller Blick ins Innere

- Kreuzbesaitung oder gerade Besaitung? Ist es Letzteres, Klappe schließen und sich verabschieden.
- Unterdämpfer oder Oberdämpfer? Auch hier gilt: Bei Oberdämpfern, Klappe schließen und sich verabschieden.
- Ist der obere Teil des Rahmes nur aufgesetzt? Wenn ja, handelt es sich um einen Dreiviertel-Rahmen, das Klavier sollte man nicht mal geschenkt nehmen.
- Liegt der Stimmstock um die Stimmwirbel offen? Findet man Risse, womöglich zwischen den Wirbel verlaufend? Auch ohne erkennbare Risse sollte man so ein Klavier nicht kaufen.
- Sind auf den Stimmwirbeln Kreidespuren zu sehen? Viele Stimmer markieren lose Wirbel auf diese Art. Das bedeutet: je mehr Kreide, desto schlechter (was allerdings nicht heißt, dass alle Wirbel in Ordnung sind, nur weil gar keine Kreide zu sehen ist).
- Ist das Innere sehr dreckig? Riecht es schlecht und vermodert? Dann ist größte Vorsicht geboten!

Was man vor einer Besichtigung fragen sollte

- Welcher Hersteller? Ist es ein Lindner-Piano, kann man sofort wieder auflegen. Das gleiche gilt, wenn es ein Kleinklavier mit hängender Mechanik wie beispielsweise ein Eavestaff ist (im Zweifel nach Höhe und Zahl der Tasten fragen. Alles unter 965mm und weniger als 85 Tasten braucht man sich gar nicht anzusehen).
- Wie alt ist das Instrument?
- Wie ist der Zustand? Gibt es Vorbesitzer?
- Wann wurde das Klavier zuletzt gestimmt?
- Wie lautet die Seriennummer? Mit dieser kann man das Alter des Klaviers selber bestimmen (siehe S. 79, „Wie alt ist das Klavier?")

Ist der Hersteller unbekannt, so ist das kein Grund, das Klavier gleich abzuschreiben. Bedenklicher ist, wenn der Verkäufer auf Fragen ausweichende, schwammige Antworten gibt, wie es verkappte Händler oft tun; oder wenn behauptetes und tatsächliches Alter des Instruments auseinanderfallen. Kommt ein Besichtigungstermin zustande, sollte man ein Stimmgerät, alternativ eine Stimmgabel und eine kleine Taschenlampe dabei haben. Es ist angebracht, dem Verkäufer vorher zu sagen, dass man das Klavier auch innen inspizieren möchte und dazu den Deckel öffnen und die Frontplatte abnehmen muss. Das zeigt, dass man es ernst meint und spart Zeit und Diskussionen vor Ort, wenn es um das Abräumen wichtiger Familienerbstücke geht, die auf dem Klavier ihren Platz haben.

Kann der Verkäufer dies nicht zuvor selber erledigen, sollte man um Erlaubnis fragen, es selber zu tun, vielleicht auch mit einer Begleitperson. Dies nicht nur aus Höflichkeit; gerade ältere oder alleinlebende Menschen haben in so einem Fall lieber noch einen Vertrauten an ihrer Seite (wenn man selber ein Klavier oder andere Wertgegenstände verkauft, wird man auch ungern mit einem oder mehreren Unbekannten alleine zu Hause sein wollen).

DER KAUF EINES GEBRAUCHTEN KLAVIERS

Der erste Blick auf einen Flügel
Im Grunde wie beim Klavier, mit folgenden Zusätzen:

- Blick auf die Pedalanlage. Fehlt der Lyra-Halter? Wenn ja, von unten den Zustand des Holzes um die Flügelschrauben prüfen. Wenn die Lyra mehr als 2-3cm wackelt und dabei quietscht und knarzt, fehlt der Halter schon längere Zeit, Beschädigungen sind wahrscheinlich, ihre Reparatur teuer. Ist es noch nicht so weit, ist ein neuer Halter leicht montiert.
- Blick ins Innere. Vor dem Öffnen des Deckels überprüfen, ob die Scharnierstifte an Ort und Stelle stecken. Notenpult abnehmen, dann die vordere Klappe umlegen und danach erst den ganzen Deckel heben.
- Blick auf die Mechanik. Dies ist nur bei abgenommenem Tastendeckel möglich. Beim Blick über die Tasten sollte man die doppelte Auslösemechanik an den „Röllchen" ganz gut erkennen. Nicht in Frage kommen Instrumente mit einer Simplex-Mechanik (eine Art gekippter Piano-Mechanik) wie im Foto rechts. Eine richtige Flügelmechanik erkennt man an den sogenannten Auslöse-Puppen, wie im Foto unten.

Ein erster musikalischer Test
- Mit Stimmgabel oder Stimmgerät die Stimmhöhe kontrollieren.
- Ist es sehr verstimmt? Wenn dann die Stimmhöhe auch noch zu tief ist, bedeutet das, dass das Klavier wohl nie mehr vernünftig zu stimmen ist.

Der Verkäufer
- Bei einen Privatverkauf: Wirkt der Verkäufer vertrauenswürdig oder ist es vielleicht ein verkappter Händler?
- Beim Händler: Ist es ein auf Klaviere und ihre Wartung spezialisierter Händler?

Wenn bis hierhin alles zufriedenstellend verläuft, kann die Untersuchung weitergehen.

Die weiteren 15 Minuten
Die Umgebungt
- Steht das Klavier schon länger am jetzigen Ort? Ist es heiß, kalt, feucht oder trocken?
- Wo wird das Klavier stehen? Kommt es in eine andere räumliche Umgebung, muss es sich akklimatisieren. Ein zu großer Unterschied kann in Kürze fatale Folgen haben und Reparaturen nach sich ziehen.

Der zweite Blick ins Innere
- Frontplatte abnehmen. Lässt der Verkäufer das nicht zu, sollte man sofort gehen.
- Seriennummer überprüfen. Stimmt sie mit der telefonisch angegeben überein?
- Rost auf den Diskantsaiten? Ist der Klang beeinträchtigt? Innerhalb gewisser Grenzen ist Rost kein größeres Problem, zu viel ist generell ein schlechtes Zeichen.
- Korrosion der Bass-Saiten, zu erkennen an dunkelblauen Stellen an der Kupferumwicklung, ist eine ernste Sache. Wenn die Bass-Töne matt oder dumpf klingen, ist das ein größeres Problem.
- Risse im Resonanzboden? Gibt es Risse oder gar Anzeichen dafür, dass Risse ohne Reparatur bloß übertüncht wurden?
- Den Resonanzboden auch auf der Rückseite prüfen (dazu muss eventuell der Stoffbezug abgenommen werden). Auch hier nach Rissen oder Spalten suchen. Wird man fündig,

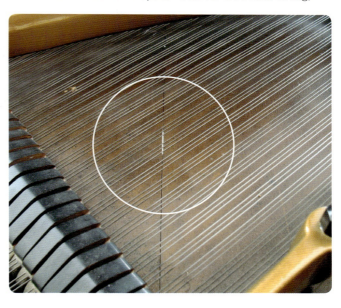

sollte man das Klavier nicht kaufen. Sind die Risse schon so groß, wie auf dem Foto oben, kommen sie einem Todesurteil für das Klavier gleich.
- Untere Frontplatte (Unterrahmenfüllung) abnehmen. Wenn die Stege (siehe Foto rechts) Risse aufweisen, ist dies das endgültige Todesurteil.

DIE WAHL DES KLAVIERS

- Holzwürmer? Das gesamte Äußere und (mit der Taschenlampe) Innere nach Spuren – frisches Holzmehl, kleine, kreisrunde Löcher von ca. 1,5mm – untersuchen. Auch unter den Tasten nachsehen. Holzwurmbefall lässt sich beseitigen, aufgrund der gesundheitsschädlichen Dämpfe aber nicht in Wohnräumen. Mittel für den Hausgebrauch taugen nichts.

- Mottenbefall? Alle Filz- und Stoffteile müssen auf Spuren von Mottenfraß untersucht werden. Der Filzstreifen zwischen Tasten und der Zierleiste darüber ist deutlich sichtbar. Findet man hier Spuren, schaut es beim Rest des Klaviers wohl genauso aus. Vorsicht auch, wenn dieser Streifen gerade erneuert wurde. Mottenfraß kann behoben werden, der Aufwand ist aber ökonomisch meist nicht vertretbar.

Der zweite Blick bei Flügeln

Wiederum wie beim Klavier, mit folgender Ergänzung:

- Bei älteren Flügeln liegt manchmal so viel Staub auf dem Resonanzboden, dass etwaige Risse nicht zu sehen sind. Von der Unterseite jedoch kann man fast die gesamte Flächte des Resonanzbodens sehen, Spalten zwischen den Holzstreifen sind leicht erkennbar. Mit einer Lampe, die von oben bei offenem Deckel auf den Resonanzboden scheint, werden auch kleine Risse durch das durchscheinende Licht sichtbar (das durchdringende Licht am Rand der Bolzenschrauben, die durch den Resonanzboden zum Rahmen führen, ist kein Grund zur Beunruhigung).

Die Mechanik

Eine schlecht erhaltene Mechanik macht aus einem billigen Klavier schnell eine teure Angelegenheit. Folgendes muss untersucht werden:

- Die Hämmer. Sind die Hämmer sehr abgespielt, mit Einschnitten oder Verformungen? (Bei einem Flügel sind die Hämmer nur bei abgenommenem Notenpult von oben sichtbar, am besten mit Taschenlampe).
- Die Gegenfänger. Diese sind bei abgenommener Frontplatte leicht zu sehen. Ist der Lederbezug verschlissen? Dies ist am besten im Vergleich mit den weniger gespielten Tönen ganz oben oder unten zu erkennen. Zu großer Verschleiß kann ein Hinweis auf einen früheren feuchten Aufstellungsort sein.
- Die Mechanikbändchen. Wie viele sind gebrochen oder kurz davor? Die Ersatzteile sind billig, der Austausch durch einen Fachmann eher nicht.
- Wackeln die Hämmer beim Spielen hin- und her?
- Machen die Tasten beim Loslassen ein klickendes Geräusch? Hat man zuvor schon Spuren von Motten entdeckt, haben diese wahrscheinlich den Hammerruheleistenfilz (und andere Filzteile) verspeist.
- Dämpfung. Klingen einige Töne nach dem Loslassen der Taste weiter? Dämpfer und Federn müssen dann reguliert werden. Vor allem beim Flügel ist noch darauf zu achten, ob Dämpfer und Saiten genau ausgerichtet sind.

Spiel und Spielgefühl

- Spricht das Instrument auf die eigene Spielweise gut an?
- Spricht das Instrument auch bei extremem Lautstärken (fff und ppp) noch gut an?
- Wie ist das Spielgefühl? Fühlt man sich wohl an dem Instrument, physisch und emotional?
- Ist das Instrument im Vergleich zu einem eventuell vorhandenen wirklich eine Verbesserung?

Wenn das Instrument in allen kritischen Punkten gut abgeschnitten hat und es einem gefällt. Wenn es dann auch nicht mehr als die Hälfte eines vergleichbar guten neuen Instruments kostet – dann kann es ein durchaus lohnender Kauf sein.

Fachmännischer Rat

Wenn man vor dem Kauf noch eine zweite Meinung hören möchte, sollte man einen weiteren Besuch mit einem Klaviertechniker machen, der zusätzliche Details prüfen kann.

- Stabilität der Stimmwirbel
- Zustand der Filze an Stuhlboden und Ruheleiste
- Zustand der Garnierungen an Vorderstiftleiste, Waagbalken etc.
- Geräusche, die auf klirrende Basssaiten oder nicht sichtbare Risse in Balken und Resonanzboden hinweisen
- „Integrität" des Instruments (gibt es irgendwelche Vortäuschungen?)
- Grad der Abnutzung der Mechanik
- Zustand der Hammernacken, bei Flügelmechaniken der Röllchen

Stellt sich heraus, dass nur ein paar Kleinigkeiten gemacht werden müssen, sollte man den Techniker um einen Kostenvoranschlag bitten, einschließlich der nötigen Transporte. Zählt man diese Summe (plus ca. 10% für irgendwelche Unwägbarkeiten) zum Preis des Instruments dazu, erhält man die tatsächlichen Gesamtkosten.

Wenn es dann kein so attraktives Angebot mehr ist, kann man vielleicht am ursprünglich geforderten Preis des Klaviers etwas machen und einfach weniger bieten. Ist der Verkäufer nicht bereit zu handeln – nun gut, es gibt auch andere Klaviere und Händler.

Wie alt ist das Klavier?

Seriennummern

Nahezu alle Klaviere haben eine Seriennummer, irgendwo im Inneren. Manchmal ist sie schwer zu finden, meistens aber ist sie über den Diskantsaiten zu sehen, wozu man allerdings die Frontplatte abnehmen muss. Die Seriennummern der meisten bekannten Hersteller können mit Listen einem bestimmten Herstellungsjahr zugeordnet werden. Nur so ist das Alter des Instruments zuverlässig zu bestimmen, mit den ungefähren Angaben eines privaten Verkäufers sollte man sich nicht zufrieden geben. Für Uneingeweihte ist die Bestimmung des Alters nach dem Äußeren völlig unmöglich, selbst viele Händler würden bei vielen Klavieren Stein und Bein schwören, dass das von ihnen angebotene mindestens eine Generation jünger ist, als es dann tatsächlich ist.

Zum einen gibt es den "Atlas der Pianonummern" von Jan Großbach mit über 6.000 Pianonummern. Etwas umfangreicher ist der Pierce Piano Atlas, der die Seriennummern von weltweit über 7000 Herstellern ab Beginn des 19. Jh. aufführt. Andere Verzeichnisse beschränken sich auf einzelne Länder, auch im Internet sind einige Datenbanken zu finden (siehe Literaturverzeichnis).

Da die Zahl der Hersteller abgenommen hat, ist so gut wie jedes nach 1970 hergestellte Klavier verzeichnet. Fehlt etwas, kann man davon ausgehen, dass es sich entweder um ein sehr altes Klavier eines kleineren Herstellers handelt, oder um ein neues Klavier einer noch unbekannteren Firma – und ist aus diesem Grund vermutlich von zweifelhafter Qualität.

Andere Möglichkeiten

Obwohl kaum innerhalb des 20-Minuten-Test möglich, kann der Versuch spannend sein, das Alter eines Klaviers anhand innerer und äußer(lich)er Details zu bestimmen. Einige Klaviertechniker sind darin ganz gut.

- Oftmals wurden (und werden) einige Tasten seitlich mit Bleistift mit Datumsangaben, etwa von einer Inspektion versehen, meistens das A1.
- Unter den letzten Tasten im Bass findet man manchmal Aufkleber mit einer Reihe weiterer Angaben.
- Die internationalen Auszeichnungen, die große Hersteller regelmäßig erhielten, wurden oft gut sichtbar im Rahmen verewigt, das Jahr der letzten Auszeichnung kann daher das Herstellungsjahr sein (es sei denn, die Firma ging bankrott, wurde verkauft oder bekam auf einmal keine Preise mehr). Das Klavier auf dem Foto links trägt als letzte Zahl „1908" auf dem Rahmen, der Pierce Atlas datiert es tatsächlich genauso. (Es gibt atemberaubend verzierte Rahmen wie diesen, die einen tiefen Einblick in die Welt der Klavierhersteller geben und das Ansehen wiederspiegeln, das die großen Hersteller genossen).

- Einige Designmoden sind recht gut zu datieren, eine schräge Vorderfront ist z. B. für Pianos der 1940/50er Jahre typisch.

Diese Charakteristika können aber auch in die Irre führen:
- Die schräge Vorderfront findet man ab und zu auch bei älteren Pianos, die in den 1950er Jahren lediglich modernisiert wurden.
- Das Datum im Rahmen kann auch aus der Gießerei stammen und hat wenig mit dem Klavier zu tun.
- Eine angebliche Seriennummer kann auch die Inventarnummer eines Händlers sein.

Bei älteren Klavieren, wie dem oben abgebildeten, findet man manchmal weder Herstellername, Seriennummer noch sonst eine Angabe. Was kann man in diesem speziellen Fall tun?

- Mahagonigehäuse und rechteckige Füße sind typisch für englisches Design der 1920er Jahre und der folgenden 2-3 Jahrzehnte.
- Der offenliegende Stimmstock verweist auf ein früheres Datum, vielleicht Anfang der 1920er Jahre.
- Auch die Tatsache, dass es nur 85 statt der später üblichen 88 Tasten hat, macht das frühere Datum wahrscheinlich.

So lässt sich dieses Klavier allein nach äußeren Kriterien recht überzeugend in die 1920er datieren.

Teil 2

Pflege und Wartung

Seit fast 150 Jahren ist das Klavier das wohl populärste Hausinstrument. Das vorliegende Buch ist vielleicht trotzdem das erste das zeigt, wie jeder normale Besitzer auch anspruchsvollere Wartungs- und Reparatur-Aufgaben und Stimmungen mit Erfolg ausführen kann.

Die folgenden Kapitel zeigen, wie das Instrument perfekt spielbar bleibt, seine Lebensdauer erheblich zu verlängern ist – und wie man vielleicht ein noch besseres Klavier daraus machen kann.

82	Einfache Pflege
88	Kleinere Reparaturen
108	Anspruchsvollere Reparaturen
152	Wartung und Instandhaltung eines Flügels
170	Ein Klavier selber stimmen

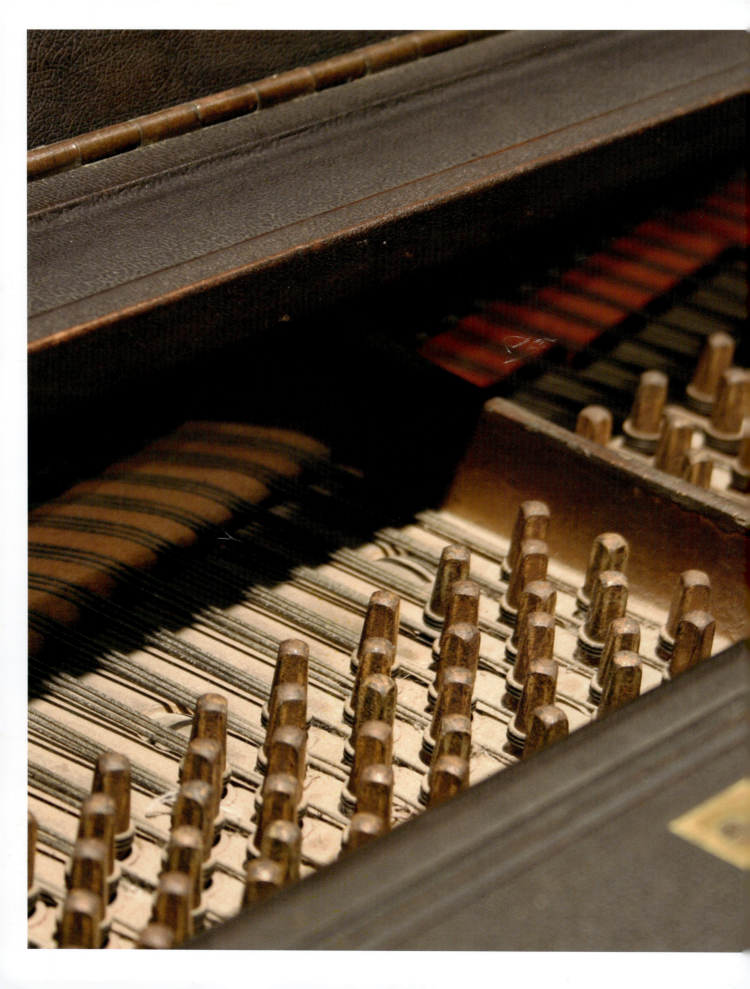

Kapitel 6
Einfache Pflege

Tipps für die regelmäßige tägliche Pflege und unbedingt notwendige Sicherheitsvorkehrungen. Es sind wenige und noch dazu einfache Dinge, die die Lebensdauer und Freude am Klavier erheblich vergrößern.

84	Gesundheit und Sicherheit
86	Umgebung
87	Saubermachen

PFLEGE UND WARTUNG DES KLAVIERS

Gesundheit und Sicherheit

Klaviere sind groß, schwer – und beweglich. Vorsicht muss daher an erster Stelle stehen, noch vor jeder Pflege. Viele teuer zu behebende Schäden am Klavier sind die Folge eigentlich vermeidbarer Unfälle. Die Schäden für Leib und Leben stehen auf einem anderen Blatt.

Klaviere

- Aufrecht stehende Klaviere kippen bevorzugt nach hinten und sollten daher möglichst an einer Wand stehen.
- Niemals darf ein Klavier frei im Raum stehen, wenn unbeaufsichtigte Kinder in der Nähe sind.
- Wenn das Klavier nicht an einer Wand stehen kann, gibt es zweckdienliche Winkel, an denen die Rollen weiter außen befestigt werden, und die gleiche Funktion erfüllende verstellbare Rollenböcke. Der erweiterte Abstand der Rollen lässt das Klavier nicht mehr so leicht kippen (siehe Abb. S. 24).
- Wenn das Klavier öfter hin- und hergeschoben werden muss, sollten größere Rollen montiert oder – noch besser – ein spezieller Transportrahmen verwendet werden.
- Jeglicher Stoffbezug der Rückwand muss so gut befestigt sein, dass er niemals zu Boden fallen und sich um ein Rad wickeln kann. Beim kleinsten Schubs wird das Klavier sonst ohne Vorwarnung umfallen. Das mag unwahrscheinlich klingen, aber es kommt vor. Öfter als man denkt.

Es ist bedenklich, dass diese Sicherheitsvorkehrungen oft nicht einmal an Schulen eingehalten werden. Ein Klavier steht keineswegs so stabil wie es aussieht, schon eine Neigung von 5° reichen zum umkippen. Das passiert leicht, wenn man es „ein bisschen" verrutschen will oder wenn ein Kind sich dagegen lehnt. Ein mehrere hundert Kilogramm wiegendes Klavier kann ein Kind schwer verletzen, wenn nicht schlimmeres. Und alles was sonst noch darunterliegt, wird ebenfalls kaum besser.

Ganz nebenbei kann auch der Rahmen brechen, was das Ende des Klaviers bedeutet.

Flügel

- Wenn ein Flügel öfter transportiert wird, ist ein A-förmiger Transportrahmen mit leichtgängigen Rollen zweckmäßig. Er wird an den so miteinander verbundenen Beinen befestigt, die originalen Rollen werden entfernt. Bei anderen Modellen steht das Klavier auf den eigenen Rollen in drei kleinen Schalen. Die Rahmen sehen nicht

unbedingt schön aus, auf jeden Fall aber besser als ein Flügel mit gebrochenem Bein.
- Ohne einen solchen Rahmen sollte der Flügel so wenig wie möglich bewegt werden, und wenn, dann immer leicht angehoben von mindestens drei Personen, um das Gewicht des Flügels auf die Rollen zu reduzieren (die trotz ihres Namens eigentlich nicht zum Rollen geeignet sind). Ein kleiner Widerstand – ein Teppich, der falsche Winkel der Rolle beim Schieben, eine angerostete Rolle – reicht aus, dass ein Bein abbricht und das Klavier beschädigt oder ein Beteiligter verletzt wird.
- Allgemein ist es besser, vor- oder rückwärts zu schieben als seitwärts.
- Der Klavierdeckel darf niemals aufgeklappt werden, ohne zuvor die zwei (oder auch drei) Scharniere zu kontrollieren. Die beiden Teile (siehe Foto S. 85) bewegen sich um einen Metallstift, der am Ende zu einem Winkel gebogen ist, um ihn herausziehen zu können. Es wird nur durch die Reibung

Kapitel 8

Anspruchsvollere Reparatur- und Wartungsarbeiten

Mit zunehmendem Alter des Klaviers werden die Probleme größer, ihre Behebung ist dann eigentlich ein Fall für den Klavierbauer. Aber wenn es einem nichts ausmacht, dass das Klavier einige Zeit nicht zu benutzen ist, kann man auch anspruchsvollere Reparatur- und Wartungsarbeiten selbst ausführen. Dieses Kapitel befasst sich nur mit Klavieren, Flügel werden in Kapitel 9 behandelt.

110	A: Die Tastatur
116	B: Die Klaviermechanik
140	C: Saiten und Stimmwirbel
148	D: Der Resonanzboden

ANSPRUCHSVOLLERE REPARATUR- UND WARTUNGSARBEITEN

A: DIE TASTATUR

Sofern die Tastatur korrekt gelegt, nivelliert und reguliert ist (vgl. Kap. 7). Wenn alles ohne Probleme funktioniert, ist es möglich auch anspruchsvollere Probleme in Angriff zu nehmen. Schwierigkeiten mit der Tastatur kommen bei älteren Klavieren normalerweise von Abnutzung und Gebrauch, bei neuen Klavieren von (absichtlich) falscher Handhabung.

Verfärbte oder beschädigte Tastenbeläge

Elfenbeinbeläge

Die weißen Tasten nahezu aller Klaviere vor etwa 1914 waren mit Elfenbein belegt, danach wurden zunehmend Kunststoffbeläge verwendet (vgl. Kap. 2). Nur bei sehr teuren Klavieren wurden die Beläge aus einem Stück gefertigt. Meist sind sie zweiteilig, die Verbindungsstelle ist an einer dünnen Linie zu erkennen. Abb. 8a.1 zeigt eine solche alte Tastatur in schlechtem Zustand vor dem Neubelegen. Bei einer Taste fehlt der vordere Belag, eine andere ist gedreht. Man erkennt, wie viel Schmutz sich an der Seite ansammelt.

Die meisten Klaviere mit Elfenbeintastatur sind heute nicht mehr spielbar, aber es gibt hin und wieder Ausnahmen. Die Beläge haben dann in der Mitte oft gelbe Flecken, die vom Fingerschweiß der Spieler herrühren. Elfenbeinbeläge, bei denen eine Aufarbeitung sich noch lohnt, werden folgendermaßen gesäubert:

1 Tastatur ausbauen. Die weißen Tasten mit einem leicht feuchten Tuch und ein wenig Glasreiniger abwischen (nur Sprühreiniger benutzen und auf das Tuch sprühen, nicht direkt auf die Tasten). Das Holz der Tasten darf nicht nass werden.

2 Hartnäckigere Flecken kann man mit einer Poliermaschine behandeln. Als Ersatz kann man eine in einen Schraubstock eingespannte Bohrmaschine mit einem Polieraufsatz benutzen. Die folgende Beschreibung geht von der Verwendung einer Poliermaschine aus.

3 Als Schleifmittel braucht man eine geeignete Polierpaste. Sie sind nach Farben sortiert, weiß ist am weichsten und am besten für Klaviertasten geeignet. Bei starken Flecken kann man auch braune Paste benutzen, braucht dann aber eine andere Polierscheibe.

4 Etwas Paste auf die Polierscheibe aufbringen.

5 Nun die zu behandelnden Elfenbeinflächen sehr sanft an die Polierscheibe führen bis man deren Handhabung in den Griff bekommt. Man braucht eine ruhige Hand, damit das Elfenbein durch das (überraschend wirksame) Schleifen nicht beschädigt wird. Zu festes Aufdrücken auf die Polierscheibe kann so viel Reibungshitze erzeugen, dass der (tierische) Leim sich löst und die Beläge weggeschleudert werden (für Kunststoffbeläge ist diese Methode wegen der Hitzeentwicklung und Schmelzgefahr völlig ungeeignet).

6 Gesundheits- und Sicherheits-Hinweis: Eine Schutzbrille ist ein Muss, Ohrenschützer sind nicht schlecht. Handschuhe darf man bei der Arbeit an Maschinen mit rotierenden Teilen nicht tragen, also Achtung auf die Hände (der Schmutz ist das kleinere Problem).

Das ist so ziemlich alles, was man sinnvoll selber tun kann, um Elfenbeinbeläge wieder schön aussehen zu lassen. Kommt man mit der geschilderten Methode nicht zum gewünschten Ergebnis – saubere, ebene Beläge – bleibt nur, das Elfenbein abzunehmen und durch neue Beläge (aus

8a.1

DIE TASTATUR

legalen Materialien) zu ersetzen. Aber das rentiert sich nur, wenn sicher ist, dass das Klavier ansonsten in gutem Zustand ist und auch noch lange bleibt.

Natürlich ist es möglich, Elfenbeinbeläge zu erneuern und zu ersetzen. Aber es ist sehr kompliziert und der Aufwand einer solchen großen Restaurierung ist nur bei sehr besonderen Instrumenten gerechtfertigt. Dies führt über die Aufgabe dieses Handbuchs weit hinaus.

Um die Elfenbeinbeläge zu entfernen, reicht die Hitze eines normalen Bügeleisens. Der Geruch des angesengten Elfenbeins ist entsetzlich. Wenn der tierische Leim schmilzt, lösen sich die Beläge in der Regel. Manchmal geht es schnell und die Klebeflächen müssen kaum nachbearbeitet werden, doch oft ist es ein Kampf um jeden Millimeter. Daher nochmals die warnende Frage: Ist es das Klavier wert?

Reparieren von Tastenbelägen aus Zelluloid oder Kunststoff

Die meisten im letzten Jahrhundert hergestellten Klaviere haben Tastenbeläge aus Zelluloid, heutzutage wird meist Kunststoff verwendet. Tauscht man beschädigte Tasten aus, werden diese immer etwas abweichend aussehen, da es selbst bei einem neueren Klavier unwahrscheinlich ist, übereinstimmende Ersatz-Beläge zu bekommen. Einige Hersteller, wie Kawai oder Yamaha, haben zwar eine hervorragende Ersatzteilversorgung, bei vielen anderen lässt das aber zu wünschen übrig. Viele Probleme entstehen wohl auch durch Verständigungsschwierigkeiten.

Wenn man nichts wirklich Passendes findet und es nur ein paar Tasten sind, die ausgebessert werden müssen, ist es möglich, die neuen Beläge bei den Tasten ganz oben oder unten einzusetzen, wo sie wahrscheinlich weniger auffallen. Die originalen alten Beläge könnten dann zum Ausbessern verwendet werden. Üblicherweise nimmt man die Beläge von

8a.2

den Basstönen, die von den Diskanttönen gehen aber auch. Die meisten Beläge sind in der Oktave untereinander austauschbar, außer das tiefe A und das hohe C bei Klavieren bzw. das hohe A bei Klavieren mit 85 Tasten. Achtung: D, G und A sehen ähnlich aus, sind aber verschieden. D ist symmetrisch, G und A sind es nicht).

Neue Kunststoff-Beläge für die weißen Tasten sind günstig und vorgeformt, Zelluloid gibt es vorgefertigt oder blattweise. Alle sind auf jeden Fall viel dicker als bei alten Klavieren, was das Anpassen schwierig machen kann. Klavierbauer heben manchmal alte Beläge auf, vielleicht ist dort auf Nachfrage etwas zu finden. Wenn also nur ein paar Tasten beschädigt sind und das Klavier nicht ganz neu belegt werden soll, geht man folgendermaßen vor:

1 Eine der beschädigte Tasten ausbauen und in einen gefütterten Schraubstock einspannen (bei geknickten Tasten nur das vordere Ende), so dass die Oberseite ein Stück übersteht.

2 Mit einem scharfen Messer mit dünner Klinge den Belag abnehmen. Dies geht einmal leicht, ein andermal sehr schwer, und man muss eine Zeitlang probieren, bis man die richtige Technik findet (Manchmal hilft es, die Messerklinge zu erhitzen, dann lässt sich der Kleber wie Butter schneiden).

3 Je nachdem wie sich der Belag ablösen lässt, wird die Entscheidung ausfallen, ob man die neuen Beläge am oberen / unteren Ende einsetzt (wo sie weniger auffallen) und die originalen zum Ausbessern verwendet. Wenn die Oberfläche der Probetaste nach dem Ablösen des Belags wie ein Schlachtfeld voller Stichel- und Meisselspuren aussieht, ist es wahrscheinlich bei allen Tasten so schwierig.

4 Nach getroffener Entscheidung, die benötigte Anzahl an Tasten ausbauen und die Beläge entfernen. Alte Zelluloidbeläge sachgemäß entsorgen, sie sind sehr feuergefährlich. (Zelluloid darf nicht auf Schiffen transportiert werden, aus diesem Grund sind auch Tischtennisbälle nicht als Schiffsfracht zugelassen. – Als Feueranzünder sind die Beläge allerdings einsame Spitze).

5 Hat das Abnehmen der Beläge arge Spuren hinterlassen, müssen die Tasten abgeschliffen werden, die Oberfläche muss vollkommen glatt sein. Eventuelle Löcher zuvor mit Holzspachtel ausfüllen, da die neuen Beläge sonst nicht halten oder hohl klingen, wenn man sie mit dem Fingernagel anschlägt.

6 Soviel Holz abschleifen, wie für die neuen, dickeren Beläge plus den neuen Kleber nötig ist (der alte Knochenleim wurde heiß und sehr dünn aufgetragen). Die neu belegte Oberfläche

ANSPRUCHSVOLLERE REPARATUR- UND WARTUNGSARBEITEN

8a.3

muss exakt die richtige Höhe haben. Daher sollte man die Tastatur zuvor nivelliert haben (siehe oben).

7 Die neuen Beläge sind mit Sicherheit zu groß. Vor dem Ankleben die Beläge für die Tasten C, E, F und H an der vorderen, langen Seite ausrichten. Bei den übrigen ebenfalls nur eine Seite überstehen lassen. (vgl. Abb. 8a.2).

8 Kleber auf beide Oberflächen auftragen – bei der Taste etwas mehr, da das Holz saugfähiger ist – und antrocknen lassen. Normaler Kontaktkleber ist völlig ausreichend. Ein spezieller Leim wie ihn die Klavierbauer verwenden, ist nur nötig, wenn die gesamte Tastatur neu belegt wird. Für Beläge aus Zelluloid und Elfenbein wird allerdings immer noch heißer Knochenleim verwendet. Ihm wird in diesem Fall für die Farbgebung etwas Titanweiß beigemischt.

9 Die beiden Teile zusammenfügen. Dies zuvor ohne Kleber mehrmals probieren, da der Kleber keine Korrektur mehr zulässt.

10 Taste und Belag im Schraubstock für ein paar Minuten leicht zusammenpressen (die Seite mit der Tastenoberfläche mit einem Tuch oder dünnem Filz schützen).

11 Danach die Tasten so lange wie nötig in Schraubzwingen einspannen. Es gibt zu diesem Zweck sehr gute Schnellspanner, mit denen man zwei Tasten mit einem weichen Tuch dazwischen zusammen klemmen kann (siehe Abb. 8a.3). Man sollte ein paar besitzen, für umfangreichere Ersatzaktionen braucht man aus ökonomischen Gründen allerdings andere, größere Zwingen.

12 Nachdem der Klebstoff fest ist, eine Taste nach der anderen so in den Schraubstock einspannen, dass nur ein winziges Stück Holz und der neue Belag überstehen.

13 Mit der glatten Seite einer Flachfeile das überstehende Plastik oder Zelluloid bis zum Holz abnehmen. Dabei immer in Richtung Taste arbeiten, damit der Belag nicht wieder gelöst wird (in Abb. 8a.2 muss die Taste vor Beginn dieser Arbeit noch gedreht werden).

14 Der Schraubstock muss gepolstert und absolut sauber sein, daher Staub und Späne vor Beginn jedes Mal ausblasen. Das kleinste Schmutzpartikel, das in die Oberfläche gepresst wird, hinterlässt auf der schönen neuen Taste bleibende Spuren.

15 Um die Ecken zu bearbeiten, werden die Tasten aufrecht stehend in den Schraubstock einspannt. Die glatte Seite der Feile so drehen, dass immer nur eine Kante bearbeitet wird. Mit Schleifpapier nacharbeiten. Die Kanten dürfen jedoch nicht abgeschrägt werden.

Tastenvorderbeläge

Hoffentlich müssen die vorderen Tastenbeläge nicht erneuert werden. Es gibt zwar Kunststoff-Tastenbeläge mit integrierter Front, die auch relativ gut aussehen, doch sie sind für ältere Klaviere meist zu dick. Die Tastenvorderbeläge älterer Klaviere sind so dünn, dass die neuen keinen Platz zwischen Taste und Schlossleiste haben. Zelluloid-Beläge gibt es in dünnerer Ausführung, aber zum Ersetzen müssen sie zugeschnitten und in Form gebracht werden, was viel mehr Arbeit macht. Wenn die vorderen Tastenbeläge also nicht völlig unansehnlich sind, sollte man sie lassen, auch wenn sie sich farblich von den neuen Oberbelägen unterscheiden.

Das einzige Problem ist nun noch, den Überhang des Oberbelages zu bestimmen. Am besten ist es, ein Maß mit der korrekten Dicke zu verwenden, die Plastikbeläge haben in etwa die richtige Stärke. Einfach ein Stück an die Tastenfront anlegen und den Oberbelag beim Ankleben genau daran ausrichten.

Alle weißen Tasten erneuern

Das Austauschen aller weißen Tastenbeläge – wenn man es denn machen möchte und der Zustand des Klaviers es rechtfertigt – erfolgt prinzipiell genauso. Es dauert nur länger.

Die weißen Tasten saubermachen

Je nach Klavier können die Tasten seitlich entweder völlig verfärbt sein oder makellos rein wie neu. Es ist ein empfehlenswerter, aber auch mühevoller und dreckiger, zusätzlicher Schritt, alle Flächen mit Stahlwolle zu säubern. Sie wird in den Graden „5" (grob) bis „000" angeboten, man sollte den allerfeinsten Grad „000" verwenden. Atemschutzmaske aufsetzen! Der eingeatmete Staub einiger Hölzer ist krebserregend.

Die Holzkanten beim Saubermachen mit der Stahlwolle nicht abschrägen. Die harten, exakten Schnittkanten müssen erhalten bleiben.

Wenn man es für übertrieben hält, die gesamte Taste sauberzumachen, sollte man wenigstens die beim Spiel offenen und

DIE TASTATUR

sichtbaren Stellen behandeln, da diese durch den Fingerkontakt oft sehr schmutzig werden (ihr Aussehen lässt übrigens interessante Rückschlüsse auf Spieltechnik und Hygiene der Pianisten zu). Abb. 8a.4 zeigt Tasten eines Klaviers vor und nach dem Säubern, Abb. 8a.5 einige neu belegte Tasten desselben Klaviers.

Für Perfektionisten

Ein ganzer Satz neuer Kunststoffbeläge kann an einem alten Klavier auch zu neu aussehen – der Eindruck ist wie zu teure falsche Zähne. Man kann das Klavier äußerlich zwar etwas aufpolieren, um den Unterschied etwas abzuschwächen. Vernünftiger aber ist es – immer vorausgesetzt, das Klavier ist es wert –, statt Kunststoff von einer Spezialfirma neue Zelluloid-Beläge machen zu lassen. Die Beläge werden in ganzen Scheiben aufgeklebt und nach dem Festwerden mit einer Maschine ausgeschnitten. Diesen Grad an Genauigkeit kann man mit Handarbeit nicht erreichen.

Die schwarzen Tasten

Die schwarzen Tasten sind meist nicht schwierig sauberzumachen, ein feuchtes Tuch mit einem Spritzer Fensterreiniger ist alles, was man braucht. Ältere Holztasten (nicht Kunststofftasten!) können wie oben beschrieben poliert werden. Da das Material abfärben kann, sollte man für die schwarzen Tasten eine eigene Schleifscheibe verwenden.
Die Tasten können aus einer Vielzahl von Materialien von Hartholz bis Kunststoff hergestellt sein, früher wurde oft auch Ebenholz verwendet. Das Holz unterhalb des schwarzen Belags ist im Normalfall schwarz gefärbt. Zum Nachfärben kann man Filzstifte benutzen, aber nur von guter Qualität, um ein eventuelles Abfärben auf die Finger des Spielers zu verhindern. Ist intensives Nachfärben nötig, gibt es im Klavierfachhandel eine spezielle Farbe.

Neu Garnieren

Kurz eine Wiederholung dessen, was bereits in Kapitel 7 zu den Tastengarnierungen gesagt wurde. Die Metallstifte im Waagebalken und in der vorderen Klaviaturrahmenleiste sorgen dafür, dass die Tasten sich nur auf- und ab-, aber nicht seitwärts bewegen lassen. Die Löcher in den Tasten sind mit einem weichen, aber sehr widerstandsfähigen Filz, sog. „Kasimir" gefüttert – „garniert" – so dass die Tasten sich ohne Widerstand leicht und leise bewegen. Diese Garnierungen sind extrem langlebig und nutzen sich sehr langsam ab, ernsthafte Fehlfunktionen sind daher eher auf Schäden durch Mottenbefall oder Heizungsluft zurückzuführen.

Doch irgendwann machen sich natürlich auch Abnutzungsspuren bemerkbar, besonders an den Waagbalkenstiften und hier vor allem an den geknickten Tasten. Abb. 8a.6 zeigt die Waagbalkenstifte und die rote Garnierung der Löcher, bei den weißen Tasten mit einem Kreis gekennzeichnet, bei der ersten schwarzen Taste (links der Kreuzungsstelle der Saiten) mit einem Pfeil. Da die Tasten nach links abknicken, ist die Abnutzung auf der rechten Seite des Stiftes höher. Dies betrifft wegen der größeren Hebelwirkung vor allem die längeren weißen Tasten.

Mit der Zeit neigen sich die Tasten in der Ruhestellung nach links. Aus der Vorderansicht auf Tastenhöhe ist dies als ein deutliche „V"-förmige Lücke wahrnehmbar, hier zwischen den Tasten D und E (den beiden weißen Tasten rechts außen). Abnutzung an den Klaviaturvorderstiften bemerkt man, wenn man die Taste am vorderen Ende hält und versucht seitlich zu bewegen (die Nebentasten dabei niederdrücken). Lässt sich die Taste mehr als ein kleines bisschen bewegen, ist die Garnierung verschlissen.

Abhilfe ist auf verschiedene Arten möglich, wirklich empfehlenswert ist nur eine.

Nicht in Betracht ziehen sollte man das Verfahren des „Stauchens", bei dem das Holz um das Loch herum gespalten wird, in der Hoffnung, das Loch so zu verkleinern. Auch wenn dies früher oft geübte Praxis war, so ist sie bei aller Traditionsliebe doch als zu brutal und primitiv abzulehnen. Bei den schwarzen

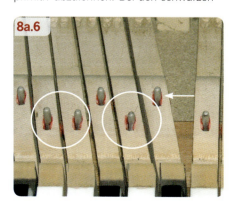

ANSPRUCHSVOLLERE REPARATUR- UND WARTUNGSARBEITEN

Tasten kann man sie sowieso nicht anwenden, da hier zu wenig Holz um das Loch vorhanden ist.

Ebenfalls nicht wirklich zu empfehlen ist es, im am schlimmsten betroffenen Bereich nur eine Seite der Garnierung der Waagbalkenstifte zu erneuern (in Abb. 8a.6 wäre das die rechte Seite), ebenso wenig wie das leichte Verdrehen der Klaviaturvorderstifte, um zu viel Spiel auszugleichen. Beide Vorgehensweisen wirken nur kurze Zeit und beschleunigen die Abnutzung vielmehr. Sie sind daher höchstens dann akzeptabel, wenn das Klavier in nächster Zeit neu garniert oder entsorgt wird. Ein Klavier zum besseren Verkauf derart aufzuhübschen ist unzulässiger Betrug (bei einem Kauf sollte man einen Klavierbauer auch dies prüfen lassen.)

Das einzig vernünftige Vorgehen ist eine vollständige Neugarnierung.

Zuerst muss man allerdings nachsehen, ob das Klavier überhaupt Garnierungen hat. Einige sehr billige Klaviere kamen ohne aus, sogar die Waagbalkenstifte waren nicht garniert. Wenn in einem solchen Fall die Löcher ausleiern, hat man nur die Möglichkeit mit viel Aufwand die Löcher zu vergrößern, um sie mit Garnierungen versehen zu können – meistens eine kaum lohnende Investition. Abb. 8a.7 und 8a.8 zeigen ein Klavier, das mit 80 Jahren am Auseinanderfallen ist, obwohl es wenig gespielt wurde und kaum Abnutzungsspuren zeigt. Die fehlenden Garnierungen fallen so gar nicht ins Gewicht, es ist und bleibt ein schlechtes Instrument.

1 Voraussetzung für eine vernünftige Neugarnierung ist die korrekte Größe des Garnierungsstoffes („Kasimir"). Dafür eine oder zwei weniger abgenutzte Garnierungen am oberen oder unteren Ende der Tastatur mit einem scharfen Messer herausschneiden.

2 Man benötigt Garnierklammern oder genau passende Keile, um die neuen Garnierungen einzukleben (Schritt 6). Zuerst die Tastatur ausbauen.

3 Die übrigen Garnierungen – die bereits entnommenen Muster gut aufheben! – mit einem scharfen Messer vorsichtig herauskratzen, wie in Abb. 8a.10. (Es gibt einen elektrischen „Entgarnierer", eine Art Lötkolben, mit dem der Leim zum Schmelzen gebracht wird, aber es geht genauso gut ohne.)

4 Den neuen Garnierstoff in Streifen von exakt der Breite der Vorlage schneiden. Die richtige Breite ist sehr wichtig, daher ist es empfehlenswert, das Einkleben und die folgenden Schritte (6ff.) zuvor an einigen Tasten auszuprobieren. Dies ist eine der Klavierbau-Tätigkeiten, die mit äußerster Genauigkeit ausgeführt werden müssen. Sind die Filzstreifen nur Bruchteile eines Millimeters zu breit, klemmt die Taste; sind die Streifen zu schmal, sind sie bald wieder verschlissen; aber wenn sie genau stimmen, dann halten sie Jahrzehnte.

5 Bei den meisten Klavieren führt ein kleiner Schlitz von der Tastenseite zum Loch für den Waagbalkenstift. Den Kasimirstreifen so hindurch schieben wie in Abb. 8a.11 gezeigt.

6 Die Garnierungen einkleben und mit Garnierklammern oder Keilen wie in Abb. 8a.12 halten (die Streifen sind in der Abb. zur Verdeutlichung wesentlich zu lang). Etwa 30 min. ruhen lassen, bis der Kleber getrocknet ist (man muss nicht unbedingt Heißleim verwenden, außer man möchte das gesamte Klavier neu garnieren. Dieser benötigt einen Tag zum Austrocknen). Zuletzt die überstehenden Enden mit einem Skalpell abschneiden (Abb. 8a.13).

7 Vor dem Wiedereinsetzen der Tastatur den Stuhlboden säubern. Am besten bläst man mit einem Kompressor allen Dreck hinaus, dies ist aber nur

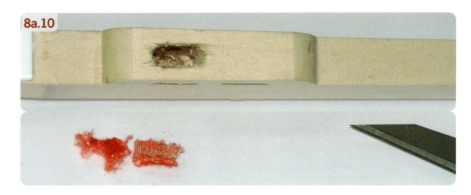

Top-Titel für Pianisten von PPVMEDIEN und Edition Bochinsky!

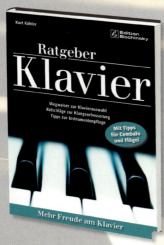

Ratgeber Klavier
ISBN 978-3-937841-90-8
14,90 EUR

Atlas der Pianonummern
ISBN 978-3-941532-03-8
50,00 EUR

Piano- und Flügelstimmung
ISBN 978-3-937841-35-9
86,00 EUR

Gleich bestellen auf www.ppvmedien.de

Piano Fitness
ISBN 978-3-941531-75-8
19,95 EUR

Piano Fitness 2
ISBN 978-3-941531-90-1
19,95 EUR

Digital Piano Fitness
ISBN 978-3-95512-004-7
19,95 EUR

Gleich bestellen auf
www.ppvmedien.de

DIE TASTATUR

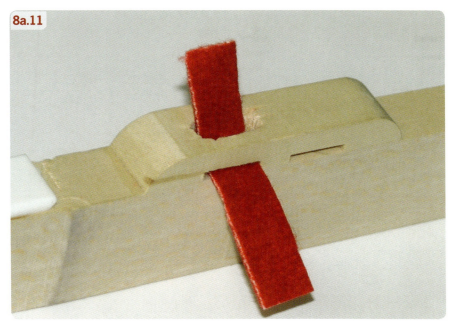

8a.11

8a.12

8a.13

in der Werkstatt oder im Freien empfehlenswert. Bei der Arbeit vor Ort muss eine weiche Bürste mit langen Borsten und ein Staubsauger genügen.

8 In diesem Fall (vgl. S. 104) ist es statthaft, die Waagbalkenstifte und die Klaviaturvorderstifte mit einem Silikonspray wie WD 40 zu schmieren. Es darf jedoch nichts an das Holz gelangen, daher am besten auf ein Tuch sprühen und dann auftragen. Bei Rost können die Stifte auch mit ein wenig Metallpolitur gereinigt werden, auch hier darf nichts an das Holz gelangen. Den Stuhlboden legt man zu diesen Arbeiten am besten mit einer alten Zeitung aus. Dann die Tastatur wieder einbauen.

9 Gehen die Tasten zu streng, kann das mit einer Druckzange (vgl. S. 105) ausgeglichen werden. Die beiden Backen stehen beim Schließen parallel zueinander, die äußere ist verbreitert, um beim Zusammendrücken die Taste nicht zu beschädigen, die innere drückt den Filz etwas zusammen. Hat der Filz allerdings von vornherein die falsche Größe, hilft auch noch so viel Zusammendrücken nichts.

Gebrochene Tasten

Tasten brechen selten und wenn, dann geschah dies meist aus Absicht. Auf jeden Fall ist es ein schwieriges Problem. Da die Tasten meist in der Höhe des Loches am Waagbalken brechen, reicht die Holzfläche an der Bruchstelle für ein effektives Kleben nicht aus. Genau so wenig kann auf der Tastenseite oder am Boden eine Schiene angebracht werden. Allenfalls an der Oberseite wäre das möglich, doch muss das Loch für den Waagbalkenstift frei bleiben. Die Chancen für eine Reparatur stehen damit nicht gut.

Dass ein Klavierbauer eine passende Taste von einem anderen Klavier gerade übrig und greifbar hat, wäre mehr als reiner Zufall. Wenn das Klavier noch gebaut wird, kann man immerhin versuchen, eine Ersatztaste beim Hersteller zu bestellen. Die beste Lösung wäre natürlich, einen Ersatz machen zu lassen, aber das ist leichter gesagt als getan. Dies ist eher ein Fall für einen Klavierrestaurator (siehe „Nützliche Adressen") und die Kosten sind dann entsprechend. Billiger ist es vielleicht, einen handwerklich begabten Bastler mit viel freier Zeit zu suchen, der mit Hilfe einiger Vergleichstasten dann eine passende neue „schnitzt".

Wenn die Tasten nicht zu sehr abgeknickt sind, ist es bei einigen Klavieren auch möglich, die gebrochene Taste gegen eine aus einer anderen Oktave vom Rand auszutauschen. Einiges an Abschleifen wird zum Einpassen nötig sein. Aber auch das ist nur eine eher verzweifelte Hilfsmaßnahme.

Nach dem Gesagten ist eines klar: Wenn man ein Klavier in „ausgezeichnetem Zustand, nur ein paar Tasten sind locker" angeboten bekommt, so ist das kein „kleiner Mangel", sondern ein triftiger Grund sofort zu gehen.

ANSPRUCHSVOLLERE REPARATUR- UND WARTUNGSARBEITEN

B: DIE KLAVIERMECHANIK

Mit zunehmendem Alter des Klaviers können verschiedene Defekte der Mechanik auftreten, die hier der Reihe nach behandelt werden.

Die Mechanik-Bändchen

Bei der Klaviermechanik werden die Hämmer beim Loslassen der Taste von einem kleinen weißen Leinenband zurück gezogen, dem Mechanik-Bändchen (vgl. Abb. 8b.2). Bei einigen Klavieren hat diese Vorrichtung wenig Auswirkung, bei anderen ist ein schnelles Spiel unmöglich, wenn die Bändchen gebrochen sind. Ihr Erhaltungszustand ist schnell zu erkennen: Das Leinen neuer Bändchen ist weiß, das Ende mit einer roten Litze versehen. Wenn diese Litze fehlt und die Bändchen zerfleddert und schmutzig sind, ist es an der Zeit, sie auszuwechseln (vgl. Abb. 8b.2 und 8b.3).

Wenn nur wenige Mechanik-Bändchen gebrochen sind

In diesem Fall ist es möglich, die wenigen Bändchen durch solche zu ersetzen, die mit Klammern am Gegenfängerstiel befestigt werden. Diese vorgefertigten Klammer-Bändchen sind meist zu lang und müssen angepasst werden. Gekürzt werden sie mit einem Knoten in der Nähe der Klammer. Dieser Knoten sollte a) von vorne nicht sichtbar sein und b) nicht an den Gegenfängern streifen.

Das Mechanik-Bändchen darf durch den Knoten nicht verdreht werden, da es sonst schräg auf dem Bändchendraht sitzt. Abb. 8b.6 zeigt zwar einen ausgebauten Hammer samt Hammernuss und Kapsel, doch

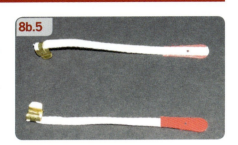

ein Ersatz der Mechanik-Bändchen ist mit etwas Vorsicht auch möglich, ohne die Mechanik ganz oder teilweise auszubauen. Dabei geht man folgendermaßen vor:

1 Das Mechanik-Bändchen am Schaft des Gegenfängers richtig platzieren.

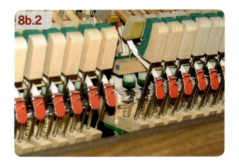

DIE KLAVIERMECHANIK

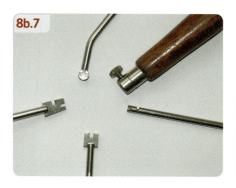

8b.7

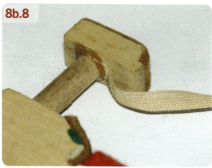

8b.8

8b.9

2 Mit der breiten Seite eines Schraubenziehers die Klammer andrücken.

3 Wenn das Bändchen befestigt ist, die Vorderseite auf den Bändchendraht fädeln.

Der Ersatz muss dieselbe effektive Länge haben wie das Original, sie kann leicht durch Verschieben der Klammer am Schaft des Gegenfängers verändert werden. Reicht das nicht aus und das Bändchen ist im Vergleich immer noch zu kurz oder zu lang, biegt man den Bändchendraht vor oder zurück, bis die richtige Länge erreicht ist. Das geht natürlich nur innerhalb gewisser Grenzen. Zu viele Korrekturen dieser Art sehen schnell amateurhaft aus, es ist daher besser, ein Kröpfeisen zu verwenden (vgl. Abb. 8b.7).

Wenn zahlreiche Mechanik-Bändchen gebrochen sind

In diesem Fall ist es so gut wie sicher, dass auch der Rest noch folgt, es wäre ratsam, gleich alle zu erneuern (bei dem Klavier in Abb. 8b.3 sind die Litzen der Bändchen angebrochen, zwei von zehn sind sogar bereits abgebrochen).
Bei neuen Klavieren werden die Mechanik-Bändchen mit dem Stiel im Loch des Gegenfängers verleimt (siehe Abb. 8b.8). Dadurch wird die Verbindung sehr fest, mit einem Hammerstielentferner (Abb. 8b.9) können aber auch die Köpfe der Gegenfänger abgezogen werden. Möchte oder muss man alle Bändchen ersetzen, wäre dies das Instrument der Wahl. Es dauert seine Zeit (auf jeden Fall einen ganzen Tag) und es geht wahrscheinlich auch nicht ohne Schäden an weiteren Mechanikteilen ab, aber wenn es sich um ein Qualitätsklavier handelt, ist es die Mehrarbeit auf jeden Fall wert.

Abb. 8a.10 zeigt, wie der Hammerstielentferner beim Ausziehen des Gegenfängers einzusetzen ist. Beim Drehen der Klemmschraube öffnen sich die Backen. Wenn man Pech hat ist die Verklebung so stark, dass der Stiel aus der Hammernuss gezogen wird. Dann muss man den Gegenfänger absägen, das Loch ausbohren, einen neuen Stiel fertigen und einleimen. Etwas einfacher kann es gehen, wenn man den beweglichen Teil des

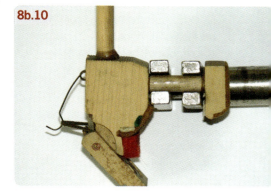

8b.10

🎹 Stehen oder Sitzen?

Bei der Arbeit an einer Klaviermechanik wird Stehen die praktischere Lösung sein, da man beständig die Arbeitsseite und -Richtung wechselt. Eine schmale, improvisierte Werkbank, nur wenig breiter als die Mechanik, etwa auf Bauchhöhe, ist dabei sehr hilfreich. Viele Klaviertechniker benutzen eine Holzplatte auf einem zusammenklappbaren Keyboardständer. Der ist durchaus brauchbar, solange man sich im Klaren ist, dass das nicht sein eigentlicher Bestimmungszweck ist. Besser ist, wenn möglich, ein stabiler Tisch oder eine stabile Werkbank.

PIANO MYTHOS & TECHNIK 117

ANSPRUCHSVOLLERE REPARATUR- UND WARTUNGSARBEITEN

Gebrochene Mechanik-Bändchen?
Nicht gleich die ganze Mechanik ausbauen!

Die gesamte Mechanik auszubauen, wenn einige Mechanik-Bändchen gebrochen sind, ist eine der Fallen, in die man gerne – und dann umso tiefer – tritt. Ohne Bändchen fallen die Hebeglieder nach unten und die Stoßzungen gleiten unter dem kleinen Filzkissen an der Hammernuss hindurch und schlagen gegen das dahinter liegende Holz. Die fatalen Konsequenzen zeigen sich erst, wenn man versucht, alles wieder zusammen zu bauen: Die Gegenfänger drücken die Hämmer gegen die Saiten und machen es so schwierig bis unmöglich, die Mechanik wieder einzubauen. Je verzweifelter man es versucht, desto größer die Gefahr, Hämmer, Hammernüsse oder Stoßzungen ernsthaft zu beschädigen.

Dies passiert meist in Situationen, in denen man nicht die Zeit hat über die Lösung nachzudenken (so manche „schnelle" Reparatur führte zu nichts anderem, als das so dringend benötigte Klavier in einen unspielbaren Zustand zu versetzen). Die Lösung ist, bei halb eingebauter Mechanik, wenn die Hämmer schon etwas gegen die Saiten gedrückt werden, die Spitze eines Schraubenziehers zwischen Auslösepuppe und Ferse der Stoßzunge zu führen (siehe Abb. 8b.2). Mit einem leichten Druck auf die Ferse springt die Stoßzunge in ihre eigentliche, richtige Position zurück. Dies ist für jede betroffene Stoßzunge zu wiederholen.

8b.4

Hammerstielentferners an der Seite des abzuziehenden Teils anlegt. So wird – warum auch immer – zum Glück meist dieser Teil abgezogen.

Beim Ersetzen der Mechanikbändchen ist es inzwischen gängige Praxis, die Bändchen mit Heißleim auf die Rückseite der Gegenfänger aufzukleben. Obwohl das eigentlich eine gute Reparaturmöglichkeit ist, wird sie oft so schlecht durchgeführt, dass der nächste Klavierstimmer diese „Reparatur" lieber wieder durch angeklammerte Bändchen ersetzt.

Mechanik-Bändchen klammern oder kleben?

Viele Klavierbauer vertreten die traditionelle (oder eher sture?) Ansicht, dass geklammerte Bändchen zwar für kleinere Ausbesserungen ausreichen, für umfangreichere Reparaturen es aber nur in Frage kommt, die Bändchen zu kleben. Viele Klaviertechniker sehen dies auch anders. Einige tauschen ohne zu Zögern alle geklebten Bändchen gegen geklammerte aus. Zumindest das zu vernachlässigende Gewicht der Klammern ist ja kein Argument dagegen. Also muss jeder selber entscheiden. Wer sich für Kleben entscheidet, muss folgendermaßen vorgehen:

1 Den richtigen Zeitpunkt finden. Die beste Gelegenheit bietet sich, wenn die Mechanik für andere größere Arbeiten bereits ausgebaut und zerlegt ist. Es geht auch wenn die Mechanik nicht ausgebaut ist, nur ist es dann etwas komplizierter (einen Tropfen Heißleim auf das Bändchen geben und mit einer Pinzette (Abb. 8b.11) schnell auf die Rückseite des Gegenfängers aufkleben).

2 Abb. 8b.12 zeigt das herunterhänge alte Mechanik-Bändchen. Im Fachhandel neue Bändchen bestellen.

3 Wenn die Mechanik nicht ganz auseinander gebaut wird, muss zumindest die Hammerruheleiste entfernt werden.

Ausbau der Hammerruheleiste

Bei einigen Klavieren ist es nicht möglich die Hammerleiste zu entfernen, ohne zuvor die Mechanik auszubauen, da die Schrauben in der Rückseite der Hammerleiste versenkt sind. Den Normalfall aber stellen Klaviere wie

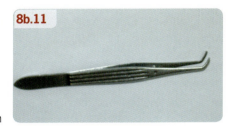
8b.11

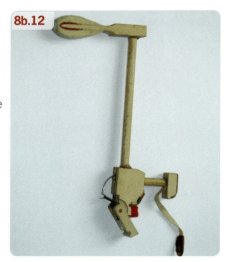
8b.12

auf Abb. 8b.13, 8b.14 und 8b.15 dar. Die Abb. zeigen die drei Befestigungspunkte der Hammerleiste (hier in einem Kemble-Klavier), die Halteschrauben an beiden Enden sind gut zugänglich auf der

DIE KLAVIERMECHANIK

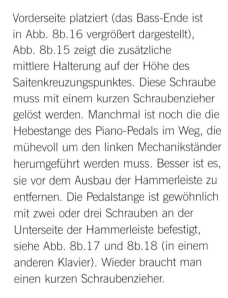

Vorderseite platziert (das Bass-Ende ist in Abb. 8b.16 vergrößert dargestellt), Abb. 8b.15 zeigt die zusätzliche mittlere Halterung auf der Höhe des Saitenkreuzungspunktes. Diese Schraube muss mit einem kurzen Schraubenzieher gelöst werden. Manchmal ist noch die die Hebestange des Piano-Pedals im Weg, die mühevoll um den linken Mechanikständer herumgeführt werden muss. Besser ist es, sie vor dem Ausbau der Hammerleiste zu entfernen. Die Pedalstange ist gewöhnlich mit zwei oder drei Schrauben an der Unterseite der Hammerleiste befestigt, siehe Abb. 8b.17 und 8b.18 (in einem anderen Klavier). Wieder braucht man einen kurzen Schraubenzieher.

4 Einige Bändchen als Muster für die korrekte Länge auswählen und markieren. Dies ist absolut notwendig. Die Mechanik ist gewöhnlich in drei oder vier Teile aufgeteilt, die Bändchen an deren Ecken stehen lassen.

5 Die übrigen Bändchen abschneiden und entfernen. Abb. 8b.6 zeigt wie die alten Bändchen sauber abgeschnitten wurden (ohne Zerlegen der Mechanik wäre es allerdings nicht möglich gewesen, so genau zu arbeiten).

6 Die Litzen vom Bändchendraht abziehen. Das geht am besten mit einer langen Pinzette.

7 Nebenbei kann man auch den Zustand der Polster an der Hammernuss untersuchen (siehe S. 120), für eventuelle Ausbesserungen ist jetzt die beste Gelegenheit.

8 Ein neues Mechanik-Bändchen an einem verbliebenen anhalten und so die Länge für die neuen Bändchen bestimmen. Dann für jede Sektion alle in exakt dieser Länge zuschneiden.

9 Mit einem Tropfen Heißleim an einem Ende die neuen Mechanik-Bändchen nacheinander an die Hinterseite des Gegenfängers kleben, wie in Abb.

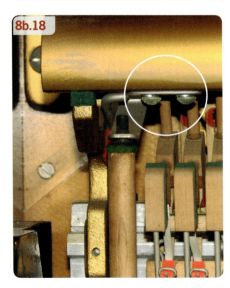

8b.19 gezeigt. Ist die Mechanik nicht ausgebaut, muss man die Bändchen mit einer Pinzette an Ort und Stelle bringen.

PIANO MYTHOS & TECHNIK

ANSPRUCHSVOLLERE REPARATUR- UND WARTUNGSARBEITEN

Keinesfalls dürfen die Bändchen an der Vorderseite des Gegenfängers angeklebt werden, da sonst die Funktion des Fängers beeinträchtigt wird.

10 Anschließend die Litzen aller neuen Bändchen auf den jeweiligen Bändchendraht fädeln, am einfachsten geht es mit einer gekrümmten Pinzette. Dabei an den Stellen beginnen, an der etwaige alte Bändchen verblieben waren, um auf die richtige Länge prüfen zu können.

11 Wenn die Mechanik-Bändchen fehlen, fallen die Stoßfänger unter das Filzkissen an der Hammernuss. Daher muss jeder betroffene Stoßfänger, wie oben (Kasten S. 118) beschrieben, mit einem kleinen Druck auf die Ferse wieder befreit werden.

12 Wenn einige der neuen Mechanik-Bändchen zu lang oder zu kurz sind, kann man das durch ein leichtes Verbiegen der Bändchendrähte vorsichtig korrigieren (siehe oben „Wenn nur wenige Mechanik-Bändchen gebrochen sind"). Ein Kröpfeisen ist dazu besser geeignet als die Finger. Dann die Hammerruheleiste und die Mechanik wieder einbauen.

Die Polster

Unter dem Lederstreifen jedes Hammernackens sitzt ein kleines Filzpolster, rot gefärbt in Abb. 8b4 und 8b.12. Es sorgt für einen weichen Aufprall, wenn die Stoßzunge nach dem Loslassen der Taste wieder in ihre Ruheposition unter dem Hammernacken zurückkehrt. Die Polster halten im Normalfall ein ganzes Klavierleben lang, gelegentlich aber löst sich eines oder ist von Mottenfraß befallen. Sicheres Zeichen für ein fehlendes Polster ist ein vernehmliches Klacken beim Loslassen der Taste.
An diese Polster kommt man normalerweise schwer heran, das Einsetzen eines neuen Polsters mit der Pinzette erfordert die ruhige

8b.19

Hand eines (Neuro!-) Chirurgen. Einfacher geht es im Zuge der Erneuerung der Mechanik-Bändchen. Man kommt dann viel leichter zum Austauschen an die Polster, weil bei ausgebauter Mechanik die Hebeglieder ohne die Bändchen nach vorne klappen und die Filzkissen so sichtbar werden. Die Ersatz-Polster müssen exakt die Maße haben, wie die originalen, als das Klavier neu war. Die korrekte Dicke lässt sich noch am besten an den am wenigsten gequetschten Polstern unter den Hämmern im tiefen Bass und höchsten Diskant erkennen.

Die Auslösung bei Klavieren

Die Auslösung bei Flügeln wird in Kap. 9 behandelt.

Die Auslösung – der Mechanismus, der es dem Hammer ermöglicht, sich eine bestimmte Strecke frei zu bewegen – ist der Wesenskern der Klaviermechanik und damit des Klaviers an sich (vgl. Kap. 2).
Bei Klavieren findet die Auslösung etwa 3,2 mm vor der Saite statt, beim Flügel sind es 1,6 mm. Einige Klaviertechniker verwenden die spätere Auslösung der Flügelmechanik auch bei Klavieren. Die mögliche Lautstärke ist damit wesentlich größer (vor allem im Verhältnis zur Größe der Korrektur), doch auch die Gefahr gebrochener Hämmer steigt erheblich (was jedoch anscheinend in Kauf genommen wird).

Den Abstand für die Auslösung richtig einzustellen ist schwierig. Nur ein Bruchteil zu weit von der Saite und sofort leiden Lautstärke und Energie des Spiels. Anschlag und Spielgefühl sind zwar nicht betroffen (im Gegensatz dazu wenn die Mechanik zu viel Spiel hat, vgl. Kap. 7), aber das Klavier klingt zu leise und wenig befriedigend.

1 Um festzustellen, ob die Auslösung wirklich das Problem ist, den Hammer ein wenig festhalten und die Taste langsam nach unten drücken.

2 Ist der Hammer noch etwa 3,2 mm von der Saite entfernt, sollte ein leichtes Klicken aus dem Inneren der Mechanik zu hören sein, wenn die Stoßzunge unter dem Hammernussleder hervor kommt (siehe Abb. 8b.4).

3 Hört man kein deutliches Klicken, kann eine zu geringe Spieltiefe die Ursache sein. Zur Überprüfung siehe nochmals Kap. 7.

4 Wenn die Spieltiefe richtig eingestellt ist, aber das Klicken bei einem größeren Abstand als 3,2 mm auftritt, erfolgt die Auslösung zu früh und muss korrigiert werden.

5 Die Auslöseschraube findet man an der Auslösepuppe, einem kleinen filzbedeckten Zylinder. Dieser sitzt auf einer Schraube, die durch eine Halteleiste (Auslösepuppenleiste) führt und oben meist zu einer Öse gebogen ist (Abb. 8b.2), es sind aber auch andere

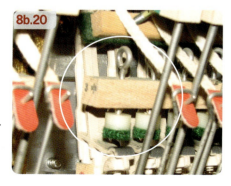
8b.20

DIE KLAVIERMECHANIK

Ausführungen möglich (vgl. Abb. 7.25).

6 Die Auslöseschraube wird mit einem Auslöseeisen eingestellt. Für solche mit Ösen nimmt man am besten eines mit einem Schlitz (vgl. Abb. 7.26 – Mit diesem einfachen Werkzeug rutscht man zwar öfter ab, aber mit den speziell dafür angebotenen Werkzeugen bricht man erfahrungsgemäß die Ösen leichter ab). Für die meisten anderen Schrauben kann man einen Aufsatz wie in Abb. 8b.21 verwenden, der in die meisten Wechselhefte passt. Das Auslöseeisen führt hinter dem Gegenfänger nach unten bis zur Schraube. Um den Auslösepunkt näher an die Saite zu verlagern, dreht man gegen, um ihn weiter zu entfernen, im Uhrzeigersinn.

Bei älteren Klavieren sind die Auslösepuppenschrauben oftmals verrostet und sitzen fest. Wenn schon die erste abbricht, verheißt das nichts Gutes. Unter Umständen kann man eine neue Auslösepuppenleiste bekommen, aber die muss exakt nach der Vorlage der alten gemacht werden und die alten Auslösepuppen müssen darauf montiert werden, was neben anderem auch sehr viel Zeit benötigt. Dies ist wieder einer der Momente zu überlegen, ob man sich von dem Klavier nicht besser verabschieden sollte.

Manchmal muss die Auslösung nur bei ein oder zwei Tönen korrigiert werden, meist aber betrifft es alle. In diesem Fall muss die Hammerruheleiste ausgebaut werden, wie oben beschrieben („Mechanik-Bändchen kleben oder klammern?", S. 118). Abb. 8b.22 zeigt, wie das Auslöseeisen in das Innere der Mechanik zu führen ist; ohne die Hammerleiste auszubauen wäre dies schwierig bis unmöglich.

Ein erfahrener Klaviertechniker kann nun die Auslösung mehr oder weniger nach Augenmaß einstellen. Die hier beschriebene Methode ist genauer und relativ einfach, und sie wird auch von Profis bei der Regulierung von Qualitätsklavieren eingesetzt.

7 Man braucht zunächst eine etwa 30 cm lange Holzleiste mit einer Dicke von 3,2 mm. Ein altes Schullineal aus Holz entspricht dem ziemlich genau, andernfalls lässt man sich eine Leiste zuschneiden.

8 Die Holzleiste an den Saiten anbringen, vor den Hämmern, an denen man gerade arbeitet (meistens im Umfang einer Oktave).

9 Die Auslöseschrauben etwas zu weit gegen den Uhrzeigersinn drehen, so dass die Hämmer beim Spielen an der Holzleiste stehenbleiben und blockieren, wie in Abb. 8b.23. Die Taste gedrückt halten, damit der Hammer in dieser Position bleibt.

10 Nun die Auslöseschraube langsam im Uhrzeigersinn drehen. Wenn die korrekte Position erreicht ist, wird der Hammer ein Stück von der Holzleiste zurückfallen.

11 Nachdem man die Schritte 9 und 10 über den gesamte Umfang wiederholt und durchgeführt hat, wird die korrekte Auslösung aller Hämmer das gewünschte Endergebnis sein.

ANSPRUCHSVOLLERE REPARATUR- UND WARTUNGSARBEITEN

Regulierung der Dämpfung

In Kapitel 7 wurde die Regulierung und Nivellierung der Tastatur erklärt, hier wurden die Regulierung der Mechanik und die Einstellung der Auslösung behandelt. Die nächste Aufgabe könnte die Regulierung der Dämpfung sein. Die Betonung liegt auf „kann", da dies bei den meisten Klavieren nur sehr selten nötig ist.

Ebenso muss betont werden, dass zuvor die Tastatur (inklusive Klaviaturrahmen) richtig reguliert sein muss. Bei zu geringer Spieltiefe werden die Dämpfer zu wenig angehoben und es ist vergebliche Liebesmüh, sie neu einstellen zu wollen. Es hat also wenig Sinn, etwas an der Dämpfung korrigieren zu wollen, wenn nicht zuvor alles andere korrekt funktioniert.

Abb. 8b.24 und 8b.25 zeigen, wie der Dämpfer beim Drücken der Taste durch den kleinen metallenen Dämpferlöffel am Ende des Hebeglieds gehoben wird. Dies funktioniert normalerweise sehr gut, Korrekturen können nötig sein wenn:
- Tastatur und Mechanik neu eingestellt worden sind.
- Dämpferleder oder -Filze abgenutzt sind. Der Dämpferlöffel drückt gegen ein kleines Polster aus Leder oder Filz, das sich dabei abnutzt. Am häufigsten in der Mittellage der Tastatur. Abgenutzte Polster sollte man ersetzen, anstatt die Zeit zu verschwenden, die Dämpferlöffel neu einzustellen, noch dazu, weil der Austausch sehr einfach ist. Es geht, ohne die Dämpfung auszubauen. Man sollte jedoch im Hinterkopf behalten, dass eine starke Abnutzung der Dämpferpolster ein Zeichen für eine generelle Abnutzung der ganzen Mechanik sein kann, was den Zustand des ganzen Klaviers in Frage stellt.

Meistens muss die Dämpfung reguliert werden, weil durch regelmäßiges Spielen die Dämpferlöffel ein wenig zurückgebogen sind und daher die Dämpfer nicht mehr ausreichend von der schwingenden Saite abgehoben werden. Damit die Dämpfung wieder ordnungsgemäß arbeitet, müssen die Dämpferlöffel ein wenig in Richtung der Dämpfer gebogen werden (Wenn die Dämpfung zu viel Spiel hat und die Saiten nicht mehr gedämpft werden, müssen die Dämpferlöffel in die andere Richtung, weg von den Dämpfern gebogen werden).

Die Dämpfung einzustellen und zu überprüfen ist mühsam, da dazu die Mechanik eventuell mehrfach aus- und eingebaut werden muss. Als Werkzeug dient am besten wieder ein Kröpfeisen. Beim Biegen der Dämpferlöffel darf kein Druck auf das das Hebeglied ausgeübt werden, man hält es am daher besten mit einer Zange oder einem verstellbaren Schraubenschlüssel fest. (Es gibt auch dafür ein Spezialwerkzeug, einen sog. „Halbganghaken", der unter dem Hebeglied hindurch von hinten auf den Dämpferlöffel geführt wird. Dieser Löffelrichter ist kompliziert in der Handhabung, etwa so, als wollte man seine Haustür durch den Briefkastenschlitz streichen).

Abb. 8b.26 zeigt, wie der Dämpfer gehalten wird und der Löffel, der sonst an dem Filz des Dämpfers anliegt, frei

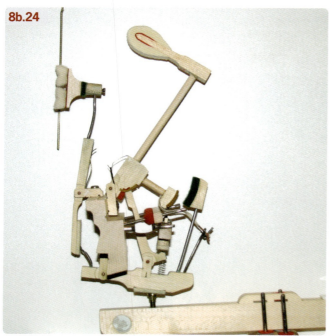

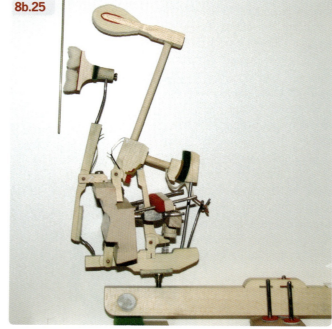

DIE KLAVIERMECHANIK

steht. Die runde Metallstange ist Teil des Dämpferpedalmechanismus, mit dem die gesamte Dämpfer gehoben werden.

Wenn nur etwa fünf Dämpfer reguliert werden müssen:

1 Mechanik ausbauen. Den Dämpferlöffel in die gewünschte Richtung biegen: in Richtung des Dämpfers, um ihn stärker, weg vom Dämpfer, um ihn weniger anzuheben.

2 Die Mechanik wieder einbauen und die korrigierten Töne testen. Die Dämpfer sollten sich heben, wenn die Taste etwa zur Hälfte gedrückt ist und kurz bevor der Hammer die Hälfte seines Weges hinter sich hat, d.h. etwa 19 mm von der Hammerruheleiste entfernt ist.

3 Alle Dämpfer müssen gleich und gleichmäßig wirken. Auch bei vollem Anschlag darf kein Dämpfer so weit auslenken, dass er einen anderen berührt (gefährlich vor allem im Bass) oder zu stark an die Dämpferprallleiste (die Filzleiste, die die Dämpfer stoppt) drückt. Hat man zu viel oder zu wenig korrigiert, muss man wieder mit Schritt 1 beginnen.

Wenn mehr als fünf Dämpfer reguliert werden müssen:

1 Mechanik ausbauen. Die Ausrichtung der Dämpfer untersuchen. Wenn sie eine sehr unregelmäßige Linie bilden, sind einige Dämpfer wohl absichtlich verbogen worden, in der (fälschlichen) Annahme, so ihre Wirkung zu verbessern.

2 Um das zu korrigieren, drückt man über die gesamte Mechanik mit einem Richtscheit (etwa mit einem Metalllineal, das ungefähr so lang ist wie eine Oktave) vorsichtig gegen das Holz des Dämpferarms, etwas unter der Stelle, an der der Dämpferdraht beginnt. So wird etwas Spannung aus den Dämpferfedern genommen.

3 Wenn die hölzernen Dämpferarme in einer gerade Linie verlaufen, sollten es die Dämpfer auch. Wenn nicht, müssen sie mit einem Kröpfeisen zurecht gebogen werden.

4 Die Mechanik wieder einsetzen um zu kontrollieren, ob die Dämpfer korrekt auf die Saiten ausgerichtet sind. Wenn ja, können nun die Dämpferlöffel reguliert werden.

Dämpferlöffel regulieren:

5 In regelmäßigen Abständen, in jeder Oktave die Dämpfer bestimmen und markieren, die korrekt funktionieren. Oder in jeder Oktave einen Dämpfer korrekt einregulieren. Hierfür wird ein mehrfacher Aus- und wieder Einbau der Mechanik notwendig sein.

6 Bei eingebauter Mechanik an diesen Dämpfern den Abstand eines festgelegten Punktes auf dem Dämpfer zu einem ebenfalls festgelegten Punkt auf der Hammerruheleiste exakt messen. In Abb. 8b.27 sind es beispielsweise genau 63,5 mm vom Kopf der Dämpferpuppenschraube bis zu der roten Filzschicht der Hammerruheleiste. Man muss zweimal messen, da wegen der Kreuzbesaitung die Dämpfer im Bass etwas zurückgesetzt sind. Die Maße werden in Schritt 10 benötigt.

7 Mechanik ausbauen und auf einer geraden Arbeitsfläche abstellen. Die Hebeglieder, gehalten nur noch von den Bändchen, hängen nun nach unten und die Dämpfer kippen nach vorne, bis sie wieder an die Dämpferlöffel stoßen.

8 Weicht die Linie der markierten, korrekt funktionierenden Dämpfer von den übrigen ab? Wenn ja, müssen alle anderen reguliert werden, bis sie mit den „korrekten" Dämpfern in einer geraden Linie stehen.

9 An einem der korrekt funktionierenden Dämpfer das Hebeglied mit dem Finger etwas anheben, damit sich der Dämpfer ebenfalls hebt. Wenn der Hammer 19 mm von der Hammerruheleiste entfernt ist, muss der Dämpfer genauso weit von der Ruheleiste entfernt sein, wie er bei eingebauter Mechanik war (Schritt 6). Dies durch Messen überprüfen.

10 Wieder über die gesamte Mechanik nacheinander jedes Hebeglied leicht anheben, so dass die Hämmer sich 19 mm nach vorne bewegen (sehr praktisch ist hierfür eine Lehre, etwa ein Stück Holz, das nacheinander unter jedes Hebeglied geschoben wird, um die richtige Höhe zu erhalten). Wenn ein Dämpfer von der Hammerruheleiste weiter entfernt ist, als er bei eingebauter Mechanik war (vgl. Schritt 6), muss der Dämpferlöffel ein wenig in Richtung des Dämpfers gebogen werden bis die richtige Position erreicht ist. Wenn der Hammer näher an der Hammerleiste ist, muss er vom Dämpfer weg gebogen werden.

11 Die Mechanik wieder einsetzen und die Dämpfung auf korrekte Funktion kontrollieren.

Problem: Die Dämpfer treffen nicht alle Saiten

Wenn bei den dreichörigen Tönen eine einzelne Saite nicht abgedämpft wird, ist eine weitere Justierung der Dämpfer nötig. Der Dämpferkopf ist dann leicht verdreht und trifft nur noch auf zwei der drei angeschlagenen Saiten (im Bereich der zwei- und einchörigen Töne tritt dieses Problem kaum auf. Die Dämpferfilze im zweichörigen Bereich zentrieren sich durch ihre Keilform selbst, ebenso wie die um die Saite herumgreifenden Dämpfer im einchörigen Bass-Bereich). Vorgehen:

1 Die Dämpferpuppenschraube am Rücken des Dämpferkopfes lösen (Abb. 8b.28). Der Schraubenzieher für diese Schraube muss sehr klein sein, aber trotzdem lang genug, um zwischen den Hämmern hindurch zu reichen.

2 Den Dämpferkopf leicht drehen, bis er alle drei Saiten abdeckt.

3 Beim Wiederanziehen der Schraube darauf achten, dass sich der Dämpferkopf nicht wieder verdreht.

4 Wenn der Dämpfer längere Zeit schief stand, können Rillen entstanden sein. Mit einer Pinzette oder einer Nadel können diese vorsichtig ausgebügelt werden.

Die Hauptursache für schiefe Dämpfer sind lose sitzende Schrauben. Am besten überprüft man im Anschluss auch bei allen anderen Dämpfern, ob die Dämpferköpfe fest sitzen, denn ein lockerer Dämpfer kommt selten allein.

Die Dämpferfilze erneuern

Bei den modernen Unterdämpfer-mechaniken nutzt sich der Dämpferfilz kaum ab, zudem wird durch eine Feder, die den Dämpfer nach vorne bewegt, einer eventuellen Abnutzung entgegen gewirkt. Dennoch können sich auch Dämpferfilze abnutzen und müssen ausgetauscht werden.

Häufiger jedoch müssen die Dämpferfilze ersetzt werden, weil sie durch versehentlich verschüttete Flüssigkeiten hart geworden sind. Dies macht sich in einem klirrenden Geräusch beim Loslassen der Taste bemerkbar (bei vielen Klavieren ist der Falz zwischen den beiden Deckelhälften praktischerweise genau über entweder den Hämmern oder den Dämpfern. Läuft eine verschüttete Flüssigkeit hindurch, ist maximaler Schaden garantiert).

Eine Möglichkeit, die sich bei einer Verschlechterung der Dämpfer (aus welchem Grund auch immer) bietet, ist der Austausch der Filze. Die alten Filze werden mit einem Skalpell abgeschnitten, die neuen einfach auf das Holz aufgeklebt. Besser, aber auch teurer ist es, gleich die kompletten Dämpferköpfe zu ersetzen, vorausgesetzt man findet einen passenden Satz.

Die Achsstifte

Alle bewegliche Teile einer Klaviermechanik drehen sich in Scharnieren um kleine Achsstifte aus Nickel bzw. Messing. Jedes Scharnier besteht aus einem beweglichen und einem feststehenden Teil. Der bewegliche Teil hat zwei kleine, mit Filz gefütterte Lager. Im feststehenden Teil wird der Achsstift in einem engen gebohrten Loch gehalten. Abb. 8b.29 zeigt eine Hammerkapsel mit entferntem alten Achsstift, daneben liegt der glänzende neue Stift zum Einsetzen bereit. Die Spitze erleichtert das Einführen, die überstehende Länge wird später abgezwickt.

Die Filzlager sind eine phantastische Errungenschaft. Wenn sie korrekt zusammengebaut sind, halten sie jahrzehntelang. Aber dafür braucht es viel Fingerspitzengefühl: Sind sie etwas zu fest, funktioniert das Bauteil nicht richtig. Da der Filz sich nirgendwohin ausbreiten kann, ist ein „Sich-Freilaufen", wie etwa bei einem Lager in einem Automotor, nicht möglich. Sind sie etwas zu locker, fällt die Verbindung innerhalb weniger Tage auseinander.

Zwei Probleme treten mit zunehmendem Alter des Klaviers an den Achsstiften auf:

■ Die Achsstifte können rosten, meist wegen Feuchtigkeit, die Mechanik wird zunehmend schwergängiger.

■ Das Holz schrumpft, die Achsstifte verlieren dadurch ihren festen Halt und bewegen sich langsam aus den Achslöchern heraus. Als Folge werden die Teile lose; die hin und her wackelnden Hämmer schlagen nebenliegende Saiten an oder fallen gleich heraus.

Kapseln mit Hammer-nuss-Plättchen

Bei einigen qualitativ hochwertigeren Klavieren wird der Hammerachsstift von einer kleinen Platte mit einer Schraube gehalten, sinnfällig Hammernussplättchen

DIE KLAVIERMECHANIK

 # Zwei Warnungen

Warnung Nr. 1: Wenn bei einem Klavier aufgrund eines losen Achsstifts ein Hammer hin- und her wackelt, steht dieser Stift heraus, wie es auf Abb. 8b.32 zu erkennen ist. Manchmal kann man ihn im Inneren der Mechanik hervorschimmern sehen. Auf gar keinen Fall sollte man der Versuchung nachgeben, einen langen Schraubenzieher zwischen die Kapseln zu stecken und den Achsstift wieder hinein zu hebeln. In 99% der Fälle drückt man so die Filzgarnierung aus dem Loch auf der anderen Seite. Und selbst wenn man es ohne größere Unfälle schafft, wird der Achsstift in kürzester Zeit wieder herausfallen.

Warnung Nr. 2: Beim Ausbau der Scharniere findet man unter einer Seite oft kleine Papierstreifen. Diese müssen an ihrem Platz bleiben. Diese kleinen Unterlegscheiben sind nicht grundlos dort eingeschoben, sondern um ein Ausscheren des Hammers zu korrigieren. Ein Papierstreifen etwa auf der rechten Seite der Kapsel korrigiert ein Ausscheren des Hammers nach eben dieser Seite (solche feinen Regulierstreifen sind ein wunderbares Mittel zur Korrektur jeglicher nicht im rechten Winkel arbeitender Gelenkstellen).

genannt. Da das Einsetzen neuer Achsen, die „Neuachsung" bei diesem Typ viel leichter ist, wird diese vor der eigentlich häufigeren, auf Druck und Reibung basierenden Achsung behandelt.
Abb. 8b.12 zeigt diese Art der Achsung an einem vollständigen Hammerglied aus einem Schiedmayer-Klavier von etwa 1920. Abb. 8b.30 zeigt das Scharnier im fertigen Zustand, Abb 8b.31-33 während des Zusammenbaus. Da die Enden des alten Achsstifts angerostet sind, behindern sie den Hammer in seiner Beweglichkeit.

Das richtige Vorgehen für die Neuachsung bei Hammernuss-Plättchen:

1 Die Achsdicke messen und eine Auswahl größerer Achsstifte bestellen. Ihre Dicke wird, wie bei den Saiten, in Nummern angegeben (siehe Anhang 3). Für neue Achsstifte wird die Stärke Nr. 23 (etwa 1,35 mm) verwendet, die Dicke nimmt in halben Schritten (entspricht etwa 0,025 mm) zu bis Nr. 26. Im Fachhandel gibt es zum Messen der Achsstifte oft ein spezielles Maß mit Einkerbungen mit aufsteigenden MWG (music wire gauge), siehe Abb. 8b.34. Dies kann eine praktische Alternative zu einem Mikrometer sein.

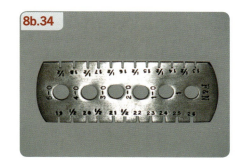
8b.34

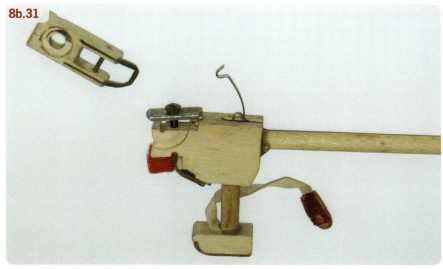
8b.31

8b.30

8b.32

8b.33

PIANO MYTHOS & TECHNIK

ANSPRUCHSVOLLERE REPARATUR- UND WARTUNGSARBEITEN

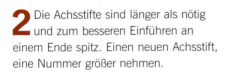

2 Die Achsstifte sind länger als nötig und zum besseren Einführen an einem Ende spitz. Einen neuen Achsstift, eine Nummer größer nehmen.

3 Den neuen Stift in das Lager einführen. Sitzt er zu locker, den nächstgrößeren versuchen.

4 Wenn man einen Achsstift gefunden hat, der passen würde, aber noch etwas zu fest sitzt, erweitert man das Filzlager etwas, bis der Stift genau richtig sitzt. Eine konische Handreibahle vorsichtig, von beiden Seiten gleich weit einführen, dabei zwischen den Finger drehen. Das so bearbeitete Loch verläuft leicht verjüngt, der Filz ist aufgeraut.

5 Nun eine sehr feine Ahle, etwa von der Dicke der Achsstifte von einer Seite einführen. Mit ihr wird der Filz gefestigt und die Oberfläche, das eigentliche Lager, geglättet. Die Ahle von einer Seite immer wieder einführen, bis der Achsstift passt. (Einige Ahlen sind am oberen Ende aufgeraut und können auch als Reibahle verwendet werden). Den Achsstift einsetzen.

6 Die überstehende Länge des Achsstifts abzwicken. Nur Beißzangen verwenden, die ganz vorne schneiden („Vornschneider" oder „Achsenzwickzange", Abb. 8b.37). Das Scharnier zusammenbauen wie in Abb. 8b.38 gezeigt.

7 Wenn man nun die Kapsel mit einem Finger wegdrückt und wieder loslässt, sollte sie durch die Spannung der kleinen Hammerfeder wieder in die Position wie in Abb. 8b.12 zurückspringen. Wenn nein, sitzt der Achsstift zu fest und man muss mit der Ahle nacharbeiten.

8 Man wird ein paar Mal hin und her probieren müssen, bis man die Achsstifte in der richtigen Größe findet und anpasst, aber dann ist es mehr oder weniger geschafft. Wenn das Klavier jedoch keine Hammernussplättchen hat, wird es schwieriger.

Neuachsung bei Scharnieren mit Steckverbindung

Scharniere mit aufgeschraubten Hammernussplättchen sind ein Merkmal höherwertiger Klaviere. Sie finden nur an der Hammernusskapsel Verwendung, da dieses Scharnier größerer Belastung als alle anderen ausgesetzt ist. In den meisten Klavieren werden für alle Scharniere, auch für die Hammerkapseln solche mit Steckverbindungen benutzt wie in Abb. 8b.39 und 8b.40.

DIE KLAVIERMECHANIK

Eine typische Klaviermechanik hat pro Ton vier Scharniere, das heißt auch vier Achsstifte in den beweglichen Teilen. Dies sind (vgl. Abb. 8b.41):
1. Hammernusskapsel,
2. Hebegliedkapsel,
3. Stoßzungenkapsel und
4. Dämpferkapsel.

Die Neuachsung – der Einbau neuer Achsstifte – erfolgt bei allen gleich, die folgenden Beispiele zeigen die Neuachsung der Hammernusskapsel.

1 Das Scharnier wird dem Achsen-Aus- und Eindrückwerkzeug (Abb. 8b.42) zerlegt (es ähnelt interessanterweise in gewissen Maß einem Schlagring). Eine Seite dient als Achsenausstößer (Abb. 8b.43), mit der anderen können Steckachsen wieder präzise und genau eingedrückt werden (Abb. 8b.44).

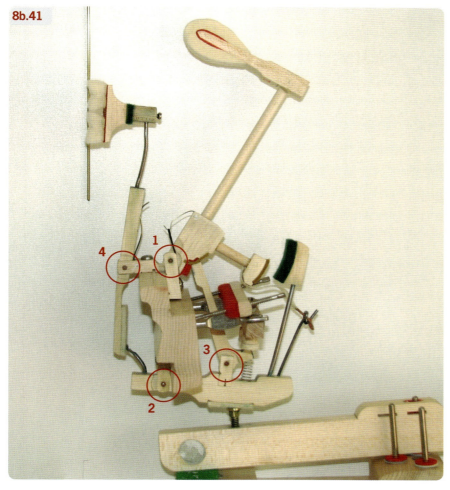

Abb. 8b.45 zeigt die Handhabung beim Ausdrücken des Achsstifts, Abb. 8b.46 die zerlegten Einzelteile.

2 Einen neuen Achsstift, der einen guten Halt im Loch hat, aussuchen, siehe Abb. 8b.47. Mit einem Stift

PIANO MYTHOS & TECHNIK

ANSPRUCHSVOLLERE REPARATUR- UND WARTUNGSARBEITEN

beginnen, der eine Nummer größer als der alte ist (siehe oben, Hammernuss-Plättchen, Schritt 1). Wenn er keinen guten Halt hat, den nächstgrößeren probieren. Dabei mit Bedacht vorgehen und das eine Risiko – nämlich, das Holz durch einen zu dicken Stift zu beschädigen – gegen das andere abwägen – durch einen zu dünnen Achsstift die ganze Arbeit zu Makulatur werden zu lassen.

3 Die Filzlager mit den Ahlen behandeln und glätten, wie in Schritt 4 und 5 im Abschnitt „Hammernuss-Plättchen" beschrieben, damit der Achsstift richtig sitzt. Sobald er den richtigen Halt hat, kann das Scharnier wieder zusammengebaut werden.

4 Die Kapsel in etwa richtig positionieren und gegen das Licht halten, so dass man durch die drei winzigen Löcher hindurch sehen kann (ja, es geht, wenn sie in einer Linie sind!). In dieser Position halten und den Achsstift so weit einführen, wie es mit der Hand leicht geht (Abb. 8b.48).

5 Mit dem stumpfen „Eindrück-Ende" des Achsen-Aus- und Eindrückwerkzeugs den Achsstift weiter hineindrücken.

6 Mit der Achsenzwickzange die überstehenden Enden des Achsstiftes abtrennen (Abb. 8b.50).

Die Reparatur der Dämpferfeder

Abb. 8b.24 und 8b.25 zeigen, wie die Dämpferfeder a) den Dämpfer an der Saite hält und ihn b) wieder zur Saite zurückdrückt, wenn die Taste losgelassen wird. Beim Niederdrücken einer Taste drückt der Dämpferlöffel an deren Ende auf den unteren Teil des Dämpferarms und hebt damit den Dämpferfilz von der Saite / den Saiten. Die Feder wird mit einer Dämpferfederschnur aus Cord eingesetzt, die wie eine Art Achse fungiert (Cord wird verwendet, da es nicht quietscht. Der Ersatz scheint sehr teuer, da es wie ein simples Stück Schnur aussieht. Es hält aber dafür auch vergleichsweise ewig).

Wenn diese Feder nicht richtig funktioniert, wird ein gespielter Ton nicht gedämpft und klingt weiter. Funktionieren mehrere Töne nicht, oder auch nur einer in der Mittellage, ist das Klavier im Grunde unspielbar. Wenn man Glück hat, ist es nur der Dämpferkopf, der verrutscht ist und den man mit einer Zange nur wieder zu recht biegen muss.
Aber leider hat die Fehlfunktion meist andere Gründe:

- Die Feder ist gebrochen. Dies ist sehr wahrscheinlich, wenn das Klavier auch an anderen Stellen Rost aufweist.
- Die Spannung der Feder hat durch den langen Gebrauch nachgelassen und kann den Dämpfer nicht mehr ausreichend an die Saite drücken.
- Es wurden zu schwache Ersatzfedern eingebaut. Ein gesamter Satz Dämpferfedern umfasst drei Stärken, schwächer für den Diskant, stärker für den Bass, um die stärkeren Schwingungen der Basssaiten zu dämpfen. Bassdämpfer mit Diskant-Federn funktionieren nicht.

Abhilfe kann man auf mehrere Arten schaffen, einige sind schnell und einfach ausführbar, halten aber nicht lange. Andere sind von vornherein zwecklos, dafür aber sehr kompliziert. Oft sieht man frühere Reparaturen, bei denen das Cordband durch Zahnstocher oder Cocktailstäbchen ersetzt wurde. Das funktioniert zwar, quietscht aber auch. In einem absoluten Notfall kann man sich folgendermaßen behelfen:

1 Ein Gummiband am Dämpferdraht befestigen.

2 Das anderen Ende des Gummis um das Hebeglied wickeln.

Es gibt nur eine wirklich funktionierende Abhilfe, die aber leider teuer und zeitaufwändig ist, da auch die Achsstifte der Dämpferkapsel erneuert werden müssen. Wenn mehrere Federn erneuert werden müssen, oder wenn

DIE KLAVIERMECHANIK

8b.51

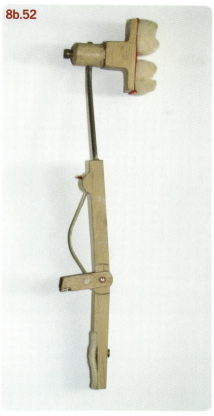

8b.52

8b.53

8b.54

8b.55

8b.56

8b.57

8b.58

man feststellt, dass mehrere schon früher ausgetauscht wurden, ist es wahrscheinlich, dass in der nächsten Zukunft noch weitere Federn Probleme machen werden. Daher ist es dann sinnvoller, auf einmal alle Federn zu ersetzen, als immer wieder ein paar, was insgesamt länger dauert und komplizierter ist. Wenn man einmal dabei ist, geht der Austausch relativ schnell vonstatten. Das Vorgehen ist für alle Federn dasselbe:

1 Die Mechanik ausbauen und auf die Werkbank stellen. Dann den Dämpfer ausbauen. Um die in der Mitte der Mechanik sitzenden Dämpferkapselschrauben zu erreichen, braucht man einen langen Schraubenzieher mit kleiner Klinge (siehe Abb. 8b.51). Abb. 8b.52 zeigt einen ausgebauten Dämpfer.

2 Die Kapsel mit dem Achsen-Aus- und Eindrückwerkzeug entfernen (vgl. Abb. 8b.42).

3 Abb. 8b.53 und 8b.54 zeigen, wie der Achsstift aus den filzgelagerten Löchern der Kapsel und dem Dämpferarm herausgedrückt wird, die zerlegten Einzelteile zeigt Abb. 8b.55. Am Achsstift sind Rostspuren zu erkennen, deutlich ist auch das Loch für den Achsstift im Dämpferarm zu sehen.

4 Das alte Cordband mit einem feinen Bohrer ausbohren (Abb. 8b.56).

5 Die Dämpferfeder abnehmen. Abb. 8b.57 zeigt die ausgebaute Feder und die Überbleibsel des Cordbandes, in Abb. 8b58 ist das Loch zu erkennen, in das die Feder eingehängt wird.

6 Die neue Feder einsetzen (Abb. 8b.59). Neue Federn werden nur in einer Größe hergestellt und sind daher meist zu lang. Abb. 8b.60 zeigt eine alte

PIANO MYTHOS & TECHNIK 129

ANSPRUCHSVOLLERE REPARATUR- UND WARTUNGSARBEITEN

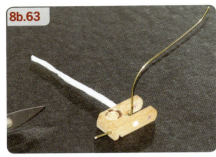
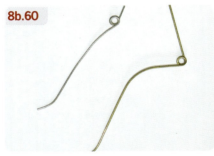
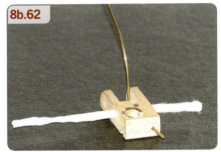

neben einer neuen Feder.

7 Die Feder mit einem neuen Stück Cord befestigen, das man mit einem kleinen Stück Klebefilm einfädelt (Abb. 8b.62). Dann die Cordenden mit einem Skalpell abschneiden (Abb. 8b.63), ebenso die Feder (Abb. 8b.61).

8 Dann die Kapsel mit einem neuen Achsstift wieder einbauen. Die geschieht wie bei der Neuachsung eines Hammers (siehe oben, „Scharniere mit Steckverbindung").

9 Wenn die neue Feder noch zu lang ist, wird sie so gebogen, dass der Scheitelpunkt genau in der Mitte der befilzten Rille des Dämpferarms liegt (Abb. 8b64), wenn die Kapsel im 90°-Winkel zum Dämpferarm gehalten wird. Wenn möglich, die neue Feder nach der Vorlage der alten biegen (siehe unten, „Dämpferfeder regulieren"). Dann das überstehende Ende abschneiden (Abb. 8b.65).

10 Das Scharnier sollte sich leicht bewegen, aber nicht zu Seite wackeln. Wenn es wieder so aussieht wie in Abb. 8b.52, kann man den Dämpfer wieder einbauen.

Die Dämpferfeder regulieren

Es ist unmöglich, einen gleichmäßigen Anschlag aller Tasten zu erhalten, wenn die Dämpferfedern unterschiedliche Spannung haben. Wenn die Dämpferfedern übereinstimmend gleichmäßig gebogen sind, sollte auch der Anschlag gleichmäßig sein. Fühlt es sich beim Spielen nicht so an, kann man dem durch leichtes Biegen der Federn entgegenwirken.

Klemmende Mechanik oder Mechanik mit zu viel Spiel

Feuchtigkeit lässt auch die Holzteile der Scharniere etwas aufquellen, so dass die Filze in den Löchern zusammengedrückt werden. Dadurch werden die Scharniere und damit das Spiel schwergängiger, schreitet der Prozess weiter fort, besteht die Gefahr, dass einige Teile der Mechanik sich ganz festfressen.

Um die Mechanik wieder in Gang zu bringen, kann man das Klavier eventuell in eine ganz trockene Umgebung bringen oder eines der erhältlichen „Lösungs- Mittel" vom Klavierhändler ausprobieren. Diese enthalten für gewöhnlich Teflon und werden mit einem kleinen Pinsel direkt auf die Filzlager aufgetragen. Das kann sehr gut funktionieren, doch sollte man es nicht an einem wirklich wertvollen Klavier oder an einem, das noch restauriert werden kann, ausprobieren.

Denn wenn das Klavier längere Zeit der Feuchtigkeit ausgesetzt war, steht man auf verlorenem Posten, da die Achsstifte so viel Rost angesetzt haben, dass sie sich niemals lösen. Wenn man also weder mit Austrocknen noch mit einem Lösungsmittel Erfolg hat, bleibt als letzte Möglichkeit nur noch eine komplette Neuachsung (Einsetzen neuer Achsstifte) der gesamten Mechanik. Doch solch eine umfangreiche Maßnahme will gut überlegt sein.

- Bei einem sehr alten Klavier wird sich eine Neuachsung nicht mehr lohnen. Erst recht wenn das Holz schon spröde und brüchig ist.
- Eine Neuachsung ist an sich nicht sehr kompliziert, doch wenn man schon so weit geht, kann man gleich alles machen: neue Saiten, Stimmwirbel, Resonanzboden auspänen etc. Derartig umfangreiche Maßnahmen sind nur von einem Profi vernünftig auszuführen und werden hier daher nicht behandelt. Beschränkt man sich dann doch nur auf die Neuachsung, hat man im Klavier eine sonderbare Mischung von neuen und alten Teilen, die einen eventuell auch nicht glücklich macht.
- Und man sollte sich bewusst sein, dass fast 400 Achsstifte erneuert werden müssen. Eine Neuachsung ist öde und kommt einem wie eine Strafarbeit vor.

Wenn man sich trotz des schlechten Zustands (etwa lose Hämmer) entschlossen hat, das Klavier wieder herzurichten, sollte man zunächst nur bei etwa zwei Oktaven in der Mittellage die Hammernüsse neu achsen und ein paar Wochen spielen. Wenn die Achsstifte zu fest sitzen, funktionieren die Hämmer nicht richtig und werden es auch nie; sind die Achsstifte zu locker, fällt die ganze Mechanik ziemlich schnell auseinander. Wenn also etwas nicht stimmt, probiert man die ganze Sache mit Achsstiften anderer Größe aus bis diese Töne korrekt funktionieren. Wenn man dann den Bogen raus hat, kann man sich an die Neuachsung der gesamten Mechanik machen.

Zerlegen und Neuachsen der gesamten Mechanik

Das Vorgehen ist hierbei im Grunde das gleiche wie beim Austausch einzelner Achsstifte. Es sind nur viel mehr.

Man sollte sich ein paar Tage Zeit nehmen und sich ein Tagespensum setzen. Unabhängig davon darf man sich nicht unter Druck setzen und die Arbeit so schnell wie möglich beenden wollen. Auch wenn vielleicht der Spaß beim Arbeiten vergeht, sollte die Arbeit und das Ergebnis Freude und Zufriedenheit bereiten.

Ausbau und Zerlegen

1 Die Mechanik ausbauen und auf eine Werkbank stellen. Es kann hilfreich sein, alle Mechanikteile zu nummerieren.

2 Die Mechanik-Bändchen aushängen. Wenn bei einem Klavier eine Neuachsung nötig ist, müssen wahrscheinlich auch die Mechanik-Bändchen ausgetauscht werden (siehe „Geklammerte und geklebte Bändchen", S. 118).

3 Die Hammerruheleiste ausbauen. (Siehe S. 120).

4 Von der Rückseite der Mechanik aus Dämpferschrauben und Dämpfer abmontieren, siehe Abb. 8b.51. Die Dämpfer vorsichtig und in der richtigen Reihenfolge ablegen.

5 Ebenfalls von der Rückseite aus die nun zugänglichen Schrauben der Hebeglieder lösen und die Hebeglieder abmontieren (Abb. 8b.66). Wenn die Mechanik nicht hoch genug steht, die Ständer mit Holzklötzen unterlegen, damit die Hebeglieder nach unten herausfallen können.

6 Die Hebeglieder vorsichtig und in der richtigen Reihenfolge ablegen (Man kann sie auf Holzleisten hängen, die in praktischer Höhe montiert sind).

7 Von der Vorderseite der Mechanik die Hammernusskapselschrauben lösen und die Hämmer ausbauen (Abb. 8b.67). Ebenfalls vorsichtig und in der richtigen Reihenfolge ablegen.

8 Wahrscheinlich sind alle originalen Achsstifte gleich groß. Um ganz sicher zu gehen, kann man das an ein paar verschiedenen Stellen überprüfen. Nach diesen Vorbereitungen kann der eigentliche Leidensweg beginnen.

Neue Achsstifte einsetzen

Mit einer ausreichenden Anzahl verschieden großer Achsstifte bewaffnet, kann man sich an die Arbeit machen, wie in den Abschnitten „Neuachsung bei Hammernuss-Plättchen" (S. 124) und „Neuachsung bei Scharnieren mit Steckverbindung" (S. 126) beschrieben und alle, d.h. etwa 350 Achsstifte ersetzen. Dazu kommen dann lediglich noch die 60 Achsstifte der Dämpfung.

8b.66

8b.67

ANSPRUCHSVOLLERE REPARATUR- UND WARTUNGSARBEITEN

Die Filzgarnierungen erneuern

- Der Zustand der originalen Garnierungen ist zu schlecht (z.B. weil eine verschüttete Flüssigkeit eingedrungen ist).
- Beim Ausdrücken der Achsstifte sind die Garnierungen herausgefallen oder aus Versehen mit heraus gedrückt worden (dies kann man vermeiden, wenn man öfter mal eine Pause macht).

Man kann entweder die Garnierung erneuern oder gleich neue, bereits garnierte Kapseln kaufen; hier müssen Geld, Zeit und Langeweile gegeneinander abgewogen werden. Wenn alle Kapseln neugarniert werden müssen, sollte man sie neu kaufen.
Wenn man selber garnieren möchte:

1 Garniertuch (Kasimir) der richtigen Dicke besorgen (bei der Bestellung ein Muster mitschicken).

2 Einen langen Kasimir-Streifen schmal abschneiden, entsprechend dem Umfang des Loches.

3 Die alte Garnierung ausbohren (vgl. Abb. 8b.68). Die Bohrung sollte möglichst genau der originalen Bohrlochgröße entsprechen, sie darf auf keinen Fall größer sein.

4 Das Ende des Streifens anschrägen, um ihn besser durch die Löcher führen zu können, dann einfädeln.

5 Etwas Kleber auf die Stellen des Streifens geben, die dann als Garnierung in den beiden Bohrlöchern sitzen, dann den Streifen leicht so ziehen, dass die Klebung an der richtigen Stelle in den Löchern sitzt. Vgl. Abb. 8b.69 direkt vor dem Kleben.

6 Zum Andrücken bis der Kleber trocken ist, einen kleineren Achsstift, normalerweise Größe 23, einsetzen.

7 Wenn der Kleber getrocknet ist, das überstehende Tuch um den Achsstift herum mit einem Skalpell abschneiden. Darauf achten, dass die neuen Garnierungen am Platz bleiben. Achsstift herausnehmen.

8 Die Garnierungen ausfeilen und glätten, damit der neue Achsstift gut sitzt.

9 Den neuen Achsstift einsetzen, überstehende Längen abzwicken.

10 Das Scharnier wieder zusammensetzen wie in den Abschnitten „Neuachsung bei Hammernuss-Plättchen" (S. 124, ab Schritt 88) und „Neuachsung bei Scharnieren mit Steckverbindung" (S. 126, ab Schritt 4) beschrieben.

Hammernussfeder und Hammerkapselschnur. Die Schwander-Mechanik

Abb. 8b.40 zeigt ein charakteristisches Detail der Schwander-Klavier-Mechanik: Eine kleine Feder an der Hammernuss, die in die Schlaufe einer an der Kapsel befestigten Schnur eingehängt ist. Dies ist die weltweit wohl am weitesten verbreitete Klaviermechanik (die Federn und Schlaufen sind nicht zu verwechseln mit den Feder-Mechaniken aus älteren Klavieren der letzten Jahrhundertwende, die man hier und da noch antrifft!).

In den meisten Fällen prallen die Hämmer auch ohne die Mitwirkung der Schwander-Federn und -Schlaufen von den Saiten zurück. Jedoch bei sehr leisem Spiel mit gedrücktem Pianopedal sind diese Federn wichtig, um den Hammer in die Ruheposition zurückzubringen. Wenn einige Hammernussfedern oder Hammerkapselschnüre defekt sind, ist es schwierig bis unmöglich so leise zu spielen. Die Reparatur ist recht einfach:

1 Hammernussfeder und Hammerkapselschnüre beim Klavierteile-Händler bestellen.

2 Die Schnüre in die schmalen Rillen auf der Kapsel einkleben (Abb. 8b.31). Die Länge an die unbeschädigte Schlaufen anpassen.

3 Die Federn mit Garniertuch aus Cord einhängen. Dies ist derselbe Stoff, der auch bei den Dämpferfedern verwendet wird, auch der Einbau der Hammernussfeder verläuft identisch (siehe „Reparatur der Dämpferfeder", S. 128, Schritte 8 und 9).

8b.68

8b.69

DIE KLAVIERMECHANIK

Erlebnisse eines Klavierstimmers – die mysteriösen Achsstifte

„Vor einiger Zeit sollte ich einen Flügel ansehen, bei dem eine größere Anzahl von Hämmern nicht mehr in die Ruheposition zurückfiel. Der zunächst beauftragte Klavierstimmer wusste sich nicht zu helfen. Mir war klar, dass es sich um ein Problem mit den Achsstiften handeln musste, aber das Klavier war relativ neu und gut gepflegt, so dass eigentlich gar nichts daran hätte fehlen dürfen. Auf der Suche nach der Ursache legte ich mich auf den Boden, um das Instrument von unten zu untersuchen – und fühlte, wie mein Rücken sofort feucht wurde. Neben dem Klavier war ein abgedrehter Heizkörper, der jedoch ein Loch hatte und vor sich hin tropfte. Und zwar auf den Teppich unter dem Klavier, unbemerkt, wohl mehrere Monate lang. Ein Heizungsmonteur hatte das Loch schnell geflickt und dank des warmen Sommers konnten Fenster und Türen weit geöffnet werden. Nach ein zwei Wochen musste ich gerade mal fünf Achsstifte auswechseln. Die übrigen Scharniere waren ausgetrocknet und funktionierten wieder. So konnte ein größerer Versicherungsfall vermieden werden."

Die Hämmer

Abertausende Stunden intensiven Spielens hinterlassen deutliche Spuren an den Hämmern. Die Spitzen werden flacher und die Saiten schneiden ein, zwei oder drei tiefe Rillen in die Oberfläche. Die Hämmer im dreichörigen Bereich in der Mitte und die kleineren Hammerköpfe im Diskant werden wohl am schlimmsten aussehen, bei den alleroberen Hämmern kann sogar das Holz durchkommen.

Wenn sie richtig eingestellt sind, schlagen die Hämmer nicht im rechten Winkel auf die Saiten, sondern zeigen leicht nach oben, siehe S. 39. Durch Abnutzung vergrößert sich die Anschlagsfläche und dadurch verändert sich der Ton des Klaviers. Bei einem Klavier, das hauptsächlich von einem einzigen Pianisten gespielt wird, kann

man daran dessen Spielweise ablesen. Wird vor allem leise gespielt, treffen die Hämmer recht sanft auf die Saiten, wodurch der Hammerkopffilz gelockert und der Ton zunehmend weicher wird. Bei gnadenlos lautem Spiel werden die Hämmer immer flacher und härter. Die Anschlagsfläche vergrößert sich, der Ton wird lauter und wegen der größeren Zahl von Obertönen ebenfalls immer härter. Diese Wechselwirkungen zu beobachten ist einer der faszinierendsten Aspekte bei der Arbeit eines Klavierstimmers.

Die Hämmer abziehen

Hämmer können während ihrer Lebensdauer wenigstens einmal abgezogen werden, sie werden durch Abschleifen wieder in eine Form „wie neu" gebracht. Das wichtigste Werkzeug hierfür ist eine Abziehfeile, ein mit hochfeinem Schleifpapier bezogener Stab. Manche Klavierstimmer beziehen die Feile mit auch gröberem Papier (P 60), andere schaudern davor zurück. Das Abziehen mit gröberem Papier kann schneller gehen, ohne an Genauigkeit einzubüßen.

Um die Hämmer eines Klaviers abzuziehen, legt man die Mechanik auf den Rücken und schleift die Hämmer äußerst vorsichtig wieder in Form (Beim Flügel liegen die Hämmer praktischerweise bereits in der richtigen Arbeitsposition). Eine falsche Bewegung, und der Hammerstiel oder die Hammerachse bricht. Immer in die Richtung des

ANSPRUCHSVOLLERE REPARATUR- UND WARTUNGSARBEITEN

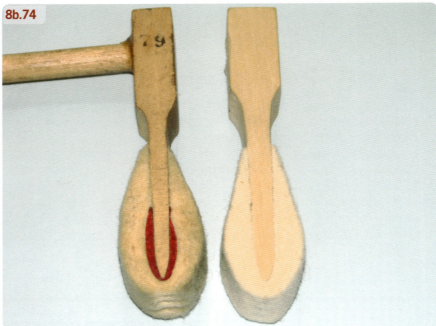

Anschlagspunktes schleifen, jedoch nie darüber hinweg (Abb. 8b.71). Man kann immer zwei Hämmer zugleich abziehen, nur in dem Bereich, in dem sich die Saiten überkreuzen, sind die Hämmer zu sehr abgewinkelt und müssen einzeln bearbeitet werden.

Achtung: Schleifen ist eine staubige Angelegenheit (Abb. 8b.72.). In der Wohnung ist ein Staubsauger mit Bürste wohl das angebrachte Werkzeug, in der Werkstatt aber kann man mit einem Kompressor (100psi / 7 bar) den ganzen Staub ausblasen.

Im dreichörigen Bereich muss vor dem Abschleifen genau kontrolliert werden, wie viele Rillen die Hämmer aufweisen. Wenn es nur zwei sind, oder die dritte ganz am Rand liegt, dann ist der Hammer falsch ausgerichtet (unterschiedliche Abstände der Hämmer weisen ebenfalls darauf hin). Abb. 8b.73 zeigt einen Hammer, der nur zwei Saiten anschlägt und einige, die die dritte Saite nur mit dem äußersten Rand anschlagen.

Im zweichörigen Bereich entsprechend (auf zwei Rillen) prüfen, bei den einchörigen Basssaiten darauf achten, ob die Hämmer mittig anschlagen.

Zum Ausrichten eines Hammers wird die Kapselschraube gelöst und das Scharnier etwas gedreht. Es sieht erst unmöglich aus, aber man kann bei der Klaviermechanik einen kleinen Schraubenzieher unter der Hammernuss hindurch führen und hinter dem Stoßfänger die Kapselschraube lösen. Eine Taschenlampe ist dabei hilfreich. Ohne den Hammer festzuhalten mit einem zweiten Schraubenzieher die Kapsel richtig positionieren und wieder festschrauben.

Manchmal ist ein Hammer zwar an der Ruheleiste korrekt positioniert ist, d.h. alle Abstände stimmen, und dennoch trifft er die Saiten nicht richtig, da er statt geradeaus seitlich ausschlägt. Dem kann man Abhilfe schaffen, indem man die Kapselschraube löst und unter die Kapsel auf die Seite, nach der der Hammer ausschlägt, dünne Unterlegstreifen aus Papier schiebt. Also wenn der Hammer nach rechts ausschlägt, rechts unterlegen, schlägt er nach links aus, dann links unterlegen. Siehe auch Warnung Nr. 2 im Kasten auf S. 124.

Die Hämmer müssen beim Schleifen wieder genau in ihre originale Form gebracht werden, nicht zu flach oder zu spitz. Ab einem gewissen Punkt ist dies nicht mehr möglich, etwa wenn die Diskanthämmer schon bis auf das Holz durchgeschlagen sind; sie müssen ersetzt werden. In Abb. 8b.71 sind die vorderen Hämmer bereits abgezogen, man erkennt, wie flach dazu im Gegensatz die restlichen aussehen. Der Hammer muss dabei sehr fest gehalten werden, damit Achse und Kapsel nicht beschädigt werden.

Abb. 8b.74 zeigt einen gebrauchten und einen fabrikneuen Hammer. Der ältere Hammer ist abgenutzt und merklich kürzer, hat aber gerade noch genügend Stoff zum Abziehen. Weniger darf es nicht sein, sonst lohnen sich weder Abziehen noch eine weitere Reparatur des Klaviers.

Wenn, wie bei dem Hammer in Abb. 8b.74 nötig, viel Filz abgeschliffen wird, vergrößert sich der Abstand des Hammers zur Saite (die Steighöhe), was einen Dominoeffekt in Gang setzt (dessen einzelne Vorgänge in Kap. 7 behandelt wurden):

- Um die Steighöhe zu korrigieren, muss die Hammerruheleiste mit Filz aufgedoppelt werden.
- Das daraus resultierende zu viel an Spiel muss durch ein Erhöhen der hinteren Klaviaturrahmenleiste

DIE KLAVIERMECHANIK

8b.75

ausgeglichen werden.
- Durch das veränderte Gewicht der Hämmer ändert sich auch der Auslösepunkt – so muss auch die Auslösung reguliert werden.
- Dies verändert jedoch die Spieltiefe, die durch Unterlegen des Waagbalkens ebenfalls angepasst werden muss.
- Und schließlich werden jetzt auch die Dämpfer zu früh gehoben, so dass die Dämpferlöffel auch korrigiert werden müssen.

Dies zeigt beeindruckend, wie sehr Mechanik und Tastatur ineinandergreifen und voneinander abhängen. Eine winzige Änderung hier und alle weiteren Teile müssen nachjustiert werden (beim Flügel ist dies nicht anders).
Aber dies ist der Königsweg für Perfektionisten. In der Praxis, etwa bei der Arbeit an einem vielleicht zwanzig Jahre alten, gut funktionierenden Klavier, gibt es ein nahezu unschlagbares Argument gegen das ganze Nachregulieren:

- Das Abziehen der Hämmer dauert etwa 30-40 Minuten und der Klangunterschied vorher-nachher ist gewaltig.
- Alle weiteren Regulierarbeiten dauern wesentlich länger und haben kaum merklich Auswirkungen auf den Klang oder das Spielgefühl.

Nichts tun (außer Abschleifen) kommt nicht in Frage a) wenn das Klavier noch relativ neu ist, aber viel gespielt wird oder b) wenn es ein wertvolles Klavier ist (oder vom Besitzer dafür gehalten wird – was nicht immer dasselbe ist). Dann sollte man die Zeit investieren, alles perfekt zu machen. Wenn aber die Hämmer zu abgenutzt sind, ist ein Austausch sowieso unumgänglich.

Intonieren oder Stechen

Ein zu harter, greller Ton kann durch Abschleifen und anschließendes Intonieren (auch: Stechen) der Hämmer gemildert werden. Vor allem bei älteren Klavieren ist beides wichtig, nur Intonieren reicht aus verschiedenen Gründen nicht aus (siehe unten).

Beim Intonieren wird der Hammerfilz durch wohlkalkuliertes Stechen mit einer Intoniernadel (Abb. 8b.75) weicher gemacht, die dicht gepressten Fasern werden etwas gelöst. Ein paar Stiche können einem neuen, ungebrauchten Hammer so einen wunderschönen weichen Ton verleihen. Intonieren ist eine Arbeit, die höchste Präzision verlangt, da nichts korrigiert werden kann: ein Stich zu viel und der Hammer ist unbrauchbar.

Um einen weichen Ton bei leisem Spiel zu erzielen, wird nur die Spitze, die „Krone" des Hammers gestochen, da nur dieser Teil auf die Saite trifft. Für einen runderen Ton bei kräftigerem Spiel wird weiter entfernt von der Krone gestochen, da der Hammer nun mit einer größeren Fläche auf die Saite trifft.

Neue Klaviere werden in der Fabrik vorintoniert, damit die Register gleichmäßig klingen. Klingt ein Klavier zu hart, kann das durch weiteres Intonieren behoben werden. Dies funktioniert allerdings nur bei neuen Hämmern. Bei älteren ist es wesentlicher weniger effektiv, aber wer unbedingt möchte, kann es natürlich versuchen, ein älterer Hammer geht nicht so schnell kaputt. Ein älteres Klavier mit harten Hämmern kann natürlich weich gestochen werden. Das Problem ist, dass dies sehr wahrscheinlich den Klang ungleichmäßig macht, einige Töne werden härter klingen als andere.

Einige Regeln zum Intonieren:

- Immer nur mit einer Nadel arbeiten (vgl. aber „Intonieren für Könner" auf S. 136)
- Die Hammerspitzen im Diskant nur mit einer kurzen Nadel stechen. Im Diskant liegt nur eine dünne Schicht des fest zusammengepressten Filzes über dem hölzernen Hammerkern. Wenn der Hammer zu tief gestochen wird, geht die Dichte des Filzes verloren (der Hammerfilz bläht sich schnell zu seinem originalen, nicht zusammengepressten Volumen auf, wenn sich die Verklebung löst).
- Sticht man weiter entfernt von der Hammerspitze, etwa im Bass, so kann die Nadel etwas länger sein, um tiefer in den Filz einzudringen.

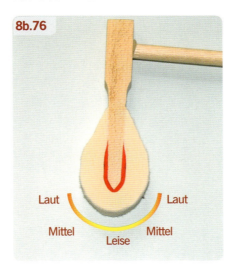

8b.76

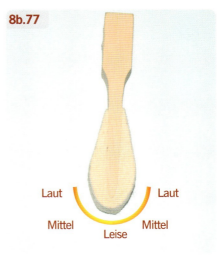

8b.77

ANSPRUCHSVOLLERE REPARATUR- UND WARTUNGSARBEITEN

8b.78

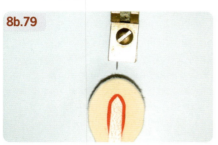

8b.79

8b.80

- Beim Testen der Intonierung ist ein gleichmäßiger Anschlag wichtig. Zuerst mit leichtem Anschlag über die gesamte Tastatur spielen und dann bei den zu hart klingenden Tönen den für den weichen leisen Ton verantwortlichen Bereich des Hammers stechen. Das Vorgehen für moderates und für lautes Spielen wiederholen und jeweils die entsprechenden Zonen stechen. Abb. 8b.76 zeigt einen Hammer aus dem mittleren Bassbereich, Abb. 8b.77 aus dem mittleren Diskantbereich. Die Markierungen zeigen die Zonen, in den für lautes, moderates und leises Spiel gestochen werden muss.

Abb. 8b.78-81 zeigen verschiedene Hämmer und die jeweils richtig eingestellte Länge der Intoniernadel.

Hämmer härten

Manchmal klingt ein Klavier zu weich oder zu schwammig. Gründe dafür gibt es viele: Meist ist es die falsch eingestellte Auslösung, oder die Tastatur ist nicht ordnungsgemäß reguliert (vgl. Kap. 7 für Klaviere, Kap. 9 für Flügel). Bei einem Flügel (und vereinzelt auch bei Klavieren) kann es auch sein, dass die Mechanik nicht ganz richtig auf dem Stuhlboden sitzt und die Saiten deshalb nicht an der korrekten Stelle angeschlagen werden. Wenn diese möglichen Ursachen ausgeschlossen werden können, sind sehr

wahrscheinlich die Hämmer zu weich. Ein Satz neuer Hämmer ist zwar teuer, aber das einzig richtige, wenn es das Klavier wert ist. Wenn es den Aufwand nicht mehr wert ist, kann man versuchen,

8b.81

Erlebnisse eines Klavierstimmers: Intonieren für Könner

„Als ich das Intonieren lernte, wurde in allen Lehrbüchern empfohlen, immer nur mit einer Intoniernadel zu arbeiten, obwohl in den Intoniernadelhalter sechs Nadeln gesteckt werden können. Die Arbeit wird dadurch überaus lang, vor allem bei einem Flügel, bei dem man die Tastatur zum Prüfen wiederholt aus- und wieder einbauen muss. Einige Jahre später sah ich einen Film über Bob Glazenbrook, Cheftechniker von Steinway, wie er den Konzertflügel eines bekannten Pianisten bearbeitete. Der Pianist beschwerte sich über einige zu hart klingende Töne „ungefähr hier" (er wedelte mit der Hand über etwa zwei Oktaven irgendwo im Diskant). Bob zog die Mechanik so weit heraus, dass die hintere Seite noch auf den Stuhlboden, die vordere aber auf seinen Oberschenkeln zu liegen kam. Dann hielt er die Hämmer mit der linken Hand und Unterarm fest – und begann mit drei (!) Intoniernadeln zugleich auf die Hämmer einzudreschen. Man lernt nie aus. Ab diesem Moment habe auch ich meine Technik angepasst und schneller intoniert. Aber an Bob's Hauen und Stechen mit drei Nadeln traue ich mich auch heute noch nicht."

DIE KLAVIERMECHANIK

die Hämmer zu härten, um noch etwas Leben aus ihnen heraus zu kitzeln. Es gibt verschiedene Flüssigkeiten zum Härten der Hämmer zu kaufen (siehe Nützliche Adressen), aber im Grunde ist es nichts anderes, als verdünnten Klebstoff aufzutragen.

1 Mechanik ausbauen und mit der Rückseite nach unten ablegen. Alle Holz, Filz- und sonstigen Mechanikteile außer den Hämmern mit mehreren Lagen Zeitungspapier abdecken.

2 Ebenfalls mehrere Lagen Zeitungspapier zwischen Hammerrücken und Hammerruheleiste schieben.

3 Die Hämmer leicht mit klarem Nitrolack besprühen, wie er auch für Autofelgen benutzt wird. Dieser trocknet am schnellsten. Von der Vorderseite der Hämmer sprühen, das meiste auf die Spitze. Zwei oder dreimal über die gesamten Hämmer sprühen sollte zunächst ausreichen; dabei deutlich über das Ende der Hammerreihe hinausgehen und dann erst in die entgegengesetzte Richtung sprühen, damit die äußeren Hämmer nicht zu viel Lack abbekommen.

4 Völlig austrocknen lassen, damit keinerlei Lack ins Innere des Klaviers gelangt. dann die Mechanik wieder einbauen.

8b.83

5 Nun das Klavier Probe spielen. Wenn nötig – und wenn man es sich traut – nochmals „lackieren".

Austausch der Hammerköpfe

Es gibt mindestens drei verschiedene Hammergrößen: eine im Bass und zwei oder drei in der mittleren Lage und im Diskant.

1 Von den beiden äußeren Hämmern jedes Bereichs die Hammerköpfe mit einem Hammerauszieher abnehmen. Sie müssen unbeschädigt bleiben, da sie als Vorlage für die neuen dienen. Bei einem Flügel sind die Hammerstiele durch den Hammerkopf hindurch gebohrt, der Auszieher drückt den Stiel heraus (Abb. 8b.83), beim Klavier wird er zwischen Hammernuss und -Kopf herausgezogen (Abb. 8b.82).

2 Den Hammerkopf deutlich mit einer Nummer versehen. Die erste Nummer ist A1 im Bass.

3 Anhand dieser Vorlagen werden die Bohrungen der neuen Hammerköpfe bestimmt. Die Bohrungen für die Hammerstiele verlaufen wegen des Kreuzbezugs bei allen Hammerköpfen in einem leicht abweichenden Winkel. Am Kreuzungspunkt ist diese Abweichung am größten (vgl. Abb. 7.20), der Winkel ändert sich im Diskant kontinuierlich.

4 Von den neuen Hammerköpfen zuerst die äußeren jedes Größenbereiches montieren, damit die originale Ausrichtung erhalten bleibt.

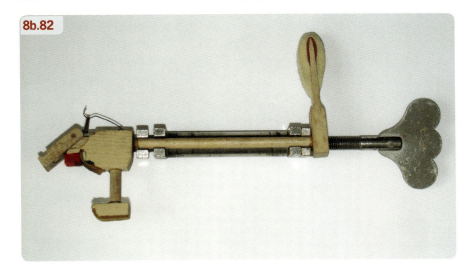

8b.82

PIANO MYTHOS & TECHNIK **137**

ANSPRUCHSVOLLERE REPARATUR- UND WARTUNGSARBEITEN

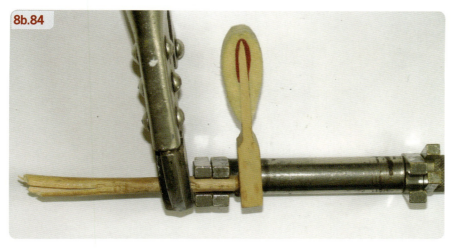

8b.84

8b.85

2 Wenn man nur schwer an die Hammernusskapselschraube herankommt, muss man zuvor das Mechanik-Bändchen und die Hebegliedkapsel lösen. Nachdem dem Herunterklappen des Hebeglieds ist die Hammernusskapsel leicht zugänglich. Vgl. die Abbildung im Abschnitt „Zerlegen und Neuachsen der gesamten Mechanik" auf S. 131.

3 Den gebrochenen Teil mit einer Feststellzange halten und den Hammerstielentferner in wie in Abb. 8b.84 ansetzen.

4 Bei aller Vorsicht wird jedoch meistens der abgebrochene Teil noch weiter splittern und der Rest des Stieles bleibt stecken. Wenn das passiert, müssen Hammernuss und -kopf auf die richtige Tiefe ausgebohrt werden. Zuerst mit einem kleinen Elektrobohrer vorbohren, dann mit einem Handbohrer weiterarbeiten. Damit die Hammernuss dabei nicht splittert, muss sie fest in einem Schraubstock eingespannt sein. Ein Mechanikschraubstock mit kleineren, flachen, gefütterten Backenklötzen ist besser geeignet als ein Holzschraubstock, da man die Hammernusskapsel nicht abnehmen muss und die Hammernuss leicht vorstehen lassen kann. Nicht ganz durch den Hammerkopf bohren (außer bei dem eines Flügels). Die Abb. 8b.85-90 zeigen die Arbeitsschritte bis zum Zusammenstecken (noch ohne Leim).

5 Die Stiele stecken nicht rechtwinklig in der Hammernuss. Die benachbarten intakten Hämmer zur Vorlage nehmen.

6 Dasselbe gilt wegen des Kreuzbezugs für die Hammerköpfe, vor allem im Bass. Auch hier die benachbarten intakten Hämmer zur Vorlage nehmen.

7 Neue Hammerstiele nach Vorlage des alten bestellen, da es verschiedene Stärken gibt. Im Notfall kann man auch

5 Nun die restlichen Hammerköpfe entfernen, am besten mit einer Beißzange direkt hinter dem Stiel abzwicken. Dass die Hämmer dabei zerstört werden macht nichts, nur der Stiel muss intakt bleiben.

6 Um die Hammerköpfe richtig zu positionieren, ist es empfehlenswert, eine Schnur entlang des Anschlagspunkts – die Spitze der Hämmer – zu spannen und die Hämmer danach auszurichten (also nicht nur nach dem Augenmaß).

7 Jetzt werden die Hammerköpfe eingeklebt. Dabei schnell arbeiten, um noch eventuell notwendige Korrekturen vornehmen zu können bevor der Kleber trocknet. Sind nur ein oder zwei Hämmer zu ersetzen, kann man ohne Weiteres einen Holzkleber verwenden. Werden alle ersetzt, sollte man richtigen Klavierbauerleim verwenden. Er muss vor der Verwendung erhitzt werden und ist etwas schwieriger in der Verarbeitung als normale Klebstoffe, bleibt aber in Gegensatz zu diesen über Jahre wenn nicht sogar Jahrzehnte flexibel.

Die Reparatur einzelner Hämmer

Die Reparatur eines beim Spiel oder durch ein Missgeschick abgebrochenen Hammers ist schwieriger:

1 Die abgebrochenen Teile und die Hammernuss ausbauen.

DIE KLAVIERMECHANIK

eine andere Größe verwenden, auf jeden Fall aber muss die Bohrergröße dem Stieldurchmesser entsprechen. Der Stiel muss fest in Hammer und Nuss sitzen.

8 Trocken zusammenstecken und nochmals den Sitz prüfen, dann die Hammernuss in die Mechanik einsetzen.

9 Den Hammerkopf auf das gerillte Ende des Stiels aufleimen (Für festeren Sitz sind die Stiele an einem Ende meistens gerillt, ansonsten kann man ein Ende durch Rollen unter einer groben Feile rillen).

10 Nun die Stiele auf die richtige Länge kürzen. Mit einer Hammerstielzange (Abb. 8b.91) können kleinste Teile abgezwickt werden, um die Länge exakt anzupassen (NB: eine Krallenzange für Hunde ist ein erstaunlich ähnliches Werkzeug und im Tierbedarf erheblich billiger erhältlich).

11 Mit einem Tropfen Leim in der Bohrung den Stiel in die Hammernuss einsetzen.

12 Den Hammer genau an den anderen ausrichten.

Reißnägel – NEIN!

Immer wieder trifft man jemanden, der vom Freund eines Freundes erzählt, der die Hämmer seines Klaviers mit Reißnägeln präpariert hat und das nun glaublich toll und neuartig klingen soll. Es scheint, dass einige Leute tatsächlich glauben, dass ihnen dieser hässlich klirrende „Sound" gefällt. Doch wenn man sein Klavier nicht ruinieren will, sollte man die Finger davon lassen. Die Reißnägel lockern sich schnell und fallen ab, die Hämmer sind dann unbrauchbar, es klingt, als würde man Schneebälle auf die Saiten werfen. Auch wenn einige Leute glauben, dass man den Schaden

durch Härten der Hämmer wieder gut machen kann – was wohl eher nicht der Fall ist – sollte so etwas gesetzlich verboten werden.

ANSPRUCHSVOLLERE REPARATUR- UND WARTUNGSARBEITEN

C: SAITEN UND STIMMWIRBEL

Saiten können manchmal reißen. Oft passiert dies beim Stimmen, auch den besten Klavierstimmern. Dank der wunderbar ausgleichenden Funktionsweise der Auslösemechanik passiert es beim Spielen weitaus seltener (interessanterweise aber meistens, wenn die Kinder alleine zu Haus sind …).

Bei den meisten Klavieren werden die Diskantsaiten um den Anhängestift herum geführt und doppelt verwendet. Wenn ein Draht reißt, betrifft dies somit zwei Saiten, entweder von demselben Ton oder von einem der beiden nebenliegenden. Saiten werden poliert oder verzinnt angeboten. Bei einem kompletten Neubezug sollte nur eine Art verwendet werden, beim Ersatz nur einer Saite spielt es keine Rolle. Die polierten Saiten sind beliebter, klanglich gibt es keinen Unterschied.

Bei Klavieren mit Agraffen (siehe Kap. 4 und S. 59) ist das Ersetzen einer Saite einfacher als bei Klavieren mit Druckstäben. Doch insgesamt geht ist das Aufziehen neuer Saiten recht unkompliziert, vor allem bei Flügeln, bei denen man nicht um den Stuhlboden herum arbeiten muss. Bei Flügeln muss man jedoch darauf achten, nicht an den Dämpfern hängen zu bleiben. Wenn die Dämpferdrähte verbogen sind, funktioniert die Dämpfung nicht mehr korrekt.

Saitenstärke

Der Klavierdraht ist nur scheinbar bei allen Blanksaiten gleich, in Wirklichkeit ändert sich die Stärke alle paar Töne. Die Drahtstärke misst man mit einem Mikrometer. Wenn man einen Saitenmesser (wie auf S. 125) verwendet, muss man die Nummer (MWG) in metrische Angaben umrechnen. Wenn man die Saitenstärke nicht weiß, legt man bei der Bestellung ein Stück der alten Saiten bei.

An dieser Stelle noch etwas Physik: wird die Länge einer gegebenen Saite bei gleichbleibender Spannung verdoppelt, so klingt sie eine Oktave tiefer. Wenn man ein Klavier also durchgehend mit Saiten von der Stärke wie im Diskant beziehen würde, müsste die tiefste Basssaite mehr als 6,5 m lang sein. Noch schlimmer allerdings wäre, dass sich die Saite beim Anschlag völlig anders verhalten würde als die Diskantsaiten. Aus diesem Grund werden die Saiten zum Bass hin kontinuierlich immer dicker, die Länge wird nicht jede Oktave verdoppelt.

Umgang mit Klavierdraht

Klavierdraht ist eine ziemlich widerspenstige Sache. Von der Spule springt er jederzeit ab, sobald man jedoch ein Stück abgeschnitten hat und verarbeiten will, rollt er sich wieder zusammen. Wer klug ist, trägt bei der Arbeit mit Draht Handschuhe. Weniger, weil Hautkontakt für den Draht schädlich sein könnte, wie viele Experten behaupten, sondern eher umgekehrt, aus Angst vor Schäden für die Haut. Für solchen Draht gibt es spezielle Dosen zur Aufbewahrung (siehe Abb. 8c.1).

Aufziehen einer neuen Saite

Abb. 8c.2 zeigt die typische Situation, wenn eine Saite gerissen ist: Wie oben beschrieben, sind vom Riss des Drahtes zwei Saiten, hier von zwei Tönen, betroffen.

1 Mechanik ausbauen (Abb. 8b.3). Den alten Draht nah am Druckstab abschneiden (Abb. 8c.4).

2 Saitendicke messen (oder ein Muster bei der Bestellung mitschicken) und

SAITEN UND STIMMWIRBEL

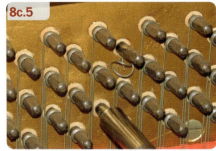

passenden Ersatzdraht kaufen.

3 Die Windungen des Drahts um den Stimmwirbel zählen. Wenn kein Draht mehr vorhanden ist, etwa weil die Saite von vornherein gefehlt hat, an den benachbarten Stimmwirbeln abzählen.

4 Den Stimmwirbel entgegen dem Uhrzeigersinn so oft drehen wie die Zahl der Windungen (Abb. 8c.5). Beim Drehen lockern sich die Windungen allmählich.

5 Wenn der Draht locker genug ist, wird er mit einer Zange ganz abgewickelt.

6 Ein großzügig bemessenes Stück neuen Draht abschneiden (wenn man mit dem alten abmisst, muss man bedenken, dass hier ein Stück fehlt!). Klavierdraht kann mit jedem guten Drahtschneider geschnitten werden. Normale Zangen müssen sehr gut sein. Da der Klavierdraht sehr hart ist, hinterlassen abgenutzte Zangen leicht einen unsauberen Schnitt, der dann das Einfädeln im Stimmwirbel unmöglich macht.

7 In der Mitte des Drahts eine Schlaufe legen; diese wird später über den Anhängestift gezogen (Abb. 8c.6).

8 Die beiden oberen Enden unter dem Druckstab hindurch führen (Abb. 8c.7). Dahinter ist meist ein Stoffstreifen zwischen die Saiten gewebt, um ein Mitschwingen zu verhindern. Die neuen Saiten hier sauber hindurchzuführen ist schwierig, im schlimmsten Fall muss man die Saiten einfach durch den Stoff hindurch stechen.

9 Nun die Schlaufe über den Anhängestift legen und die Saiten korrekt – nach dem Muster der benachbarten Saiten – um die Stegstifte herumführen (Abb. 8c.9)

10 Den Saitendraht so viele Fingerbreiten über den Stimmwirbel hinaus stehen lassen, wie er um den Wirbel gewunden wird (sehr breite oder sehr schmale Finger berücksichtigen). Den überstehenden Rest abschneiden.

11 Die Saitenenden machen sich gerne selbstständig, das jeweils freie Ende kann man mit einen Klemme ruhig stellen.

ANSPRUCHSVOLLERE REPARATUR- UND WARTUNGSARBEITEN

12 Den Stimmwirbel so drehen, dass das Ende der Saite bequem von unten in das Auge – das Loch im Wirbel – geführt werden kann, dann die Saite im Uhrzeigersinn aufziehen. Es gibt hierfür spezielle Bezieherkrücken mit T-förmigem Griff. Mit einem Schraubenzieher beim Aufziehen die Saite halten und sicherstellen, dass die Windungen nicht übereinander liegen.

13 Nach ein zwei Windungen der ersten Saite auch die zweite Saite wie in Schritt 11 anpassen (Abb. 8c.10). Die beiden Saiten müssen gleichmäßig aufgezogen werden, da durch die Schlaufe am Anhängestift der Mittelpunkt festgelegt ist.

14 Beim Straffen der Saiten überprüfen, ob sie korrekt am Anhängestift und den Stegstiften sitzen und keine nebenstehenden Stifte berühren.

15 Die Saiten langsam weiter anziehen. Die Windungen müssen ganz eng und fest am Stimmwirbel anliegen, da andernfalls die Saiten auf Jahre hinaus beim Stimmen Schwierigkeiten machen. Sobald die aufgewickelten Saiten von selber halten, wird die Windung, die durch das Loch („Auge") im Wirbel führt mit einer Zange flach an den Stimmwirbel gepresst (Abb. 8c.11). Mit einem Ringheber (Abb. 8b.12) können die Windungen verdichtet werden (Abb. 8b.13), doch ist dafür bei neuen Klavieren oft zu wenig Platz. Sehr leicht schabt man mit dem Ringheber auch die Goldfarbe des Rahmens ab (dies sieht dann sehr amateurhaft aus, obwohl das auch den besten Klavierstimmern passiert), daher sollte man den Bereich, in dem man damit arbeitet, mit Pappe oder Kreppband abdecken. Das Ringeisen auf Abb. 8b.12 kann auch als Seitenrichter („Choreisen") verwendet werden. Die neuen Saiten im dreichörigen Bereich haben nicht immer sofort die richtigen Abstände, mit den drei Kerben des Seitenrichters können diese ausgerichtet werden.

16 Die Saiten bis zur richtigen Tonhöhe langsam weiter anziehen. Während man noch weitere Reparaturen erledigt, kann man die Saiten zum Strecken einen Halbton höher ziehen, aber nicht mehr, da sonst Gefahr besteht, dass Saiten oder Stege Schaden nehmen.

SAITEN UND STIMMWIRBEL

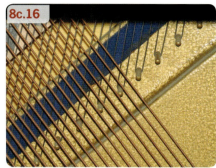

17 Mit einem Schraubenzieher die Saiten gegen den Rahmen drücken (Abb. 8c.14).

18 Dann ebenfalls mit einem Schraubenzieher an der Rückseite des Anhängestifts von hinten leicht an der Saite rütteln, damit die Saite fest an den Anhängestift anliegt und nicht an irgendwelchen Unebenheiten des teils sehr rauen Gussrahmens hängen bleibt.

19 Die Saiten einige Stunden ruhen lassen, am besten über Nacht.

20 Zuletzt auf die richtige Tonhöhe stimmen (vgl. Kap. 10). Die Nachbarseiten haben sich im Laufe der Arbeit ebenfalls verstimmt (nach unten) – was völlig normal ist – und müssen ebenfalls nachgestimmt werden.

Unerreichbare Anhängestifte

Pech hat man, wenn eine Saite reißt, deren Anhängestift hinter den Basssaiten liegt. Abb. 8c.16 zeigt die Anhängestifte der Diskantsaiten, die hinter dem Bass-Kreuzbezug verschwinden, je tiefer, desto schwieriger ist es heranzukommen. Es gibt ein Spezialwerkzeug für diese Fälle, aber einfacher und billiger geht es so:

1 Im Baumarkt ein schmales, langes Metallrohr kaufen.

2 In der Mitte des Klavierdrahtes eine Schlaufe für den Anhängestift legen und die beiden losen Enden durch das Rohr schieben.

3 Die Schlaufe ein wenig herausstehen lassen und das Rohr unter den Basssaiten hindurch nach oben führen und die Schlaufe über den Anhängestift legen.

4 Das Rohr abziehen, dabei die Saiten gespannt halten, damit sie nicht wieder vom Anhängestift abgehen. Wenn genügend Platz ist, kann man die Schlaufe mit einer Klammer am Anhängestift halten.

Eine andere Möglichkeit ist, die im Weg liegenden Basssaiten auszubauen (wenn es ganz schlimm kommt, muss man das auch bei der beschriebenen „Rohr-Methode" machen). Dazu die entsprechenden Stimmwirbel etwas mehr als eine halbe Drehung lockern, bis die Saite locker genug ist, um die Öse vom Anhängestift abzuziehen. Dabei die Saite unter Spannung halten, damit die Windungen nicht locker werden. Aus- und wieder eingebauten Saiten verstimmen sich längere Zeit immer wieder.

Neue Bass-Saiten aufziehen

Das ist wesentlich einfacher. Wenn man die alte Saite hat, schickt man sie zu seinem Pianoteilehändler. Aber, wie oben in Kap. 7 „Scheppern und Klirren" erklärt, besteht bei den zweichörigen Saiten die Gefahr, dass neue und alte Saite sich nicht übereinstimmend stimmen lassen. Wenn man sich also entscheidet, gleich beide zu erneuern, muss man darauf achten, dass sie verschieden lang sind, da die Stimmwirbel versetzt angeordnet sind. Man muss also beide Saiten oder aber die gerissene zusammen mit den genauen Maßen der anderen Saite einschicken und genaue Anweisungen geben, um sicher zu gehen, dass man zwei Saiten der richtigen Länge erhält.

ANSPRUCHSVOLLERE REPARATUR- UND WARTUNGSARBEITEN

Lockere Stimmwirbel

Stößt man beim Stimmen oder beim Ersetzen einer Saite auf einen Stimmwirbel, der lose im Stimmstock sitzt, sollte man diesen gleich mit einem etwas größeren Wirbel ersetzen. Wenn jedoch eine größere Anzahl von Wirbeln, etwa zehn oder mehr, lose sind, muss das Klavier generalüberholt werden. Da sich dies bei den meisten Instrumenten wohl nicht mehr lohnt (und damit die Suche nach einem Ersatzklavier beginnt), sind die folgenden Arbeiten daher nur sinnvoll, wenn weniger als zehn Wirbel ausgetauscht werden müssen.

Ist der Stimmstock gerissen?

Auch wenn weniger als zehn Stimmwirbel lose sind, muss man zuerst untersuchen, ob sich ein Muster erkennen lässt, das auf einen Riss im Stimmstock hinweist. Auch bei neuen Klavieren mit gedübeltem Rahmen kann ein Riss im Stimmstock auftreten, eine Reparatur ist selten sinnvoll.
Typische Anzeichen sind:

- Die losen Stimmwirbel stehen nahe beieinander. Dies kann vorkommen, wenn sich das Muster des Saitenbezugs und damit der Stimmwirbel ändert, siehe Abb. 8c.17. Das ist ein Konstruktionsfehler, die Folgen waren eigentlich von vornherein abzusehen.
- Jeder erste (obere) oder zweite (untere) Stimmwirbel einer Reihe ist lose. Dies ist zunächst erstaunlich, weist aber auf einen quer verlaufenden Riss hin. Da die Stimmwirbel versetzt angeordnet sind (erkennbar in Abb. 8c.17), ist nur jeder zweite betroffen.
- Ältere Klavier mit offenem Stimmstock sind besonders betroffen, auch wenn zunächst nur ein paar Wirbel lose sind. Der Stimmstock muss akribisch mit einer Lupe untersucht werden. Findet man nur den kleinsten Riss, wie Abb. 8c.18, ist es vorbei. Ein neuer Stimmnagel ist nur ein zusätzlicher Sargnagel, die Arbeit kann man sich sparen (Doch manchmal ist der Optimismus stärker als der gesunde Menschenverstand, wie Abb. 8c.19 zeigt. Hier wurde versucht, den riesengroßen Riss erst zu kleben und dann übergroße Stimmwirbel einzusetzen).
- Leider besteht immer auch die wirklich entsetzliche Möglichkeit, dass der zuvor intakte Stimmstock beim Einschlagen der neuen Stimmwirbel reißt. Es kommt zwar selten vor, aber jedem Klavierbauer und Klavierstimmer, der an einem fremden Instrument arbeitet, graut vor dem Moment, an dem er einem Kunden mitteilen muss, dass das ihm zur Ausbesserung anvertraute Familienheiligtum gerade das Zeitliche gesegnet hat.)

Stimmwirbel ersetzen

Abb. 8c.20 zeigt drei Stimmwirbel. Ganz links ein abgenutzter, rostiger Wirbel aus einem alten Klavier. Der Wirbel in der Mitte hat aus optischen und aus Rostschutz-Gründen einen Nickelüberzug. Ganz rechts der am häufigsten verwendete Typ aus

SAITEN UND STIMMWIRBEL

8c.20

gebläutem Stahl.

Die Ersatzstimmwirbel werden eingeschlagen, so sollte von vornherein klar sein, dass man die Wirbel vor dem Stimmen einsetzt, da es wenig sinnvoll ist, nach dem Stimmen mit einem großen Hammer auf das Klavier einzuschlagen.

Die zuerst vorgestellte Methode zum Einschlagen neuer Wirbel, ist nur für ältere Klaviere mit einem stabilen Holzrahmen geeignet. Andere Klaviere erfordern andere Methoden (siehe unten).

Die Stimmwirbel haben ein kaum spürbares Gewinde, das es ermöglicht, sie herauszudrehen – mit einer Unzahl von Drehungen. Aber eingeschlagen werden sie immer von Hand mit einem Hammer, auch in den modernen Fabriken. Trotz des Gewindes darf man die Wirbel auf keinen Fall eindrehen, da das Wirbelloch sonst zu sehr ausleiert und der Wirbel sofort lose wird.

Eine Ausnahme schildert dieser Erfahrungsbericht: „Kurz bevor in einem Jazz-Club ein berühmter Pianist auf die Bühne gehen wollte, wurde festgestellt, dass ein Wirbel des Klaviers lose war. Das Konzert hätte längst beginnen sollen und das Publikum zeigte keinerlei Verständnis für mein Problem – durch das Einschlagen eines neuen Wirbels wäre das Klavier schlagartig völlig verstimmt gewesen. So drehte ich einen zwei Nummern größeren Wirbel ein, mit dem Risiko, dass der Stimmstock reißt. Es war langwierig und nervenaufreibend, aber es funktionierte. Der Stimmwirbel hielt erwartungsgemäß nicht so gut, wie es für zwei Nummern größer sein sollte, aber gut genug, dass der Auftritt stattfinden konnte."

Die korrekte Vorgehensweise ist folgende:

Zuerst muss der alte Wirbel ausgedreht werden. Zum schnellen Ausdrehen werden Aufsätze für Bohrmaschinen oder Bohrwinden angeboten. Doch selbst wenn der Wirbel zu lose ist, um die Stimmung zu halten, kann das Holz des Wirbellochs bei zu schnellem Ausdrehen durch die Reibung versengt werden. Daher ist das langsame Ausziehen per Hand besser, vor allem wenn es sich nur um ein paar wenige Stimmwirbel handelt.

Den ausgebauten Stimmwirbel mit einem Mikrometer oder einem speziellen Lineal (Abb. 8b.34) messen. Die Wirbel gibt es in unterschiedlichen Längen und Durchmessern. Normalerweise nimmt man

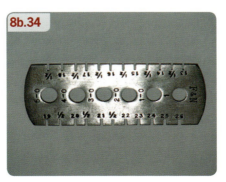

8b.34

einen Ersatzwirbel eine Nummer größer, wenn der originale Wirbel sehr lose ist, kann man auch zwei Nummern höher gehen.

Alternativ dazu kann man einen nur eine Nummer größeren aber dafür längeren Wirbel verwenden. Da es gefährlich ist, einen Stimmwirbel einzuschlagen, der länger als das gebohrte Loch ist, muss man zuvor die Tiefe des Loches messen. Bei einigen Klavieren geht das Loch durch den ganzen Stimmstock, bei anderen nicht.

Auch darf man keinen Wirbel verwenden, der zugleich zwei Nummern größer und länger ist. Einschlagen des Stimmwirbels:

1 Ein Setzeisen mit einem vertieften Ende kaufen (Abb. 8b.21).

2 Den Stimmwirbel bis auf die Höhe der anderen Wirbel einschlagen.

3 Die Zahl der Windungen der Saiten an den anderen Wirbeln zählen..

4 Den neuen Stimmwirbel gegen den Uhrzeigersinn entsprechend der Windungsanzahl drehen.

5 Die alte Saite wieder aufziehen, wie im Kapitel „Aufziehen einer neuen Saite" beschrieben.

Andere Vorgehensweisen beim Einschlagen von Stimmwirbeln
Bei Flügeln

Bei Flügeln ist ein völlig anderes Vorgehen erforderlich, wie in Kap. 9 beschrieben.

8c.21

ANSPRUCHSVOLLERE REPARATUR- UND WARTUNGSARBEITEN

Diese Anleitung zum Einschlagen der Stimmwirbel muss korrekt befolgt werden, andernfalls kann man das Instrument irreparabel beschädigen.

Bei neuen Klavieren

Wie Stimmwirbel bei einem neuen Klavier eingeschlagen werden, hängt von deren Bauweise ab. Dazu den Deckel öffnen und das eventuell über den Rahmen gespannte oder geklebte Tuch ein klein wenig lösen. Auch von der Rückseite prüfen, ob etwas, und wenn, was hinter dem Stimmstock liegt oder ob dieser offenliegt.
Wenn hinter dem Stimmstock ein ziemlich dicker Holzbalken verläuft, kann man die Stimmwirbel wie oben beschrieben einschlagen (Siehe Abb. 8c.22. Der mehrschichtige Stimmstock wird von dem dicken Holz dahinter gestützt).

Diese Methode kann nicht benutzt werden, wenn der Stimmstock durch das Klavier hindurch geht (er also von hinten sichtbar ist), da das Risiko ihn zu beschädigen (und damit das Klavier zu ruinieren) zu groß ist. Besser ist dann folgendes:

1 Mit mindestens einem kräftigen Helfer wird das Klavier mit der Rückseite auf den Boden gelegt.

2 Direkt unter die Stelle an der man arbeitet, wird ein Holzklotz gelegt, der die Energie absorbiert, die sonst den Stimmstock beschädigen würde. Der Klotz braucht nicht allzu groß sein, wichtig ist das gute Abstützen eines kleinen Bereichs. Jetzt kann es losgehen.

Flüssigkeiten zum Festigen der Stimmwirbel

Nur widerwillig sei auf einige „Mittelchen" hingewiesen, die angeboten werden, um den Sitz der Stimmwirbel zu festigen. Dabei werden einfach ein paar Tropfen des Mittels um die Stimmwirbel herum aufgebracht. Einige Flüssigkeiten dringen in das Holz ein, das dadurch etwas aufquillt, der Wirbel sitzt dadurch fester. Andere Mittel lassen den Stimmwirbel rosten. Da Rost voluminöser als Stahl ist, nimmt der Durchmesser des Wirbels etwas zu und er sitzt fester.

Sehr passend werden diese Praktiken von Klavierbauern als „Doping" bezeichnet. Wenn es sich um ein wertloses Klavier handelt, das andernfalls völlig unbrauchbar wäre, ist im Prinzip daran nichts auszusetzen. Ansonsten gibt es so gut wie keine gerechtfertigten Gründe dafür.

- Niemals dürfen solche Mittel eingesetzt werden, um für einen Verkauf einen ernsten Schaden zu überdecken.
- Auch sollten sie niemals an einem Klavier angewendet werden, das später vielleicht einmal restauriert werden soll. Größere Stimmnägel lassen sich dann im Stimmstock nicht richtig drehen, das Stimmen wird extrem schwierig.
- Und ebenfalls dürfen sie nie an Klavieren mit offenem Stimmstock angewendet werden, da hier das Holz um den Stimmwirbel herum lediglich nach außen aufquillt.

Wer es wirklich probieren möchte, kann die Mittel im Fachhandel erwerben (siehe „Nützliche Adressen").

Stimmwirbelhülsen

Ein anderes Mittel gegen lose Stimmwirbel sind Stimmwirbelhülsen (Abb. 8c.23) aus Metall – nicht zu verwechseln mit den hölzernen Plattendübeln, die in den Löchern des Rahmens sitzen (Abb. 8c.24).

Die Wirbelhülsen haben etwa die Länge der Standardstimmwirbel. Sie werden folgendermaßen verwendet:

1 Den Stimmwirbel ausdrehen, wie oben beschrieben. Die Hülse in das Wirbelloch stecken.

2 Den originalen Stimmwirbel wieder einschlagen. Er sollte nun wieder fest sitzen.

3 Das weitere Vorgehen entspricht dem Einbau eines neuen, größeren Stimmwirbels. Die Wirbelhülsen werden aus Gründen der Optik verwendet, die Ausbesserung ist auf den ersten Blick nicht erkennbar, ein neuer Wirbel dagegen schon. Die alten Wirbel derart möglichst unsichtbar zu verstärken ist eigentlich eine Art Schwindel, außerdem sind neue Wirbel auf jeden Fall besser. Auch das Vorgehen ist recht brutal, da man zum Einschlagen der Wirbel in die Hülsen mehr Kraft braucht als bei der Verwendung von größeren Wirbeln. Daher steigt auch das Risiko, dass der Stimmstock reißt. Aus diesen Gründen sind Wirbelhülsen abzulehnen. Es ist machbar, viele Händler verlangen es bei Generalüberholungen auch, aber wirklich empfehlenswert ist es nicht. Zumindest das eigene Klavier sollte man davon verschonen.

Dumpfe Bass-Saiten

Manchmal klingen ein paar Basssaiten oder auch der gesamte Bassbereich dumpf und leblos. Erfahrungsgemäß liegt das immer daran, dass der Kupferbezug stark korrodiert ist, was an seiner merkwürdig blau-grünen Farbe zu erkennen ist. Ein solches Klavier wird noch andere Anzeichen von Feuchtigkeit zeigen.

Das Problem wird folgendermaßen behoben:

1 Obere und untere Frontplatte, Tastaturklappe und Mechanik ausbauen.

2 Mit der tiefsten betroffenen Saite anfangen und eine halbe Drehung lockern. Damit die Windungen um den Stimmwirbel fest bleiben, die Saite unter Spannung halten.

3 Die Saite von den unteren Stegstiften und dem Anhängestifte lösen. Darauf achtgeben ob die Saite verdreht war!

4 Tastatur und vorderen Klaviaturrahmen mit einem dicken Tuch abdecken (am besten baut man die Tastatur in Schritt 1 gleich mit aus, eventuell sogar den Klaviaturrahmen, wenn er geschraubt und nicht geklebt ist).

5 Die Saite hinter dem Klaviaturrahmen nach außen hervorziehen.

6 Die Saite so fest als möglich einmal um den Griff eines dicken, langen Schraubenziehers herumschlingen.

7 Nun die Schlinge, d.h. den Schraubenzieher über die gesamte Länge der Saite hinauf- und wieder hinabziehen, damit der ganze Staub und Schmutz von der Saite abfällt.

8 Die Saite mit feiner Stahlwolle (Grad 0 oder 1) abziehen, bis das Kupfer wieder zum Vorschein kommt. Dies ist eine extrem schmutzige Angelegenheit. Im Haus sollte man das nur machen, wenn man alleine wohnt oder tolerante Mitbewohner hat. Andernfalls draußen oder in der Garage. Die Saite muss danach sorgfältig von eventuell feststeckenden Spänen der Stahlwolle gereinigt werden.

9 Die Saite wieder aufziehen, mit einer halben Drehung mehr als zuvor.

10 Klingt die Saite nach dem Stimmen besser? Wenn nein, kann man nicht mehr machen und es besteht wenig Aussicht darauf, dass es bei den anderen betroffenen Saiten besser funktioniert (aber die Hoffnung stirbt ja bekanntlich zuletzt, wer also unbedingt möchte, kann es weiter versuchen).

11 Wenn es nicht besser wurde, bleibt nur, die betroffenen Saiten auszutauschen. Manchmal sind es nur die allerunteren, wenn es aber mehrere über den ganzen Bass verstreute sind, ist es besser, gleich alle auszutauschen. Eine Mischung von alten und neuen Saiten bringt kein zufriedenstellendes Ergebnis.

12 Man sollte einen Kostenvoranschlag verlangen. Basssaiten sind zwar nicht so teuer, aber wenn noch andere Reparaturen nötig sind, lohnt es sich irgendwann nicht mehr.

13 Alle einchörigen Saiten einsenden. Bei übereinstimmenden zweichörigen Saiten ist es ausreichend, eine mitzuschicken, aber mit der Angabe, dass zwei benötigt werden.

14 Sind die zweichörigen Saiten nicht gleich (z.B. wegen der unterschiedlich angeordneten Stimmwirbel) schickt man beide mit oder muss dem Hersteller entsprechende, klare Anweisungen zukommen lassen.

15 Im Zuge dieser Arbeit kann man den Sitz der Stimmwirbel der Basssaiten prüfen. Auch wenn nur ein paar lose sind, sollte man gleich alle ersetzen. Auch wenn es noch nicht absolut nötig sein sollte: es geht so einfach wenn die Saiten abgenommen sind, dass man die Chance nutzen sollte.

Das Aufziehen der neuen Basssaiten ist recht einfach: Sie müssen auf die richtige Länge gekürzt werden (vgl. oben „Neue Saiten aufziehen", S. 140) und die Windungen um den Stimmwirbel müssen beim Hochziehen fest und ordentlich angelegt werden. Nach und nach alle auf Spannung bringen, am Ende steht das Stimmen. Das in der ersten Zeit nötige häufigere Nachstimmen muss man in Kauf nehmen.

ANSPRUCHSVOLLERE REPARATUR- UND WARTUNGSARBEITEN

D: DER RESONANZBODEN

In Kapitel 2 wurden Funktion und Aufbau des Resonanzbodens erklärt, die Kapitel 5 und 7 haben auf mögliche Probleme hingewiesen.

Je älter ein Klavier wird, desto wahrscheinlicher treten Risse im Resonanzboden auf. Zur Wiederholung: Der Resonanzboden besteht aus zahlreichen, parallel verleimten Holzleisten, meist aus Fichte, die durch querverlaufende Rippen auf der Rückseite zusammengehalten und verstärkt werden. Er ist leicht zu den Saiten hin gewölbt, die Zugkraft, die die Saiten über die Stege auf den Resonanzboden ausüben, beträgt fast eine halbe Tonne (ca. 450kg). Jedes Holz schwindet, abhängig von Alter, Verarbeitungsqualität und Raumklima. Bei zunehmendem Schwund gehen die Leimverbindungen auf, es entstehen Risse (eigentlich: Spalten) zwischen den Holzstreifen, in ernsten Fällen reißen die Streifen selber. Beide Arten von Rissen sind als klirrendes oder summendes Geräusch hörbar, wenn die Risskanten bei bestimmten Tonhöhen beginnen mitzuschwingen und sich berühren und aneinander reiben.

Bis zu einem gewissen Grad werden Risse im Resonanzboden ausgeglichen, die Funktion beliebt erhalten, ein Riss ist daher nicht gleich das Ende der Welt. Doch das Ende des Klavierlebens droht wenn:

- das Klirren so störend ist, dass das Klavier unspielbar wird.
- das Klavier wegen der lockeren Teile des Resonanzbodens nurmehr schwer zu stimmen ist.
- wenn der Resonanzboden durch die Risse seine schallverstärkende Funktion eingebüßt hat.

Reparaturmöglichkeiten

Vor allem bei Klavieren ist es unter ökonomischen Gesichtspunkten betrachtet nahezu sinnlos, den Resonanzboden zu reparieren. Bei einem historisch wertvollen Instrument mag eine komplette Restaurierung gerechtfertigt sein, für die meisten Klaviere aber bedeutet es das Ende.

Das eigentliche Hindernis ist, dass man an den Resonanzboden nicht herankommt. In einem Klavier liegt er weitgehend unzugänglich hinter den Saiten und dem Gußeisenrahmen. Bei einem Flügel gelangt man etwas besser an den Resonanzboden, was manchmal, aber nicht immer, eine Reparatur ermöglicht. Wegen der massiven Rasten kommt man bei vielen Klavieren auch von hinten (bei Flügeln von unten) nur schwer an den Resonanzboden. Wenn der Riss nicht gerade in einem gut zugänglichen Bereich liegt, ist daher viel Arbeit nötig. Eine vernünftige Reparatur muss von der Seite der Saiten ausgeführt werden, dazu muss der Saitendruck teils (oder ganz) gelockert werden, damit beim Wiederanziehen das Reparaturmaterial fest in den Riss gedrückt wird. Bei den meisten Klavieren ist dieser Aufwand nicht gerechtfertigt, zumal auch noch jahrelang regelmäßig nachgestimmt werden muss.

Einen Hoffnungsschimmer gibt es für Klaviere, die keinen Holzrahmen haben und bei denen daher die Rückseite des Resonanzbodens gut zugänglich ist (vgl. Abb. 8d.1). Auch hier kommt man zwar nicht von vorne an den Riss, aber man kann etwas die Saitenspannung senken und dann harten Autoreparaturspachtel von hinten in den Riss drücken. Diese unorthodoxe Reparatur wird auf Vorder- und Rückseite des Resonanzbodens deutliche Spuren hinterlassen, aber es gibt keinen Grund, weshalb sie nicht funktionieren sollte. Zumindest kann man es an einem Klavier, das andernfalls zum Sperrmüll käme, ausprobieren.

Eine ebenso unkonventionelle Maßnahme ist, gewissermaßen als ultima ratio, den Riss mit einer hineingesteckten Schraube zu stabilisieren um das Klirren zu stoppen. Theoretisch wird das Problem noch verschlimmert, da die Schraube die Kanten noch weiter auseinanderdrückt, in der Praxis aber kann es funktionieren. So manches Kneipenklavier konnte von einem findigen Klavierstimmer so in einem Notfall (!) gerettet werden und weiter seinen Dienst tun. Für alle anderen Klaviere kommt diese Methode wohl eher nicht in Frage.

Bei Flügeln werden Risse im Resonanzboden im Zuge eines

8d.1

DER RESONANZBODEN

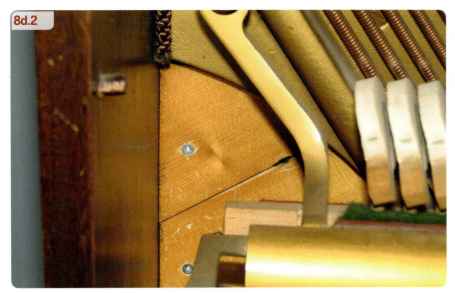

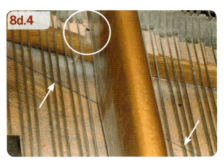

kompletten Neuaufbaus (d.h. Saiten und Rahmen sind abgenommen) repariert. Der Riss wird dabei mit einen V-förmigen Werkzeug erweitert („ausgespänt") und ein passender Span aus ähnlichem Holz (etwa von einem ausgedienten Resonanzboden) wird eingeklebt und leicht eingehämmert. Bei unregelmäßig verlaufenden Rissen sind mehrere kleine Späne nötig. Nach dem Trocken wird die bearbeitete Stelle wieder glatt geschliffen und lackiert.

Abb. 8d.2 zeigt einen Riss im Resonanzboden eines Klaviers und die Versuche ihn zu reparieren. Auch wenn das Klavier, ein Challen-Piano aus den 40er oder 50er-Jahren, noch stimmbar war und die Tonhöhe hielt, sorgte doch der unter dem Rahmen weiter verlaufende Riss dafür, dass seine Zeit abgelaufen und nur künstlich etwas verlängert werden konnte. Man erkennt irgendetwas Schwarzes in dem Riss, das die Kanten auseinanderhalten soll, wahrscheinlich eine Hinterlassenschaft desselben „Handwerkers" der auch die Schrauben eingedreht hat. So nahe am Rand des Resonanzbodens sind die Schrauben ziemlich wirkungslos – auch bei manchen neuen Klavieren gibt es sie, bei anderen nicht, das bleibt sich also gleich. Zu bemerken ist lediglich, dass dieses schöne alte englische Klavier eigentlich herkömmliche Schrauben verdient gehabt hätte, anstatt der völlig anachronistischen Kreuzschlitzschrauben.

Die Abb. 8d4 und 8d.5 zeigen einen Flügel mit Rissen in Resonanzboden und Steg. Sie sind so groß, dass es sich kaum noch lohnt, das Instrument zu restaurieren.

Risse im Steg

Abb. 8d.5 zeigt das obere Ende eines Bassstegs mit einem ganz typischen Problem. Die Stegstifte haben einen nach außen verlaufenden Riss in den Steg gesprengt. Die Saite streckt sich und klirrt und schnarrt beim spielen. Das Klavier wird immer weniger unbrauchbarer, da sich der Riss von Stift zu Stift immer weiter ausbreitet. Abb. 8d.4 zeigt ein ähnliches Problem an einem Diskantsteg eines Flügel, auch hier reißt der Steg wie zu erwarten vom Ende her ein.

Das Problem kann auf zwei Arten gelöst werden:

ANSPRUCHSVOLLERE REPARATUR- UND WARTUNGSARBEITEN

8d.6

1. Aufsatzsteg aus Metall:

Wenn der Riss noch nicht zu groß ist, ist es möglich, die betroffenen Saiten abzuziehen und mit Säge und Meißel etwas vom Steg abzunehmen, um Platz für einen Aufsatzsteg zu schaffen. Dieser wird entweder mit Schrauben oder mit kleinen Haken, für die man entsprechende Löcher in den Steg bohren muss, befestigt. Dann wird der Aufsatz auf den Steg geschlagen. Abb. 8d.6 zeigt Aufsatzstege für ein-, zwei- und dreichörige Töne mit Haken. Um die originalen Stegstifte herum muss genug Holz zum Befestigen sein. Wenn der Aufsatzsteg dann eingebaut ist, hält er durch den Saitendruck von selbst. Wenn man Aufsatzstege verwenden möchte:

- Der Steg muss so bearbeitet werden, dass der Aufsatzsteg soweit als möglich dieselbe Höhe hat, da sonst der Stegdruck nicht stimmt.
- Der Steg darf nicht weiter einreißen.

Das macht die Reparatur zu einem Glücksspiel. Abb. 8d.7 zeigt was wünschenswert wäre – so viel Holz, dass ein Einreißen des Stegs unwahrscheinlich ist. Man vergleiche diesen Steg mit der Minimalvariante auf S. 149! (um die Lebensdauer eines Instruments einzuschätzen, kann man auch hierauf sein Augenmerk legen. In diesen Fall wäre es besser gewesen, bei der Konstruktion mehr Platz zwischen Steg und Rahmen zu lassen und den Steg breiter zumachen. Das Ergebnis war eigentlich schon bei der Herstellung des Klaviers – etwa um 1920 – vorhersehbar. Andererseits muss man der Fairness halber auch sagen, dass ein Konstruktionsfehler, der sich erst nach 80 Jahren bemerkbar macht, auch nicht so schlimm ist).

2. Ersatzstege

Es ist auch möglich, aber teurer, den gesamten Steg auszubauen und bei einer Klavierbaufirma einen neuen fertigen zu lassen. Der Einbau des Ersatzstegs ist ähnlich wie bei Stegbrücken (siehe unten).

8d.7

Lose Resonanzbodenrippen

Manchmal lösen sich die Rippen vom Resonanzboden. Wenn die Stelle genau lokalisiert werden kann und von vorne zugänglich ist, kann man die Rippe dort wieder ankleben und zusätzlich eine Schraube mit einer großen, knopfförmigen Unterlegscheibe eindrehen (siehe Abb. 8d.8).

Wenn ein größerer Teil der Rippe lose ist, bohrt man durch Resonanzboden und Rippe hindurch und setzt dünne Schrauben mit Mutter und großen Unterlegscheiben auf beiden Seiten ein. Das mag zunächst etwas brutal klingen, aber es macht keinen Klangunterschied. Bei wertvollen Klavieren, die ohne sichtbare Schrauben am Resonanzboden repariert werden sollen, kann man die Schrauben später wieder herausnehmen und zugeschnittene, fest sitzende Hammerstiele einkleben. Dann die vorstehenden Enden abschneiden, glattschleifen und polieren. Das sieht gut aus, auch für Traditionalisten, denen beim Anblick „moderner" Schrauben schlecht wird, aber eine vormals gute Reparatur ist dann leider eine nur noch mittelgute.

Lose Bassbrücken

Bass-Stege können direkt oder mittels einer sogenannten Brücke auf dem Resonanzboden montiert sein. Durch die Verwendung einer Brücke kann der Punkt, an dem der Steg auf dem Resonanzboden aufliegt, mehr von der dessen Kante hin zur Mitte verlegt werden, was den Klang erheblich verbessert.

Die Brücken sind schwer auf einem Bild zu erkennen. Sie sind meistens unsichtbar von hinten verschraubt oder geklebt, eine Ausnahme stellt Abb. 8d.7 dar, wo (für unsere Zwecke ideal) durch die Reihe der vier Schrauben die Stegsohle, d.i. die Stelle, an der die Brücke am Resonanzboden befestigt ist, erkennbar wird. Der eigentliche Bass-Steg, auf dem die Saiten verlaufen, sitzt weiter hinten, in der Tiefe mit zunehmendem Abstand.

Wenn eine Bassbrücke lose ist, was relativ oft vorkommt, kommen von den Bass-Saiten keinerlei Töne mehr, bestenfalls ist ein dumpfes „Plopp" zu hören. Bedenkt man den Saitenzug, ist es nicht verwunderlich, dass sich die Brücke löst. Dies mag daran liegen, dass sie meist nur geklebt und nicht geklebt und verschraubt sind. Da der bis vor kurzem allgemein verwendete Knochenleim dafür nicht ausgelegt ist, reagiert ein Klavier mit nur geklebter Bassbrücke sehr empfindlich auf Veränderungen der Luftfeuchtigkeit. Verschraubte Bassbrücken lösen sich dagegen so gut wie nie und Klangunterschiede, ob mit oder ohne Schrauben, sind keine hörbar.

Vielleicht sollten manche Hersteller ihre Vorbehalte gegenüber Schrauben daher nochmals überdenken. Schlussendlich sollte man eine lose Bassbrücke, auch wenn sie zuvor nur geklebt war, beim Wiedereinsetzen kleben und schrauben.

Für die Reparatur wird man kurz einen Helfer brauchen::

1 Alle Basssaiten abziehen (siehe „Dumpfe Bass-Saiten, S. 147). Den Steg abnehmen.

2 Den alten Leim abkratzen und die Oberflächen glatt schleifen.

3 An der Stelle, an der die Stegsohle aufsitzt, drei oder vier Löcher in den Resonanzboden bohren (vgl. Abb. 8d.7). Dabei sichergehen, dass man von der Rückseite daran kommt.

4 Die Brücke an die richtige Stelle anhalten und von hinten kleine Führungslöcher vorbohren.

5 Schrauben (Größe 8) der richtigen Länge aussuchen. Das Holz darf nicht durchbohrt werden oder aussplittern.

6 Brücke und Steg sind aus hartem Holz, meist Ahorn gefertigt. Die

8d.8

vorgebohrten Löcher müssen daher so an die Schraubengröße angepasst werden, dass nur das Gewinde in das Holz schneidet. Zweimal bohren: ein kleineres Loch für den unteren Teil der Schraube mit Gewinde, ein größeres für den Schaft ohne Gewinde.

7 Die Brücke mit Klavierleim wieder aufleimen.

8 Die von einem Helfer am Platz gehaltene Brücke von hinten anschrauben. Für jede Schraube große Unterlegscheiben (Abb. 8d.8) verwenden.

9 Nach dem Austrocknen des Leims (über Nacht) die Bass-Saiten wieder aufziehen.

10 Das Klavier stimmen. Durch Aus- und wieder Einbau der Bass-Saiten wird das gesamte Klavier, auch im Diskant, verstimmt sein.

Das Problem tritt bei Flügeln eigentlich nie auf, kann aber auch nicht ausgeschlossen werden. Das Vorgehen bei der Reparatur ist identisch, nur wesentlich einfacher durchzuführen.

Lose Bass-Stege

Abb. 8d.9 zeigt gleich doppeltes Pech: eine lose Bassbrücke mit einem losen Bass-Steg (die hellen Stellen im Holz zeigen, wo sie eigentlich sitzen sollten). Im gesamten Bass erklingen nur noch kratzende, scheppernde Geräusche. Wären beim Einbau Schrauben verwendet worden, wäre dies sicherlich nicht passiert. Im Falle des abgebildeten Klaviers lohnte sich eine Reparatur aus verschiedenen Gründen nicht mehr, aber es wäre nicht schwierig gewesen, Bassbrücke und -Steg wieder zu befestigen. Es hätte nicht mehr als zwei oder drei Stunden bedurft, den Steg zuerst an die Brücke zu schrauben und dann die Brücke wieder, wie oben beschrieben, einzusetzten.

8d.9

Kapitel 9
Wartung und Instandhaltung eines Flügels

Mit einer Einschränkung – nämlich, dass Tastatur und Mechanik wiederholt aus- und eingebaut werden müssen – sind Reparaturen an Flügeln einfach durchzuführen. Das Alter macht sich je nachdem nach 30 bis 100 Jahren bemerkbar, aber eigentlich sind nur falsch aufgestellte Instrumente (z. B. solche, die von einem riesigen Heizkörper „gegrillt" wurden) nach dieser Zeit in wirklich schlechtem Zustand. In den meisten Fällen ist nur wenig Arbeit notwendig, um einen maroden Flügel wieder zum Spielen und Klingen zu bringen.

154	Vor jeder Reparatur
155	Klaviaturrahmen ausbauen
163	Die Mechanik
164	Regulieren
168	Weitere Arbeiten

PFLEGE UND WARTUNG

Ein Flügel soll es sein! Oder?

Für gewöhnlich haben Flügel eine längere Lebensdauer als Klaviere; sie sind von Anfang an höherwertig gebaut und werden meist besser gepflegt. Dennoch haben Besitzer immer wieder diesbezügliche falsche Vorstellungen von ihrem vermeintlichen Schatz, der im Grunde völlig wertlos ist. Viele Flügel sind inzwischen eher ein umständliches, großes Möbelstück als ein ernstzunehmendes Musikinstrument und werden es auch nie mehr sein.

Die erste Frage, bevor man an einem älteren Flügel irgendetwas macht, muss daher lauten: Ist der Zustand des Instruments gut genug, dass sich die Arbeit lohnt? Wenn man sich nicht sicher ist, sollte man einen Klavierstimmer, einen Klavierbauer oder einen anderen Musiker fragen. Hier ist kein Platz für Sentimentalitäten. Es ist absolut sinnlos so viel Arbeit, die fast einer Restaurierung gleichkommt, in ein Instrument zu investieren, wenn dieses danach nicht besser klingt.

Notizen machen

Die nützlichsten Werkzeuge sind Papier und Bleistift. Einer der wichtigsten ersten Schritt bei der Reparatur eines Flügels ist schriftlich festzuhalten, 1.) was das Problem ist, 2.) welcher Teil des Instruments davon betroffen ist und 3.) was zu tun ist. Bei Reparaturarbeiten an einem Flügel darf man sich nicht hetzen, da kann es schon mal passieren, dass einige Gründe, weshalb man überhaupt damit angefangen hat, in Vergessenheit geraten. Notizen sind nicht zuletzt auch deshalb so wichtig, weil man nicht jedes Mal zur Überprüfung das ganze Spielwerk wieder ein- und ausbauen möchte.

Vor der Reparatur

Alternde Flügel haben die gleichen Probleme wie alternde Klaviere. Auch die Reparaturarbeiten sind dieselben, nur ihre Durchführung ist abweichend.

Die am weitesten verbreiteten Probleme bei Flügeln sind geschrumpfte Waagbalkenscheiben, Mottenfraß und eine nicht korrekt regulierte Mechanik.

Waagbalkenscheiben

- Vor dem Instrument kniend die Tastatur untersuchen. Wenn sie in der Mitte abgesenkt ist, liegt es an den geschrumpften Waagbalkenscheiben.
- Zur Überprüfung einige Töne in diesem Bereich spielen und die Hammerbewegungen ansehen. Wenn die Waagbalkenscheiben geschrumpft sind, springen die Hämmer hin und her und werden von den Fängern nicht richtig gestoppt, manchmal schlagen sie auch doppelt an („trommeln").
- Mit einem Metalllineal die Spieltiefe der betroffenen Tasten messen. Sie sollten mindestens 9,5 mm nach unten gedrückt werden können, oft sind 11 mm das normale Maß. Zum Vergleich die Spieltiefe auch bei anderen, korrekt funktionierenden Tasten messen (vgl. unten „Mechanik regulieren"), bei schwarzen und weißen Tasten gleichermaßen. Es kommt vor, dass tatsächlich nur die alleräußersten Tasten im Bass und Diskant korrekt funktionieren. Alle Messergebnisse aufschreiben!
- Die genaue Entfernung der Hammerspitze zu den Saiten messen. Dazu ein Lineal zwischen den Saiten nach unten führen. Es müssen zwischen 45,5 bis 50,8 mm sein. Überprüfen, ob alle Hämmer richtig, d.h. in einer Höhe stehen.
- Die Funktion jeder Taste prüfen. Dazu einige Zeit auf dem Instrument spielen. Klirrt oder klappert etwas? Gehen einige Tasten schwerer als andere? Funktionieren einige Dämpfer nicht richtig? Alle Feststellungen aufschreiben, mit Angabe welche Tasten oder Bereiche betroffen sind!

Mottenbefall

- Wenn die Tasten von vorne betrachtet alle ungleich hoch sind, liegt es sehr wahrscheinlich an Mottenfraß. Um ganz sicher zu sein, muss man alle Tasten ausbauen und den Zustand der Klaviaturfilze prüfen. Das ist jetzt noch nicht möglich (vgl. Schritt 34), aber man kann sich schon mal darauf freuen …

Mechanik regulieren

- Über die gesamte Tastatur ein paar zufällig ausgewählte Tasten nacheinander langsam nach unten drücken.
- Jeder Hammer sollte bis ca. 2 mm vor der Saite steigen und dann etwa 2 mm zurückfallen.
- Beim Niederdrücken der Tasten: Kann man den Punkt spüren, an dem die Stoßzunge unter der Rolle hervorkommt? (Siehe die Beschreibung der Funktionsweise einer Flügelmechanik in Kap. 2). Hört man dabei ein kratzendes Geräusch? Wenn ja, muss etwas Graphitpulver aufgebracht werden (vgl. Schritt 32).
- Wenn eine Taste hart angeschlagen wird, muss der Hammer 16 mm von den Saiten entfernt zum Stehen kommen.
- Wenn die Taste aus dieser Position ein klein wenig losgelassen wird, muss der Hammer ein wenig steigen.

WARTUNG VON FLÜGELN

- Der Dämpfer sollte anfangen sich von der Saite zu heben, wenn der Hammer die Hälfte seines Weges vor dem Anschlagen hinter sich hat.
- Alle Tasten aufschreiben, die einer dieser Anforderungen nicht entsprechen, da alle justiert werden müssen.

Achtung vor falschen Schlüsseln!

- Einige Töne kommen verzögert oder gar nicht? Und der Hammer bleibt beim Drücken der Taste am Fänger hängen und kann sich nicht mehr bewegen? Es ist in so einem Fall natürlich verlockend, einfach den Fängerarm leicht nach hinten zu

biegen (Abb. 9.1 und 9.2) und es wird auch oft gemacht. Die Taste wird wieder einigermaßen funktionieren, aber das eigentliche Problem ist damit nicht behoben. Die Ursache liegt viel tiefer in der Mechanik, wo einige Teile zu viel Spiel haben. Ein Problem, das nur durch eine korrekte Regulierung der Mechanik behoben werden kann, wie unten beschrieben wird. Alles was

mit der Mechanik zu tun hat, ist bei einem Flügel weitaus komplexer als bei einem Klavier. Das beginnt bereits mit dem Ausbau. Die Mechanik ist am Klaviaturrahmen befestigt, und zwar über der Tastatur. Daher kann keine Taste ausgebaut werden, ohne zuvor das gesamte Spielwerk (d.h. Mechanik + Tastatur) auszubauen und dann die Mechanik abzuschrauben.

Klaviaturrahmen ausbauen

1 Eine Werkbank oder einen Tisch zum Abstellen des Spielwerks bereitstellen (gut geeignet ist ein Keyboardständer wie auf Abb. 9.3). Auch die Unterseite der Mechanik kann so gleich sauber gemacht werden. Der Ständer sollte etwas höher eingestellt werden als der Stuhlboden. So hebt man den Klaviaturrahmen quasi automatisch beim Ausbau etwas an (Schritt 11) und vermeidet dadurch, die Vorderfront des Instruments zu verkratzen.

2 Die Tastenklappe ausbauen. Sie hat meist an den Enden zwei Metallschlitze (Fallbleche, Abb. 9.4), die auf zwei aus der Klavierwand hervorstehenden Stiften sitzen (Abb. 9.5), die den Drehpunkt bilden (diese Stifte können wie eine Schraube verstellt werden, eine versenkte Beilagscheibe verhindert, dass sie zu weit in das Holz gedreht werden). Die Tastenklappe leicht nach oben ziehen bis sie sich aushängt, dann nach vorne

herausnehmen. Bei einigen Flügeln, z.B. Steinway, bildet die Tastenklappe mit den Backenklötzen (Schritt 7) eine Einheit und kann nur mit diesen ausgebaut werden.

3 Beim Herausnehmen vorsichtig sein, damit das polierte Gehäuse nicht verkratzt wird. Die Tastenklappe auf einer weichen, nicht kratzenden Unterlage abstellen. Auf eventuelle Federn oder

PIANO MYTHOS & TECHNIK 155

PFLEGE UND WARTUNG

Klappendämpfer (meist am Bass-Ende) achten. Die Innenseite der Backen des Gehäuses nach früheren Kratzspuren untersuchen, einige Tastenklappen gehen sehr streng, ihr Ausbau hinterlässt Spuren. Um hier Abhilfe zu schaffen und weitere Kratzer zu vermeiden, kann man ein klein wenig von den Enden abschleifen. Aber Achtung: Ober- und Unterseite der Klappe sind sichtbar, daher wirklich nur an den Enden schleifen.

4 Den vorderen Teil des Deckels nach hinten umklappen. Vor dem Anheben des ganzen Deckels nachsehen, ob die Scharnierstifte ordnungsgemäß an Ort und Stelle sind!

5 Den Deckel so weit als möglich öffnen (ältere Flügel haben nur eine Einstellung, neuere zwei oder sogar drei).

6 Den Notenständer abnehmen. Meist wird er einfach nach vorne herausgezogen, manchmal gibt es eine zusätzliche Haltevorrichtung, die ein unabsichtliches Herausziehen verhindert. Oft muss man zum Lösen eine Seite anheben. Abb. 9.6 zeigt eine an den Rahmen geschraubte Metallführung zum Vor- und Zurückschieben des Notenständers wie in vielen Flügeln üblich.

7 Die Backenklötze, die Holzblöcke zwischen den Enden der Tastatur und den Backen, ausbauen. Auf der Unterseite sind gewöhnlich Flügelschrauben oder ähnliche Befestigungen, die durch den Stuhlboden in die Klötze reichen. Darauf achten, dass man die richtige Schraube nimmt, manchmal gibt es mehrere Schrauben!

8 Wenn die Backenklötze ausgebaut sind, kann man auch die Schlossleiste einfach abnehmen (wenn sie auf Dübeln steckt, nach oben abziehen). Die Schlossleiste wird gewöhnlich von einem Holzstück (Abb. 9.7) gehalten, das in der passenden Aussparung in den Backenklötzen steckt. Abb. 9.8 zeigt

die eingebaute Schlossleiste, vor dem Einsetzen des rechten Backenklotzes. Die Aussparung ist deutlich erkennbar. Bei manchen Flügeln ist die Schlossleiste von unten noch mit zusätzlichen Schrauben befestigt, die ebenfalls gelöst werden müssen.

Nun liegt der Stuhlboden offen, vgl. Abb. 9.9. An den Seiten des Klaviaturrahmens ist je ein Stahlstift zu sehen. Diese führen die Tastatur seitwärts beim Drücken des una-corda-Pedals (wenn vorhanden) und verhindern gleichzeitig, dass sich die Tastatur auf dem Stuhlboden vor- oder zurückbewegt. Abb. 9.10 zeigt die Aussparung für den Stift am rechten, oberen Backenklotz. Die Schraube in dem Klotz begrenzt die Bewegung des una-corda-Mechanismus, der Klotz selbst wird von Dübeln am Platz gehalten.

WARTUNG VON FLÜGELN

Abb. 9.15. Beim Vorziehen über die vordere Kante muss der Rahmen leicht gehoben werden, damit die Gleiter (s.u.) eventuelle Lackoberflächen nicht beschädigen. Das Herausheben geht zu zweit einfacher, wenn man allein ist, muss man darauf achten, den Rahmen in der Waage zu halten.

12 Das Spielwerk auf die vorbereitete Arbeitsfläche stellen.

13 Im leeren Mechanikraum, dem Platz, den Tastatur und Mechanik eingenommen hatten, kann nun die Funktion der Dämpfer überprüft werden, auch alle sichtbaren Schrauben sollten auf festen Sitz kontrolliert werden. Abb. 9.16 zeigt die Dämpferarme und den Dämpferpedalmechanismus. Unter den sichtbaren grünen Wollfilzkissen sitzen bei eingebauter Tastatur die hinteren Enden der Tasten.

9 Der Klaviaturrahmen von Flügeln ohne einen una-corda-Mechanismus kann mit zwei oder drei Schrauben, die von vorne sichtbar sind, befestigt sein. Diese müssen entfernt werden. Abb. 9.11 zeigt einen Klaviaturrahmen vor dem Herausnehmen.

10 Nun muss überprüft werden, ob sich alle Hämmer in der Ruheposition befinden und keiner auch nur das kleinste bisschen hervorsteht.

Bevor es weiter geht, eine Warnung! Bei einem von fünf Flügeln muss wenigstens ein Hammer repariert werden, weil er beim Ausbauen beschädigt wird. Also Achtung, dass dies nicht passiert! Die Hammerstiele in Flügeln sind weitaus komplizierter konstruiert als in Klavieren – siehe Abb. 9.12 und 9.13 – und werden daher eher ersetzt als repariert. Ein gut ausgestatteter Klavierstimmer hat daher jederzeit eine Auswahl an Hammerstielen und anderen Ersatzteilen wie Hammerkapseln, -rollen und -köpfen dabei. Abb. 9.14 zeigt das (glücklich ohne Katastrophen) ausgebaute Spielwerk.

11 Nun das gesamte Spielwerk an den vorstehenden Stahlstiften auf jeder Seite vorsichtig herausziehen. Da es für eine Person eine ziemlich große Spanne zum umgreifen ist, nochmals die Warnung, nicht die Hände auf die äußere Tasten zu legen. Jeder noch so kleine Druck hebt die Hämmer sofort leicht an. Den Klaviaturrahmen herauszuziehen bedarf einiger Kraft, alle Hämmer die dann hochstehen, brechen dabei sofort ab, da zwischen Rahmen, Stimmstock und Mechanik nur ein ganz geringer Zwischenraum ist, siehe

PFLEGE UND WARTUNG

Die Dämpferarme bewegen sich auf Scharnieren, die auf der Dämpferleiste montiert sind. Diese liegt etwas unterhalb, hinter der an dem grünen Filz an der Unterkante erkennbaren, ebenfalls quer verlaufenden Leiste, die die Aufwärtsbewegung der Dämpfer stoppt. Diese sogenannte Dämpferprallleiste wird von zwei Schrauben mit Beilagscheiben gehalten. Eine nicht funktionierende Dämpferkapsel ist der Albtraum jedes Klaviertechnikers, denn sie kann nur ausgetauscht werden, wenn alle Dämpfer ausgebaut sind. Kein Wunder, dass man immer wieder auf so entsetzliche „Lösungen" wie auf Abb. 9.17 trifft: Um sich die langwierige Arbeit des Aus- und Einbauens zu ersparen, wurden hier einfach Bleigewichte auf die betroffenen Dämpfer geklebt, um diese wieder nach unten zu drücken. Das verdient vielleicht Sympathie aber keine Zustimmung, da es auf Kosten des Klavierspielers geht, für den es nun anstrengender zu spielen ist.

14 Durch die filzgarnierten Löcher in der Führungsleiste sind die Dämpferdrähte senkrecht nach oben geführt (siehe Abb. 9.18). Wenn ein Dämpfer nicht oder nur langsam zurückfällt, liegt es hoffentlich an diesen Garnierungen und nicht an den Dämpferkapseln (siehe Schritt 13). An die Führungsleiste kommt man leichter heran, die Reparatur erfolgt wie bei den Achsgarnierungen (siehe Kap. 8, B).

15 Den korrekten Sitz der Dämpfer auf den Saiten prüfen. Um einen verdrehten Dämpferkopf wie Abb. 9.19 zu korrigieren, muss man die Schraube am zugehörigen Dämpferklotz lösen bis man den Dämpfer ausreichend drehen oder in der Höhe verstellen kann. Den Dämpferkopf nach den anderen Dämpfern ausrichten und die Dämpferklotzschraube wieder anziehen. Da meist mehrere lose sind, auch alle anderen Dämpfer prüfen.

Zwischenspiel: Saubermachen

Wenn das Spielwerk längere Zeit nicht ausgebaut wurde, sammelt sich in Mechanik und Stuhlboden eine Menge Staub und Müll, wie auf einigen Fotos leicht zu erkennen ist. In Schulklavieren findet man (wenig überraschend) von Chipstüten bis zu steinharten Brotkrümeln im Stuhlboden nahezu alles, während Bleistifte bevorzugt in der Mechanik stecken – die Tastenklappe wirkt wie ein Schlund, der alles magisch anzieht.

- Beim Aussaugen darauf achten, dass keine Filze mit eingesaugt werden oder Teile des Dämpfermechanismus hinten im Mechanikraum.
- Den Stuhlboden mit feinster Stahlwolle säubern und nochmals aussaugen.
- Alle Spuren von Talkum oder Kerzenwachs entfernen (bei Instrumenten mit einem una-corda-Mechanismus wurde oft Talkum oder Wachs als Gleitmittel für den Klaviaturrahmen verwendet; im Irrglauben, dass doppeltes Schmieren besser sei, manchmal aber auch beide zugleich. Zusammen bilden sie jedoch einen zähen, schmierigen

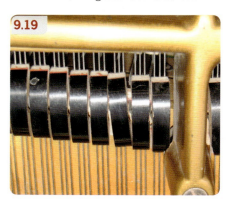

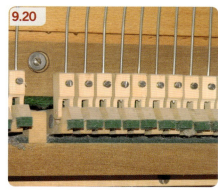

WARTUNG VON FLÜGELN

Kleber, der nur schwer zu entfernen ist.

Jetzt wenden wir uns dem Spielwerk zu:

16 Alle Hämmer auf ihre korrekte Ausrichtung zu den Saiten prüfen. Abweichungen erkennt man an den Abnutzungsspuren, die Rillen im Hammerkopf verlaufen nicht mittig. Einige Hämmer im dreichörigen Bereich haben dann nur zwei Rillen oder eine der Rillen verläuft am äußersten Rand, was dann zu einseitiger Abnutzung führt. Der Ausschnitt auf Abb. 9.21

zeigt einen Hammer, der nur zwei Saiten anschlägt sowie weitere, die ganz nah am Rand anschlagen. Dies resultiert in einem schlechteren Klang und größerer Abnutzung des Hammers und der Hammerachse. Wenn die Rillen bei allen Hämmern zu weit nach rechts verschoben sind, liegt das Problem wahrscheinlich an der Einstellung des una-corda-Pedals (siehe Schritt 21).

17 Zur Ausrichtung des Hammers die Hammerkapselschraube etwas lösen, dann den Hammer in die richtige Position bewegen und die Schraube wieder anziehen (Es gibt auch dafür ein Spezialwerkzeug, das aber nicht unbedingt nötig ist. Mit einem zwischen den Kapseln geführten Schraubenzieher kann der ausgerichtete Hammer in Position gehalten werden, während man die Kapselschraube anzieht. Beim Anziehen der Schraube zieht auch die Kapsel etwas nach rechts, doch der zweite Schraubenzieher verhindert dies – vorausgesetzt, die Kapsel auf der rechten Seite sitzt fest).

18 Manchmal erscheint ein Hammer in Ruhestellung korrekt ausgerichtet, die Rillen im Hammerkopf verlaufen dennoch nicht gerade. Das Problem liegt darin, dass sich der Hammer nicht genau senkrecht bewegt. Es kann gelöst werden, indem man einen kleinen Streifen Papier unter die Seite der Hammerkapsel schiebt, nach der der Hammer abweicht. Das Unterlegen hebt eine Seite der Kapsel minimal nach oben, was ausreicht, um die Bewegungsrichtung zu korrigieren (wenn man also solche unterlegten Papierstreifen findet, sollte man sie an Ort und Stelle lassen. Sie haben ihren Sinn).

19 Wenn die hauptsächlichsten Arbeiten erledigt sind, wird das Spielwerk wieder eingebaut. Nun prüfen, ob die Hämmer die Saiten richtig treffen.

20 Die weiteren Feineinstellungen können gemacht werden, indem man den Klaviaturrahmen nur so weit herauszieht, dass man gerade an die Hammerkapselschrauben kommt.

Bei Instrumenten mit einem una-corda-Mechanismus stößt man beim Hineinschieben des Klaviaturrahmens zunächst auf den Widerstand der una-corda-Feder (Abb. 9.23), drückt man weiter, schlüpft er plötzlich hinein. Daher nochmals zur Warnung: Genauso wie beim Ausbau darf auch beim Einbau keine Taste heruntergedrückt werden.

Das una-corda-Pedal (wenn vorhanden)

21 Mit wieder eingebautem Spielwerk die Funktion des una-corda-Pedals prüfen. Beim Drücken des Pedals sollte sich

PFLEGE UND WARTUNG

der Klaviaturrahmen nach rechts bewegen, so dass bei den zwei- und dreichörigen Tönen eine Saite weniger angeschlagen wird. Wenn er zu schwergängig ist, mit etwas Talkum schmieren. Wenn man direkt von Schritt 16 hierherkommt, liegt das Problem an dem una-corda-Dämpfer, einem Filzstreifen zwischen Stuhlboden und Klaviaturrahmen auf der linken Seite (siehe Abb. 9.24). Wenn er zu sehr geschrumpft ist, drückt die una-corda-Feder auf der rechten Seite den Klaviaturrahmen zu weit nach links und alle Hämmer schlagen versetzt an. Der Filzstreifen muss ersetzt oder soweit unterlegt werden, dass alle Hämmer wieder korrekt anschlagen. Die weiteren Anpassungen erfolgen dann wie in Schritt 17.

22 Bei einigen Flügeln bewegt sich der Klaviaturrahmen auf zwei oder mehr Metallgleitern mit etwa 12-18 mm Durchmesser, die leicht vom Boden des Rahmens abstehen. Oft ist als Gegenstück ein schmaler Hartholzstreifen im Stuhlboden eingelegt. Die Gleiter müssen von Zeit zu Zeit justiert werden, normalerweise mit einem Schraubenzieher, manchmal auch, wie bei dem Yamaha-Flügel in Abb. 9.25, mit einem Stimmhammer. Die Stellschraube ist der Metallstift, der hier zwischen den Tasten 54 und 55 hervorsteht; Abb. 9.26 zeigt den Gleiter von unten.

Es ist wichtig, dass die Gleiter exakt eingestellt sind. Da der Klaviaturrahmen selbst nicht sehr stabil und verwindungsteif ist (und es nicht sein muss, da er eingebaut auf einer flachen Oberfläche aufliegt), verbiegt er sich schnell, wenn er in der Mitte angehoben wird. Gleiter, die zu weit vorstehen, verdrehen den Rahmen und dann funktioniert die Mechanik nicht mehr richtig. Bei korrekt eingestellten Gleitern kann man ein Blatt Papier unter dem Rahmen hervorziehen, ohne es zu zerreißen. Die Gleiter sollten aber nur eingestellt werden, wenn es wirklich notwendig ist. Daher zuerst den Stuhlboden saubermachen. Wenn der una-corda-Mechanismus nicht richtig funktioniert, liegt es meistens nicht an den Gleitern, sondern an zu viel Schmutz im Stuhlboden.

23 Das una-corda-Pedal drückt den Klaviaturrahmen gegen eine große Feder (Abb. 9.23), die den Rahmen beim Loslassen des Pedals wieder zurückschiebt. Wenn diese quietscht, kann man auf die Kontaktstelle etwas Wachs geben.

24 Manchmal ist die Feder mit einer kleinen Walze kombiniert, die festrosten kann. In diesem Fall die Feder ausbauen, die Walze mit einen Silikonspray wieder gangbar machen und wieder einbauen. Außerhalb des Klaviers arbeiten, damit kein Silikonspray hinein gelangt.

25 Eventuelles Spiel der Pedale korrigieren. Bei den meisten Flügeln sitzen die Justier- und Feststellschrauben am Pedalgestänge direkt an der Unterseite des Instruments. Bei dem Flügel in Abb. 9.27 müssen zuerst die Muttern mit zwei Schraubenschlüsseln getrennt werden, dann mit der Justierschraube die Einstellung korrigiert und zuletzt mit der Feststellschraube wieder fixiert werden. Bei älteren Klavieren sind verrostete und vor allem abgerundete Schrauben zu erwarten, da viele Klavierstimmer Zangen oder sogar Scheren statt der Schraubschlüssel verwenden.

WARTUNG VON FLÜGELN

Mechanik durchsehen

26 Das Spielwerk wieder ausbauen und auf der Werkbank abstellen. Nun wird den Problemen auf den Grund gegangen, die im Abschnitt „Vor der Reparatur" entdeckt wurden. Ein Klappern liegt wohl an losen Schrauben und Kapseln, Schwergängigkeit hat ihren Grund in klemmenden Achsstiften. Dazu kommen noch weitere Verschleißprobleme.

27 Die Hämmer abziehen und wieder in Form bringen, wenn sie sehr tiefe Einschnitte haben oder flachgespielt sind (siehe Abb. 9.28 und Kap. 8, B).

Alle Kapselschrauben der Mechanik anziehen. Wenn die Hämmer sehr abgenutzt sind, sollten sie ersetzt werden (siehe S. 137).

28 Die acht oder zehn Schrauben lösen, mit denen die Mechanik am Klaviaturrahmen befestigt ist (Abb. 9.29 zeigt einen Ausschnitt) und vorsichtig die Mechanik abnehmen.

29 Alle Teile auf Verschleiß untersuchen, vor allem die Flügelhammerröllchen (die kleinen runden Lederrollen untern dem Hammerstiel), die sichtbar werden, wenn man die Hämmer zurückklappt (wie Abb. 9.30). Beim Niederdrücken einer Taste drückt die Stoßzunge gegen dieses Röllchen und schlägt den Hammer so nach oben. Wenn die Röllchen verschlissen oder die Stoßzungen nicht korrekt eingestellt sind (siehe S. 164), fühlt es sich beim Spiel schwammig oder holprig an.

30 Wenn ein paar Röllchen verschlissen sind, sind es die meisten anderen sicherlich auch. Ein Austausch ist dann ratsam, auch wenn neue Röllchen nicht ganz billig sind. Die alten mit einer Zange abziehen und als Muster der Bestellung beilegen. Die neuen Röllchen werden einfach geklebt und eingepresst (Das Profiwerkzeug hierzu funktioniert wie eine Zange, hat aber eine Stellschraube, damit die Zange nicht ganz schließt und den Hammerstiel durchtrennt. Ein äußerst nützliches Werkzeug wenn man sich seiner Kräfte nicht ganz sicher ist).

Wenn das Klavier andernfalls entsorgt werden müsste, kann zur Not noch folgendes probiert werden: Wenn das Leder noch nicht völlig verschlissen ist, kann man versuchen, ein verbogenes Röllchen durch Stopfen der Mitte mit Garn wieder in Form zu bringen. Eine andere immer wieder vorgeschlagene Möglichkeit ist, die Röllchen abzunehmen und umgedreht wieder einzusetzen.

31 Auf den Röllchen sollte ein klein wenig Graphitpulver als Gleitmittel sein. Wenn nichts mehr zu sehen ist, oder wenn man fühlt und hört, wie die Stoßfänger unter den Röllchen hervorkommen (vgl. oben „Vor der Reparatur, S. 154), gibt man ein klein wenig Graphit auf Röllchen und Stoßfängerkopf, wie in Abb. 9.30. Sparsam und vorsichtig damit umgehen, nicht nur weil es hässliche Flecken hinterlässt.

Tastatur und Klaviaturrahmen

Das Vorgehen bei Prüfung und Reparatur ist nahezu gleich wie bei Klavieren, für Details siehe Kap. 8.

32 Bei abgenommener Mechanik (Abb. 9.31) kann überprüft werden, ob sich die Tasten ungehindert bewegen und nicht aneinander reiben.

33 Wenn die Klaviaturfilze in gutem Zustand sind, kann es ausreichen, kleinere Unebenheiten der Tastatur durch Unterlegen der Waagbalkenfilze mit Regulierscheiben auszugleichen. Bei dem Klavier auf Abb. 9.32 scheinen hintere und vordere Klaviaturrahmenleiste und der Waagbalken abgesehen von etwas Staub in Ordnung zu sein.

PFLEGE UND WARTUNG

34 Wenn die Klaviaturfilze in gutem Zustand sind, aber die erste Untersuchung Hinweise auf geschwundene Waagbalkenscheiben zeigt, sollte man seine Zeit nicht damit verschwenden, die Tastatur durch Unterlegen gerade zu legen. Ein kompletter Satz Waagbalkenscheiben ist nicht teuer und sie sind schnell ersetzt. Die richtige Stärke kann an den Waagbalkenscheiben mit dem wenigsten Schwund gemessen werden.

35 Wenn die erste Untersuchung Hinweise auf Mottenbefall ergeben hat, müssen alle Tasten ausgebaut werden. Wenn der Zustand der Filze den Mottenbefall bestätigt, müssen alle Filzstreifen und Scheiben erneuert werden, wie in Kap. 7 beschrieben. Danach wird die Tastatur wieder gerade gelegt, wie im Folgenden beschrieben. – Im Zweifel die Filze immer erneuern!

36 Müssen Ausbesserungen an den Tastenbelägen vorgenommen werden? Das Vorgehen ist das gleiche wie bei Klavieren, siehe Kap. 8, A. (Achtung: was hier in zwei Sätzen gesagt ist, kann sich zu einer umfangreichen Arbeit auswachsen!)

Die Tastatur gerade legen

Wie bei Klavieren geschieht dies durch Unterlegen der Waagbalkenscheiben mit Regulierscheiben. Mit etwas Glück und einem neuen Satz von Waagbalkenschieben wird sich das Unterlegen in Grenzen halten. Üblicherweise wird bei Flügeln dem Verschleiß durch eine minimale Wölbung der Klaviatur vorgegriffen. Der mittlere Ton (das E über dem mittleren C) wird geringfügig höher gelegt als die Tasten an den Enden. Mit einem Richtscheit wird die Tastatur dann in zwei Schritten gerade gelegt, zuerst vom E zum Bass, dann vom E zum Diskant, immer zuerst die weißen, dann die schwarzen Tasten. Die Wölbung sollte nur sichtbar sein, wenn man davon weiß und darauf achtet. Wenn die Mechanik entfernt ist, sinken die Spielflächen der Tasten wegen des Gewichts nach unten. Um die Tastatur geradezulegen, gibt es zwei Möglichkeiten:

- Die Tasten werden am hinteren Ende mit Gewichten beschwert, so dass sie in der oberen, der Spielposition bleiben. Dafür gibt es spezielle Gewichte, die an die Fänger geklammert werden. Es geht aber auch mit alten Apothekergewichten, die mit leicht ablösebaren Klebepads stabilisiert werden (siehe Abb. 9.33). Allerdings braucht man eine größere Anzahl Gewichte, da immer eine Hälfte der weißen Tasten gleichzeitig reguliert wird.
- Die Vorderseiten der Tasten A1 und das mittlere E werden mit Regulierscheiben aus Pappe und / oder Papier auf den Klaviaturvorderstiften auf die richtige Spielhöhe (die Wölbung mit eingerechnet) gebracht, dann ein Richteisen über die Vorderkanten der beiden Tasten anlegen. Nun die nicht unterlegten Tasten nacheinander am hinteren Ende niederdrücken und die Tasten, die nicht ganz an das Richteisen reichen, solange unterlegen bis sie dessen Unterkante berühren. Dies muss dreimal wiederholt werden: einmal für die weißen Tasten im Diskant, zweimal für die schwarzen Tasten im Bass und Diskant.

Die Spieltiefe einstellen

Wenn die Tastatur gerade gelegt ist, kann man die Spieltiefe prüfen. Dazu mit einem Stahllineal an einer größeren Anzahl von Tasten messen, wie weit sich diese nach unten drücken lassen. Da die Tastatur bereits gerade gelegt wurde und dabei auch die Waagbalkenscheiben ersetzt oder reguliert worden sind, wird die Spieltiefe bei den meisten Tasten wohl annähernd stimmen. Man sollte sich aber nicht damit zufriedengeben, sondern sicher gehen, dass sie bei allen wirklich gleich ist. Wenn man bei der ersten Untersuchung (S. 154) die originale Spieltiefe feststellen konnte, nimmt man diese als Maß, im Zweifel aber stellt man die Spieltiefe auf das Standardmaß 11 mm ein.

Die Spieltiefe wird an den Klaviaturvorderstiften eingestellt.

- Wenn die Tasten insgesamt sehr ungleich sind, müssen die Vorderdruckscheiben erneuert werden.
- Wenn nur ein paar Tasten ein wenig abweichen, reicht es, die Höhe der Vorderdruckscheiben mit dünnen Regulierscheiben zu korrigieren.

Bei der Arbeit an einem Klavier kann man jede einzelne Taste sofort testen, da die Mechanik im Instrument verbleibt. Bei einem Flügel arbeitet man „offline".

WARTUNG VON FLÜGELN

Die Mechanik

1 An der ausgebauten Mechanik Funktion und Zustand der Achsstifte prüfen. Das in Kap. 8, D bei der Neuachssung von Klavieren dargestellte Vorgehen ist bei Flügeln identisch. Eine typische Flügelmechanik hat je Ton fünf Achsstellen (vgl. die Nummern in Abb. 9.35) an:

1 Hammernusskapsel
2 Repetierschenkelachse
3 Stoßzungenachse
4 Hebegliedkapsel
5 Dämpferkapsel.
6 Dämpferklotzkapsel
7 Sostenuto-Kapsel (wenn vorhanden, viele Flügel haben kein mittleres Pedal)
8 Lager der Repetitionsfeder

2 Die Stellung der Stoßzungen in den Hebegliedern prüfen, sie müssen exakt mittig stehen. Andernfalls vorsichtig aus der Kapsel lösen und wieder einleimen. Manchmal ist es möglich, den Leim mit einem Lötkolben soweit zu erhitzen, dass die Stellung der Stoßzunge ohne Ausbau korrigiert werden kann. Auf Abb. 9.36 sind die ersten vier Stoßzungen (die schwarzen Vierecke) bei hochgehobenen Hämmern gut zu erkennen, Abb. 9.37 zeigt die korrekte Position im Hebeglied.

3 Ein paar Repetierschenkel auf- und niederdrücken und auf Geräusche achten. Bei den meisten Flügeln ist die Repetierfeder in einem kleinen Schlitz geführt. Wenn kein Graphit mehr darin ist oder das Holz sich rau anfühlt, müssen Feder und Schlitz sauber gemacht werden. Dies ist unglücklicherweise mit viel Arbeit verbunden, da dazu die gesamte Mechanik zerlegt werden muss. Zum Vergleich: Abb. 9.38 zeigt eine neue Repetiereinheit mit genügend Graphit, bei der älteren auf Abb. 9.39 ist kein Graphit mehr sichtbar, die Feder wird hörbar quietschen.

Mechanik und Tastatur wieder zusammenbauen. Darauf achten, dass die Mechanik korrekt sitzt und mit alle Schrauben am Klaviaturrahmen befestigt ist. Nun kann die Mechanik zusammen mit der Tastatur reguliert werden.

9.36

9.37

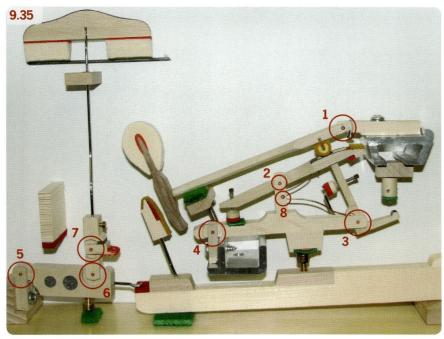
9.35

9.38

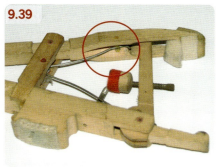
9.39

PIANO MYTHOS & TECHNIK

PFLEGE UND WARTUNG

Regulieren

Die meisten Flügel lassen sich schon jetzt perfekt spielen. Der Waagbalken, das schwächste Glied in der Mechanik, ist eigentlich das einzige, wo es wirklich zu Fehlfunktionen kommen kann, und das auch erst nach Jahrzehnten. Wenn diese kontrolliert und behoben sind, wird selten noch etwas anderes zu machen sein.

Die Stoßzungen regulieren

In Ruhestellung müssen die Stoßzungen direkt auf den Holzkern der Röllchen zeigen. Die Vorderkante (d.h. die Hammerseite) der Stoßzunge bildet eine imaginäre Linie mit der Röllchen-Vorderkante wie in Abb. 9.40. In Abb. 9.41 ist der Repetierschenkel etwas nach unten gedrückt, damit die Oberkante der Stoßzunge sichtbar wird. Zum Prüfen alle Hämmer aufstellen und einzeln nacheinander zurückkippen.

- Wenn die Stoßzungen leicht nach hinten zeigen, fühlen sich die Tasten schwammig an oder lassen sich gar nicht drücken. Das Schlimmste daran ist, dass dieser Fehler nur gelegentlich und völlig unvorhersehbar auftritt.
- Wenn die Stoßzungen nach vorne zeigen, ist lautes Spielen nur eingeschränkt möglich.
- Die Ruheposition wird anhand der Schraube und dem Knopf mit rotem Filz (Stoßzungenpuppe) eingestellt.

Die Repetierschenkel regulieren

Die Oberkante der Stoßzunge sollte ein winziges Stück (0, 075mm) unter der Kante des Repetierschenkels liegen.

- Wenn die Stoßzunge zu hoch steht, kann sie nicht schnell genug unter das Röllchen gleiten, was für schnelle Tonwiederholungen hinderlich ist.
- Wenn das Röllchen durch den Druck

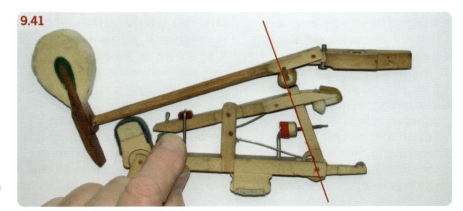

🎹 Werkbank mit integriertem Auslöse-Balken

Nachdem man die Mechanik reguliert hat und alles wieder zusammen- und eingebaut hat, kann es gut sein, dass man das Spielwerk für kleinere Korrekturen noch ein paar Mal ausbauen muss. Das ist das Unerfreuliche bei der Arbeit an Flügeln: Auch kleinste Korrekturen erfordern großen Aufwand. Der Vorteil aber ist, dass solche Arbeiten während der Lebensdauer des Instruments im Normalfall nur ein einziges Mal notwendig sind. So kann man die Sache etwas entspannter sehen.
Zur Erleichterung der Regulierarbeiten gibt es professionelle Werkbänke mit integriertem Auslöse-Balken, einer Reihe von verstellbaren Querhölzern, die genau auf die Höhe der Saiten des Flügels eingestellt werden können. Damit wird der Anschlag der Hämmer an die Saiten simuliert und das Regulieren geht einfacher und schneller, da das Spielwerk nicht dauernd ein- und wiederausgebaut werden muss. Ein freistehendes Reguliergestell, das einfach auf die Werkbank hinter die Hämmer gestellt wird, gibt es auch zu kaufen, kann aber leicht – und billiger – selbst gebaut werden, siehe Abb. 9.42. Die meisten der hier beschriebenen Arbeiten sind zwar auch ohne einen solchen Auslösebalken möglich, aber mit diesem Hilfsmittel geht es viel schneller und einfacher.

WARTUNG VON FLÜGELN

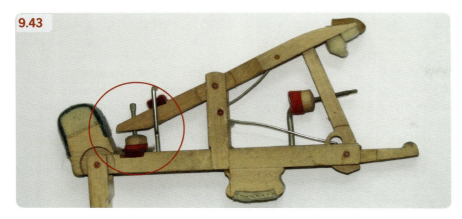

des Stoßfängers verschlissen ist, hat dieser zu viel Spiel.

Um den Verschleiß auszugleichen, kann der Repetitionsschenkel verstellt werden, meist mittels der sogenannten Abstellschraube (mit Filzkopf, Abb. 9.43). Je nach Drehrichtung steht die Stoßzunge mehr oder weniger vor. Hier sollte man nicht zu viel verstellen, da es auf Kosten des Anschlags geht. Wenn der Hammer in Ruheposition liegt, muss die Stoßzunge unter dem Röllchen zurückgleiten können. Zum Test mit dem Finger dagegen drücken.

Einen anderen Typ zeigt Abb. 9.36. Die Abstellschraube, erkennbar am grünen Filz und roter Ledergarnierung, sitzt am oberen Ende des Repetierschenkels.

Die Hammerhöhe

In Ruheposition sollte die Hammerspitze 46-51mm von der Saite entfernt sein. Dies ist je nach Hersteller unterschiedlich, daher bilden die Messungen bei der Untersuchung „Vor der Reparatur" die Grundlagen für die Einstellung. Der Abstand kann größer sein, wenn die Hämmer schon einmal abgezogen wurden.

Wenn die Hämmer nicht in einer geraden Linie mit gleichem Abstand zu den Saiten stehen:

1 Ein Lineal durch die Saiten nach unten stecken und messen, welche Hämmer den richtigen Abstand, d.i. die richtige Höhe haben. Ergebnisse aufschreiben.

2 Diese Töne auf korrekte Funktion prüfen – mit dem Vorbehalt, dass noch nicht alles fertig reguliert ist. Dann das Spielwerk ausbauen und auf der Werkbank abstellen.

3 Den Abstand des Hebeglieds zur Pilotenschraube auf der Taste prüfen. Der Hebegliedsattel sollte leicht auf der (meist metallenen) Pilote aufliegen. Abb. 9.44 zeigt das hintere Ende einer ausgebauten Taste mit Pilote und Fänger, in Abb. 9.40 in zusammengebautem Zustand.

4 Die Höhe der Hämmer wird mit einem Pilotenrichter eingestellt. Wenn nötig, die gleichmäßige Höhe mit einem Richtscheit oder mit einem niedrig eingestellten Auslösebalken prüfen.

Die Hammerruheleiste

Als nächstes wird die Hammerruheleiste untersucht (in Abb. 9.45 der dicke grüne Filzstreifen). Wenn der Filz tiefe

Rillen hat, sollte er ersetzt werden. Als Verlegenheitslösung kann man zunächst auch versuchen, den alten Filz ein wenig so zu verschieben, dass die Hammerstiele auf ein Stückchen nicht zusammengepressten Filz treffen.

So komisch es klingen mag: In der Ruheposition sollten die Hämmer nicht auf der Ruheleiste aufliegen, sie dient lediglich als Polster wenn die Hämmer bei starkem Spielen heftig von den Saiten zurückprallen. Dies macht deutlich hörbare Geräusche, wenn der Filz hart wird. Zum Austausch Hämmer hochheben, den alten Filz abziehen und seine Dicke messen. Den passenden neuen Filz mit Stoffkleber ankleben.

Die Hämmer sollten in der Ruheposition etwa 3,1 mm vor der Ruheleiste stehen. Wenn die Hammerhöhe richtig eingestellt ist aber der Abstand zwischen Ruheleiste und Hammerstiel zu groß oder zu klein ist, kann das mit einem neuen Filz in einer entsprechend anderen Stärke korrigiert werden.

Natürlich gibt es neben den hier dargestellten noch zahlreiche andere Bauarten. Einige Flügel haben beispielsweise statt einer durchgehenden Hammerruheleiste auf jedem Hebeglied kleine Ruhepolster für den jeweiligen Hammer. Abb. 9.41 zeigt das Hebeglied eines Broadwood-Flügels, das Ruhepolster ist mit blau-grauem Filz überzogen. Hier alle einzeln auszutauschen ist eine zeitaufwendige und fummelige Arbeit (wenn alle gleichmäßig abgenutzt sind, kann man eventuell versuchen, sie mit einem kleinen darüber geklebten Filzstreifen anzupassen. Wenn nicht, bleibt nur das langwierige Ersetzen).

PFLEGE UND WARTUNG

Die Auslösung

Die Stoßzunge sollte unter dem Röllchen hervorkommen, wenn der Hammer noch 1,5 mm von der Saite entfernt ist. Die Regulierung der Auslösung erfolgt bei den meisten Flügeln mit der spindelförmigen Auslösepuppe, die auch bei eingebauter Mechanik sichtbar und zugänglich ist (vgl. Abb. 9.46). Auch hier gibt es noch zahlreiche andere Bauarten.

Zum Regulieren jede Taste langsam drücken, beim Auslösen macht der Hammer einen kleinen Sprung. Liegt der Auslösepunkt mehr als 1,5 mm vor der Saite, muss die Auslösepuppe nach oben geschraubt werden, bei weniger als 1,5 mm entsprechend nach unten (Wenn die Auslösung völlig gleichmäßig auf mehr als 1,5 mm eingestellt ist, kann es sein, dass der Flügel absichtlich leiser gemacht wurde – etwa für eine kleine Wohnung. Wenn die Auslösung jeder Taste unterschiedlich abweicht, kann es am Zustand der Filze auf den Auslösepuppen liegen).

Um diesen Arbeitsschritt wirklich absolut gründlich und sorgfältig durchzuführen, braucht man ein Reguliergestell wie oben beschrieben (S. 164 mit Abb. 9.42).

1 Das Reguliergestell so einrichten, dass das Querholz genau 1,5 mm tiefer liegt als die Saitenhöhe.

2 Die Auslösung etwas zu hoch einstellen (die Auslösepuppe im Uhrzeigersinn drehen) bis der Hammer beim Anschlagen der Taste am Querholz blockiert.

3 Die Taste mit dem blockierten Hammer gedrückt halten (nicht zu fest!). Die Auslösepuppe langsam nach unten schrauben (gegen den Uhrzeiger drehen) bis der Hammer hinab fällt. Diese Prozedur für jeden Hammer wiederholen.

Auf diese Weise erreicht man eine sehr genaue und vollkommen gleichmäßige Auslösung.

Die Abnickschraube

Das Reguliergestell nun auf Saitenhöhe einrichten (ohne Reguliergestell ist diese Arbeit sehr mühsam, da das Spielwerk mehrfach aus- und wieder eingebaut werden muss).

1 Langsam eine Taste drücken. Der Hammer sollte 1,5 mm vor der Saite auslösen und dann nochmal 1,5 mm zurückfallen, also insgesamt 3 mm von der Saite entfernt stehen bleiben.

2 Ist das nicht der Fall, kann mit der Abnickschraube der Abstand korrekt eingestellt werden. Diese etwas merkwürdige, „kopflose" Schraube führt durch die Hammerkapsel (Abb. 9.47) und kontrolliert die Aufwärtsbewegung des Repetierschenkels kurz bevor der Hammer auf die Saite schlägt. Mit ihr wird unter langsamen Tastendruck eingestellt, wie weit der Hammer nach dem Auslösen zurückfällt. Zum Regulieren bei Abnickschrauben mit Schlitz einen Schraubenzieher verwenden, für flache Schrauben benutzt man das Auslöseeisen aus dem Werkzeugset.

Die Fänger

Die Fänger müssen so gut wie nie reguliert werden, normalerweise höchstens einmal während der Lebensdauer eines Flügels um den Verschleiß auszugleichen. Fänger sind filz- oder lederüberzogene Holzblöcke, die auf einem dicken Draht am hinteren Ende der Tasten montiert sind. Wird nach dem Anschlag die Tasten weiter gedrückt gehalten, springt der Hammer von der Saite zurück und wird vom Fänger aufgehalten, er ist „im Fang" und bereit für eine schnelle Repetition.

Abb. 9.44 zeigt einen einzelnen Fänger an einer ausgebauten Taste, Abb. 9.40 zeigt wie Hammer und Fänger zueinander stehen (hier von der Bass-Seite eines ausgebauten Spielwerks).

1 Alle Tasten nacheinander fest anschlagen. Das Spielwerk kann im Instrument sein oder im (auf die korrekte Saitenhöhe eingestellten) Reguliergestell.

2 Die Hämmer sollten etwa 16 mm von den Saiten entfernt stehenbleiben.

3 Die Fängerstellung mit einem Richteisen an den Fängerdrähten korrigieren (da hierzu der Hammer zuvor anschlagen muss, dieser Schritt ist nur an einem Reguliergestell möglich).

4 Um die Fangposition zu erhöhen, muss der Fängerdraht nach innen gebogen werden, zum Senken nach außen. Hammerrücken und Fängerfilz müssen (nahezu) parallel aufeinander treffen um eine möglichst große Auflagefläche zu bieten. Wenn diese Fläche durch eine falsche Einstellung zu klein ist, nutzt sich der Fänger sehr schnell ab. Bei fortgeschrittenem Verschleiß ist kein weiches Spielen mehr möglich. Der Fänger sollte daher in zwei Schritten reguliert werden: Zuerst am unteren Ende biegen, um den Fänger nach vorne (oder hinten) zu bringen (Abb. 9.48) und dann am oberen Ende leicht vor- (oder zurück-) biegen, um die parallelen Kontaktflächen zu erhalten (Abb. 9.49).

5 Prüfen, ob die Fänger gerade stehen und in einer Linie mit dem zugehörigen Hammer (bei kleinen Flügeln sind die Fänger wegen des Kreuzbezugs manchmal in spitzen Winkeln angeordnet. Mit der Zeit verbiegen sie sich so, dass sie an den Hämmern der nebenliegenden Töne streifen.)

Die Repetierfeder

1 Die Tasten einzeln so anschlagen, dass sie auf den Fänger fallen. Wenn die Taste sehr langsam losgelassen wird, sollte der Hammer ein klein wenig nach oben steigen. Wenn nicht, ist die Repetierfeder zu weich, wenn er springt zu stark eingestellt.

2 Die nicht korrekt funktionierenden Federn aus dem Führungsschlitz herausziehen und leicht biegen um die Spannung zu erhöhen oder zu mindern. Bei einigen Mechaniken gibt es zum Einstellen eine Schraube, wie bei dem Welmar-Klavier auf Abb. 9.36. Die Repetierfederschraube sitzt direkt über dem kleinen, rotgarnierten Achsstift, um den die Feder herum geführt ist. Ihr Ende liegt unter der Repetierfederschraube, die angezogen wird, um die Federspannung zu erhöhen.

Auch hiervon gibt es verschiedene Typen. Abb. 9.41 zeigt die Repetierfeder aus einer Broadwoodmechanik. Sie ist auf der einen Seite mit einer Cordgarnierung befestigt, führt um den Achsstift herum und endet in einem Schlitz in der Stoßzunge. Hier kann die Spannung der Feder nur mit einem Kröpfeisen aus dem Werkzeugset reguliert werde

3 Jede gebrochene, verrostete oder sonstwie nicht mehr zu regulierende Feder muss ersetzt werden. Dazu muss die Mechanik zerlegt werden und jede betroffene Feder neu geachst werden. Wenn eine größere Anzahl von Federn ersetzt werden muss, sollte man sich die Mühe machen, gleich alle zu erneuern.

4 Beim Einsetzen der neuen Federn darauf achten, dass sie sich nicht versehentlich seitlich verbiegen und so später heraus springen können.

Die Klaviaturhalteleiste

Bei vielen Flügeln verläuft knapp hinter der Tastenklappe über die gesamte Breite der Tastatur eine dünne, mit Filz unterlegte Holzleiste, siehe Abb. 9.25. Diese Leiste verhindert ein Hüpfen der Tasten bei zu heftigem Spielen, sie darf die Tasten aber gerade nicht berühren. Die Einstellung erfolgt an den drei oder vier kleinen Befestigungsschrauben. Mit den Muttern unter der Leiste wird die Höhe eingestellt, die oberen halten die Leiste unten. Nicht zu tief einstellen, damit die Leiste nicht auf die Tasten drückt.

Die Dämpfung

1 Alle Tasten nacheinander anschlagen, dabei die Dämpfer beobachten. Die Dämpfer müssen anfangen sich zu bewegen, wenn die Taste zur Hälfte niedergedrückt ist. Die Tasten / Töne, bei denen dies nicht der Fall ist, sollte man sich notieren.

2 Das Spielwerk ausbauen. Das Vorgehen zur Regulierung der Dämpfer ist von der Bauart der Dämpfung abhängig.

Es gibt mehrere Dämpfungs-Typen für Flügel:

1 Bei dem am meisten verbreiteten Typ drückt das Tastenende auf einen Hebel, der den Dämpfer nach oben hebt. Die hölzernen Kontaktflächen sind normalerweise mit Filz bezogen. Der natürliche Schwund mit der Zeit ist die häufigste Ursache für nicht oder zu spät auf den Tastendruck reagierende Dämpfer. Der Filz sitzt meistens auf der Dämpferhebelseite (wie Abb. 9.20), manchmal aber auch auf der Taste. Wenn eine große Zahl von Dämpfern nicht korrekt funktioniert, sollte man die verschlissenen Filze entfernen und neue einsetzen (auf die richtige Dicke achten!). Sind nur ein paar Dämpfer betroffen, reicht es den alten Filz mit eingeklebten Papierstreifen zu unterlegen.

2 Bei einigen Flügeln kann die Dämpfung mit Schrauben reguliert werden, was sehr viel besser ist, man muss sich eigentlich kaum darum kümmern. Meist gibt es noch eine filzbezogene Leiste, die Dämpferprallleiste, die die Steighöhe der Dämpfer bestimmt. Wenn der Dämpferarm hier nicht anschlägt, macht sich dies in einem Zittern der Dämpferköpfe bemerkbar. Zur Einstellung der Dämpferprallleiste gibt es verschiedene Mechanismen, die teils nur schwer zugänglich sind.

3 Und dann gibt es noch die Sondertypen und Absonderlichkeiten, die aufzuzählen hier nicht der Platz ist. Etwa ein Flügel dessen Dämpfermechanismus mit Dämpferlöffeln in Gang gesetzt wurde, fast so wie bei einem Klavier, aber mit viel dünneren Drähten. Nach Jahren des Gebrauchs waren sie so verbogen, dass die Dämpfer gar nicht mehr gehoben wurden und in der Mittellage kein Ton mehr klingen konnte. So etwas ist zwar leicht zu reparieren, doch ohne große Aussicht auf bleibenden Erfolg. Durch das Biegen wird der Draht der Dämpferlöffel noch weicher und verbiegt sich noch schneller. Ein Austausch gegen neue, stärkere Dämpferlöffel wäre die einzige Rettung, wenn es so etwas denn gäbe.

PFLEGE UND WARTUNG

Einstellen des Dämpferpedals

Beim Drücken des rechten Pedals müssen sich die Dämpfer unmittelbar heben. Mit Stellschrauben wie auf Abb. 9.27 kann ein eventuelles Spiel reguliert werden.

Statt des una-corda-Mechanismus gibt es bei einigen Flügeln ein Halbgang-Pedal, ähnlich wie vom Klavier her bekannt. Beim Drücken des Pedals werden die Hämmer mit einer filzbelegten Leiste, meist die Hammerruheleiste, ein Stück weit in Richtung der Tasten gehoben, bei falscher Einstellung jedoch nicht weit genug. Die Leiste muss sich ebenfalls unmittelbar beim Drücken des Pedals heben, andernfalls ist eine Regulierung notwendig.

Manchmal sinken die Tasten beim Drücken des Pedals etwas nach unten und wackeln sogar leicht, wenn die Tastengarnierungen abgenutzt sind. Das mag zuerst etwas irritierend aussehen, ist aber nichts Beunruhigendes: Bei fast allen Flügeln sinken die Tasten ab, wenn das Gewicht der Mechanik von den Tastenenden genommen wird, einfach aus Gründen der Schwerkraft.

Weitere Arbeiten

Das Lyra-Gestänge

Immer wieder kommt es bei Flügeln vor, dass der Lyrahalter fehlt (vgl. Kap. 5), etwa wenn er im Laufe eines Umzugs verloren gegangen ist. Das Haltegestänge ist meist aus Metall, aber auch Holz ist möglich. In diesem Fall ist es leicht durch einen Holzstab von etwa 13 mm Dicke zu ersetzen.

Die meisten Lyrahalterungen aus Metall haben ebenfalls gerade Enden und können daher leicht durch Metallstäbe mit passendem Durchmesser (meist 9,5-11 mm) aus dem Baumarkt ersetzt werden. Genau messen, denn die Länge muss exakt stimmen. Ein wenig zu kurz, und der Stab ist als Halter nicht zu gebrauchen. Die Stäbe können nur in die Löcher der Halterung gesteckt werden, wenn die beiden Flügelschrauben der Lyra etwas gelockert werden. Beim Anziehen der Schrauben werden die Stäbe fest in die Halterung gedrückt.

Bei vielen Flügeln ist der Lyrahalter jedoch speziell gefertigt, mit einem speziellen Scharnier oder einer Klammer oder beidem. Der Kawai-Flügel auf Abb. 9.50 hat ein doppeltes Lyragestänge aus Metall mit Scharnieren an beiden Enden. Für neue Flügel gibt es die passenden Ersatzteile zu kaufen, in den anderen Fällen sind Erfindergeist und handwerkliches Geschick gefragt.

Die Lyrahalterung ist unbedingt notwendig! Ohne diese stützende Querverbindung funktionieren zum einem die Pedale nicht richtig und zum anderen nimmt das Gehäuse ernsten Schaden. Da die Lyra wie ein Hebel auf die beiden Halteschrauben wirkt, werden durch den Pedaldruck, den der Spieler mit den Füßen ausübt, die Halteschrauben nach und nach aus dem Gehäuse herausgezogen. Man merkt es erst, wenn es zu spät ist, die Kosten für die anfallenden Holzarbeiten werden allerdings deutlich spürbar sein.

Ersatz einer gerissenen Saite

Das Aufziehen neuer Saiten erfolgt genauso wie bei Klavieren, siehe Kap. 8, C.

Ersatz einiger (!) loser Stimmwirbel

Lose Stimmwirbel zu ersetzen ist bei Flügeln schwieriger als bei Klavieren.

Wenn zu viele Wirbel lose sind, ist es eigentlich ein Fall für einen kompletten Wiederaufbau. Es selber zu machen, ist nur sinnvoll, wenn es tatsächlich nur um paar zu ersetzender Stimmwirbel geht. Andernfalls sollte man professionellen Rat einholen.

Der Stimmstock liegt im Flügel unter dem Rahmen (Abb. 9.51) und wird von mehreren starken Schrauben gehalten, die von oben durch den Rahmen gehen (bei dem Steinway Modell C-Flügel in Abb. 9.52 sind das die beiden Bolzenschrauben vorne und die Schraube zwischen dem „C" und der Seriennummer, weitere Schrauben unter

WARTUNG VON FLÜGELN

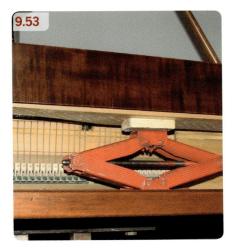

9.53

9.55

den Saiten sind wegen des Staubs gerade noch zu erkennen).

Der Ausbau des losen Stimmwirbels erfolgt noch wie oben (Kap. 8, C) beschrieben, aber ab hier geht es anders weiter. Denn würde man den neuen, größeren Stimmwirbel einfach so einschlagen, würde die Unterseite des Stimmstocks im besten Fall kegelförmig aufsplittern. Im schlechtesten Fall gibt es einen Totalschaden – der Stimmstock reißt.

Um dies zu verhindern legt man einen stabilen kleinen Holzklotz (etwa 75 x 70 mm) unten an der Stelle an, an der man arbeitet und drückt ihn mit einem Wagenheber gegen die Unterseite des Stimmstocks, wie in Abb. 9.53. (man kann auch ein spezielles Werkzeug dafür kaufen, das aber ebenfalls wie ein Wagenheber aussieht und genauso funktioniert. Ein normaler Scherenwagenheber tut es also auch).

Der Stuhlboden ist bei den meisten Flügeln für dieses Gewicht stabil genug. Wenn man dennoch ganz sicher gehen möchte, kann man auf ein, zwei Getränkekästen einen zweiten Wagenheber unter den Flügel stellen und mit einem stabilen Holzstück zwischen Wagenheber und Stuhlboden den Flügel von unten unterstützen. So wird die überschüssige Energie durch das Klavier auf den Boden abgeleitet und man kann beruhigt beginnen, die größeren Stimmnägel einzuschlagen.

Aber wie viel größer? Im Normalfall reicht eine Nummer, außer der alte Stimmwirbel war sehr locker, dann kann man auch zwei Nummern größer nehmen (vgl. hierzu Kap. 8, C.). Bei Flügeln auf keinen Fall längere Stimmnägel verwenden. Mit einem Setzeisen (Abb. 9.54) der richtigen Größe, das genau auf den Kopf passt, den Stimmnagel bis auf die Höhe der umgebenden einschlagen, danach so oft zurück drehen, wie die Saite herum gewunden wird. Das weitere Vorgehen für Anpassung und Stimmung erfolgt wie bei den Klavieren, beschrieben in Kap. 8, C.

Ersetzen von Hämmern

Wenn die Hämmer sehr verschlissen sind, müssen sie ersetzt werden. Aber wenn schon die Hämmer abgenutzt sind, wird es um den Rest der Mechanik nicht viel besser stehen. Der Einbau neuer Hämmer erfolgt dann ebenfalls meistens im Zuge eines kompletten Wiederaufbaus. Dies kann jedoch nicht Gegenstand dieses Buches sein, wer sich dafür interessiert, sei auf die „Nützlichen Adressen" im Anhang verwiesen.

Der Austausch eines Hammers erfolgt zunächst ähnlich wie bei Klavieren (beschrieben in Kap. 8, B). Der Hauptunterschied ist, dass bei Flügeln

9.54

der Hammerstiel durch den Hammerkopf hindurch führt und damit von oben sichtbar ist. Der Stiel des alten Hammers wird ausgedrückt (wenn der Hammerkopf wiederverwendet wird) oder der Hammerkopf wird abgezwickt (wenn neue Hammerköpfe verwendet werden). Auch hier kann man das Werkzeug wieder selber machen. Abb. 9.55 zeigt eine leicht modifizierte, kleine Schraubzwinge. Die Auflagscheibe ist entfernt, die hintere Backe U-förmig ausgebohrt. Das Profi-Werkzeug sieht natürlich eleganter aus und ist auch teurer, aber nicht besser.

Der Austausch der Hämmer ist dennoch erheblich komplizierter als bei Klavieren, da:

- Hammerkopf und Fänger genau aufeinander ausgerichtet werden müssen.
- die Rückseite des Hammerkopfes die richtige Textur haben muss, um nicht am Fänger hängen zu bleiben (= zu weich) oder vom Fänger nicht gehalten zu werden (= zu hart).
- die Hämmer so in Form gebracht werden müssen, dass sie beim Spielen nicht aneinander reiben.

Lose Stegbrücken

Lose Stegbrücken gibt es eigentlich nur bei Klavieren, bei Flügeln dagegen so gut wie nie. Die Reparatur erfolgt genauso wie in Kap. 8, D dargestellt, sie ist aber wesentlich einfacher durchzuführen, da man in einem Flügel besser an den Bass-Steg herankommt. Die Unterschiede sind:

- Die ausgehängten Basssaiten sollten auf ein Tuch oder eine ähnliche Unterlage abgelegt werden, damit sie den Resonanzboden nicht verkratzen.
- Vorsicht bei den Dämpfern, sie dürfen nicht beschädigt oder verstellt werden.

Bei größeren Flügeln gibt es keine Bassbrücke, der Steg ist direkt auf den Resonanzboden montiert (geklebt und / oder geschraubt). Ein loser Bass-Steg ist kaum zu erwarten.

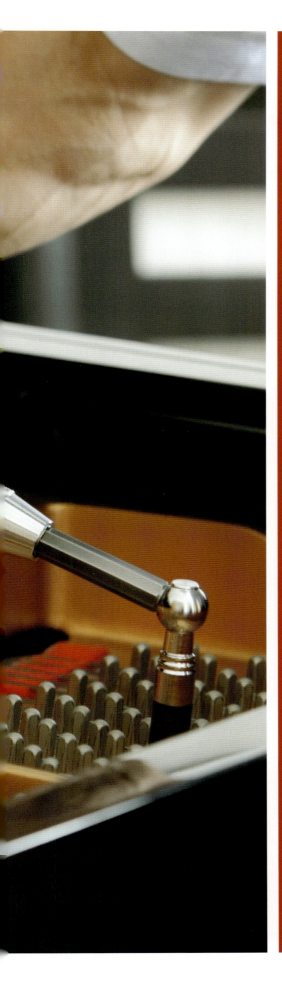

Kapitel 10

Ein Klavier selber stimmen

Wenn man ein natürliches oder trainiertes musikalisches Gehör hat - und nicht viele Menschen haben dies - kann man sein Klavier selbst stimmen. Und ob man das will ist eine andere Geschichte. Gelegentlich eine einzelne Saite zu zähmen ist einfach, aber über 200 auf einmal ist doch respekteinflößend. Nach der Lektüre dieses Kapitels weiß man wie es geht - und hat neuen Respekt seinem Klavierstimmer gegenüber gewonnen.

172	1: Der Klavierklang
173	2: Die gleichtemperierte Stimmung
174	3: Wichtige Fähigkeiten und Ausrüstung
176	4: Korrigieren einzelner Töne
177	5: Die Temperatur legen
180	6: Das ganze Klavier stimmen
182	7: Wenn die Stimmung zu tief ist

PFLEGE UND WARTUNG

1: Der Klavierklang

Um ein Klavier stimmen zu können, ist es hilfreich, die Grundlagen der Tonerzeugung zu kennen. Natürlich kann man alles viel ausführlicher (und komplizierter erklären), was aber für das Klavierstimmen wenig hilft.

Der Klangerzeuger in einem Klavier ist die schwingende Saite, die über zwei Punkte gespannt ist, die damit ihre klingende Länge bestimmen. An einem dieser Punkte überträgt ein Steg die Schwingungen auf den Resonanzboden, der den Ton verstärkt.

Wenn eine Saite vom Hammer angeschlagen wird, schwingt sie zunächst auf und ab. Dann beginnt sich die Schwingungsebene konstant veränderlich zu drehen, der Saitenumriss kann nun als ein unscharfer Bereich gesehen werden.

Die Schwingungsrate heißt Frequenz. Gemessen werden die vollständigen Schwingungszyklen (auf und ab), die Angabe erfolgt in cps (cycles per second) oder häufiger in Hertz (Hz).

Der Ton A über dem mittleren C hat eine Schwingung von 440 Hz. Durch die Schwingungen verdichtet und entspannt sich die Luft um die Saite, diese Modulationen lassen die Membran im Ohr ebenfalls mit 440 Hz schwingen. Das Gehirn erkennt dies dann nicht als ein Geräusch, sondern als eine klar definierte Tonhöhe oder Ton.

Klänge, die wir als Musik erkennen, bestehen damit aus einer Reihe von Schallwellen in einem geordneten rhythmischen Muster. In jedem Instrument wird der Ton auf eine andere Weise erzeugt. Die Art der Tonerzeugung bestimmt die Klangcharakteristik, an der man erkennt, ob man eine Flöte, eine Harfe oder eine Trompete hört.

Neben der Art der Tonerzeugung sind zwei weitere Parameter die Klangcharakteristik wichtig: die Dynamik und die Obertonstruktur.

Dynamik

Die Dynamik bestimmt die Wahrnehmung der Lautstärke. Instrumente wie Violine oder Orgel können einen anhaltenden Ton gleicher Lautstärke erzeugen. Eine angeschlagene Klaviersaite erzeugt einen plötzlichen lauten, perkussiven Ton, der aber schnell verklingt. Nach etwa zwei Sekunden ist das meiste Volumen verschwunden, nach ein paar weiteren Sekunden ist er nicht mehr hörbar.

Obertonstruktur

Ein Klavierton besteht neben seiner bestimmenden Hauptfrequenz noch aus weiteren Frequenzen, die seine Obertonstruktur ausmachen. Beim Hören nimmt man die vielen unterschiedlichen „Teiltöne" zunächst nicht wahr, aber der Klangreichtum des Klavierklangs wird einem bewusst, wenn man einen Ton nur einer Frequenz – einen „Mono-Ton" – hört, wie von einer Stimmgabel oder dem Testton im Fernsehen. Beides sind reine Töne einer einzigen Frequenz, hilfreich für bestimmte Zwecke aber ohne „Klangcharakter" und langweilig – einfach monoton.

Warum erklingen beim Spielen eines einzigen Tons mehrere Frequenzen? Wenn eine Saite angeschlagen wird, schwingt sie zunächst mit der zu erwartenden Frequenz, z.B. 440 Hz. Dies ist ihre Grundschwingung, der Grundton. Aber es geschieht noch etwas Unerwartetes: die Saite teilt sich in mehrere schwingende Abschnitte. Eine Unterteilung liegt in der Mitte, die beiden Saitenhälften klingen jeweils eine Oktave höher als der Grundton. Die Saite kann sich auch in drei, vier fünf oder mehr immer kürzere virtuelle Abschnitte teilen, die alle mit einer eigenen Tonhöhe klingen. Ein Ton besteht also aus einer ganzen Familie von zusammengehörenden Einzeltönen. Je länger eine Saite ist, desto komplexer ist die Zusammensetzung der Teiltöne (= Obertöne). Dies trifft beim Klavier vor allem auf die Basstöne zu.

Mit einem geübten Ohr kann man die ersten beiden Obertöne wahrnehmen, normalerweise aber verschmelzen die Obertöne zu einem „Klang". Die höheren Obertöne sind dissonant und können unangenehm hervorstechen. Eines der genialsten Details der Klavierkonstruktion ist, dass der Hammer an einem Punkt der Saite anschlägt, an dem die wenigsten störenden Obertöne erzeugt, die wohlklingenden aber verstärkt werden.

Dreichörigkeit – drei Saiten für einen Ton

Die meisten Töne im Klavier sind dreichörig angelegt, d.h. je Ton erklingen drei Saiten. Drei gleichzeitig angeschlagene nebeneinanderliegende Saiten derselben Frequenz geben ihre Energie schneller an die Luft ab – das bewirkt, dass sie lauter klingen. Da aber die vom Hammer abgegebene Energie die gleiche ist, geht die erzielte Lautstärkenzunahme auf Kosten einer Abnahme der Tondauer, da die aufgewendete Energie schneller abgegeben wird. Das bedeutet, je lauter eine Note bei gleichbleibender (vom Hammer abgegebener) Energie ist, desto kürzer klingt sie.

In der Praxis ist es schwierig, drei Saiten auf exakt derselben Frequenz zu halten. Was passiert, wenn zwei nebeneinanderliegende Saiten nur minimal gegeneinander verstimmt sind? (Da das Phänomen gleich, aber mathematisch wesentlich komplizierter ist, werden hier nur zwei statt der drei Saiten betrachtet). Angenommen eine Saite schwingt mit 440, die andere mit 439 Hz. Man hört zwar nur einen Ton; aber die Verstimmung hat einen deutlich wahrnehmbaren Effekt auf die Lautstärke. Warum?

Schwebungen

Für die Dauer einer Sekunde sind die beiden Saiten phasengleich, das heißt, beide schwingen gleichzeitig vor und zurück und verstärken sich so gegenseitig. Doch eine halbe Sekunde später sind sie phasenverschoben, die Schwingungen sind gegenläufig – und phasenverschobene Schwingungen löschen einander aus.

Solange die Note klingt, wird der Ton daher abwechselnd verstärkt und gedämpft, man vernimmt einen Ton, dessen

Lautstärke regelmäßig pulsiert. Diese Lautstärkeänderungen werden Schwebung genannt. Die Schwebungsrate entspricht der Differenz der Saitenfrequenzen. Das heißt, wenn eine Saite mit 440 Hz, die andere mit 438 Hz schwingt, hört man zwei Schwebungen pro Sekunde. Diese Schwebungsrate ist für den „Honky-Tonk"-Klang eines Klaviers verantwortlich (siehe Kap. 5).

Zur Zusammenfassung: Wenn alle Saiten eines Chors exakt auf gleicher Tonhöhe schwingen, verstärken sie einander. Wenn Schwingungen auch nur minimal voneinander abweichen, werden Schwebungen hörbar und der Ton wird leiser. Aufgabe des Stimmers ist es, die Schwebungsrate innerhalb eines Chors auf Null zu reduzieren.

Klangauslöschung

Den Effekt der Klangauslöschung durch verschiedene Schwingungen kann man an einer Wasseroberfläche veranschaulichen. Ein Tropfen erzeugt kleine Wellen. Zwischen zwei gleichzeitig auftreffenden Tropfen sind keine Wellen sichtbar – die von beiden Tropfen ausgehenden Wellen löschen einander aus.

Wem das zu nass ist, der kann es auch mit zwei Lautsprechern der Stereoanlage (auf mono stellen!) versuchen. Dazu bei einem Lautsprecher das rote und schwarze Kabel tauschen. Die Töne sind dann genau phasenverschoben: Wenn die Membran des einen Lautsprechers sich nach vorne bewegt, geht die andere zurück und sie löschen sich gegenseitig aus.

2: Die gleichtemperierte Stimmung

Im ersten Kapitel wurde die historische Bedeutung der gleichtemperierten Stimmung erläutert, auf die nun etwas näher eingegangen wird.

Man stelle sich eine Oktave vor von C bis c, das untere C schwingt mit 100 Hz (diesen Ton gibt es natürlich nicht, aber die folgenden Rechnungen sind mathematisch einfacher. Das mittlere C schwingt tatsächlich mit 261,6225 Hz. Wer möchte, kann die Rechnungen mit diesen Werten durchführen).

Nach den Gesetzen der Harmonik klingen zwei Töne perfekt gestimmt, wenn die Frequenzverhältnisse zwischen zwei Tönen vom unteren Ton ausgehend nach folgendermaßen berechnet werden:

1 Für die Oktave mit 2 multiplizieren
2 für die kleine Terz mit 1,2
3 für die große Terz mit 1,25
4 für die Quint mit 1,5

Wenn man also von C=100 Hz ausgeht, schwingt das eine Oktave höher liegende C gemäß Regel 1 mit 200 Hz.

Folgt man Regel zwei und berechnet kleine Terzen, so erreicht man für das obere c den Wert 207,36 Hz, was zu hoch ist und falsch klingt (die einzelnen Schritte lauten: C=100, D#=120, F#=144, A=172,8, c=207,36).

Aber es wird noch schlimmer. Nach Regel 3 erhält man c= 195,2125 Hz (C=100, E=125, G#=156,25, c=195,3125). Das ist wieder zu tief.

Stimmt man schließlich gemäß Regel 4 in Quinten (wobei immer wieder die Frequenz halbiert werden muss, um innerhalb der Oktave zu bleiben) kommt man für das obere c auf 202,73 Hz (die Formel lautet: (100x1,5¹²) / 2⁶). Das ist nicht so schlecht wie die Terzschichtung nach Regel 2 aber noch spürbar zu hoch.

Also: Die Anwendung der vier verschiedenen Regeln für perfekte Intervalle ergibt vier verschiedene Tonhöhen für das obere c. Die Grundgesetze der Harmonie scheinen alles zu produzieren, nur keine – Harmonie.

Ein Dur-Akkord, z. B. C-Dur, ließe sich leicht stimmen: Grundton, darüber eine große und eine kleine Terz. Nach den Regeln 2 und 3 gestimmt, ergäbe sich ein gut klingender C-Dur-Akkord. Auch die Quinte wäre perfekt, da große und kleine Terz zusammen sich genau zur Quinte ergänzen (1,25 x 1,2 =1,5).

Ebenso ließe sich ein c-Moll Akkord stimmen: Grund, kleine Terz, große Terz. Wieder ergäbe sich ein guter Zusammenklang, eine perfekte Quinte.

Ein verminderter Akkord über C (C-D#-Ff#-A-c) aber kann mit perfekt gestimmten kleinen Terzen nicht gespielt werden. Die Oktave ist zu groß, wie die Berechnung nach Regel 2 zeigt. Von fünf Streichinstrumenten gespielt, würde die Oktave richtig klingen, die übrigen drei müssten ihren Ton gleichmäßig etwas tiefer intonieren um den Akkord einzupassen. Dies ist als Spielvorschlag nicht möglich, auch am Klavier ist es völlig unmöglich.

Würde man sich auf einfache Melodien beschränken, ergäben sich keine Probleme. Das Kinderlied „Hänschen klein" beruht auf zwei einfachen Akkorden und einer Melodie nur mit leitereigenen Tönen. Diese Töne könnten nach den Vorgaben gestimmt werden und klängen besser als in der gleichschwebend-temperierten Stimmung. Aber sobald man etwas spielen möchte, das ein wenig komplizierter ist, kann eine Stimmung nach den Regeln für die perfekte Intervalle nicht mehr funktionieren.

Die Lösung erfolgt auf mathematischem Weg (vgl. Kap. 1) und liegt darin, jeden Halbton um einen festen Betrag (die 12. Wurzel aus 2) höher zu stimmen, als den vorhergehenden. Das ist weniger kompliziert, als es klingt: so wie die Monatsrate für einen Kredit. Es handelt sich nur nicht um zwölf Monate sondern um zwölf Tonschritte.

So können die Schwingungszahlen für jede einzelne Note berechnet und tabellarisch niedergelegt werden (siehe Anhang 2). Alle Intervalle außer der Oktave sind hier minimal verstimmt, aber gleichmäßig in allen Tonarten.

PFLEGE UND WARTUNG

3: Wichtige Fähigkeiten und Ausrüstung

Nun ist es beinahe soweit, mit dem Stimmen anzufangen.
Um ein Klavier zu stimmen, sollte man folgendes haben und können:

1 Einen Einblick in die Theorie der gleichschwebend-temperierten Stimmung (siehe oben und Kap. 1).

2 Die Fähigkeit, mit etwas plump aussehenden Instrumenten auch feinmechanische Operationen durchzuführen (siehe Stimmhammer-Technik).

3 Gut genug hören, um die Obertöne eines Klanges zu unterscheiden. Man nimmt an, dass etwa 20 % der Bevölkerung dazu in der Lage sind, unter Musikern ist dieser Anteil wohl höher.

Außerdem braucht man:

1 Einen Stimmhammer
Es gibt eine ganze Reihe Stimmhämmer in verschiedenen Preislagen (siehe „Nützliche Kontakte"). Wenn man bereit ist, etwas mehr Geld auszugeben, sollte man einen Stimmhammer in der Art wie auf Abb. 10.1 kaufen, mit langem Griff und austauschbaren Aufsätzen in verschiedenen Größen, die auch unterschiedlich positioniert werden können. Zum Beispiel verwendet man beim Stimmen eines Flügels in der mittleren Lage meist einen Stimmhammer mit kurzem Aufsatz, im Diskant, wo man etwas schwieriger hinkommt, ist es praktischer, einen längeren Aufsatz zu verwenden, so dass der Arm des Stimmhammers über das Gehäuse führt. Die sternförmigen Aufsätze der meisten Stimmhämmer erlauben zwar acht verschiedene Positionen, für moderne Klaviere, in denen es etwas enger zugeht, ist manchmal aber ein kleinerer Stimmhammer mit einem feststehenden Kopf mit Innenvierkant und schmalerem Durchmesser besser geeignet. (Einige Stimmer bevorzugen Innenvierkant-Aufsätze wegen ihres besseren Halts).

Stimmhammer-Technik
Obwohl ein Stimmhammer so massiv aussieht (und auch so heißt) und auch die Kraft eines großen Hebels besitzt, muss er ganz anders benutzt werden. Man darf mit ihm nur ganz kleine und vorsichtige Bewegungen ausführen, manchmal sogar so klein, dass man meint, man hätte gar nichts gemacht. Mit einer noch so winzigen Bewegung des Stimmhammers erreicht man eine deutliche Änderung der Tonhöhe. Etwas zu viel und die Saite reißt (das passiert Anfängern oft, einem guten Stimmer nur höchst selten).

Um vermeintlich schneller arbeiten zu können ist die Versuchung groß, einen leichten, kleineren Stimmhammer zu verwenden und mit festem Griff kleine Vor- und Zurückbewegungen auszuführen. Doch genau diese Arbeitsweise kann schnell zu Schäden führen wie Mausarm, RSI oder Karpaltunnel-Syndrom. Dies kann man durch die Benutzung eines Stimmhammers mit einem längeren Hebel vermeiden, auch wenn er etwas schwerer ist. Den Stimmhammer zum Hochstimmen mit den Fingern führen und beim Hinunterstimmen mit dem Handballen, wie in Abb. 10.2 an einem Flügel und Abb. 10.3 an einem Klavier gezeigt.

EIN KLAVIER SELBER STIMMEN

Achtung: Man sollte nicht versuchen, sich die Ausgaben für einen Stimmhammer zu sparen und stattdessen irgendwelche Schraubenschlüssel oder Steckschlüssel aus dem Werkzeugkasten verwenden. Viele Klavierstimmer können gut von den Ergebnissen dieser „Einsparungen" leben (siehe den misshandelten Stimmwirbel auf Abb. 10.4). Es gibt keinen Ersatz für das Original!

2 Stimmkeile

Stimmkeile werden verwendet, um die Saiten eines Chors einzeln stimmen zu können. Bei einem Flügel werden Keile aus Gummi oder Filz zwischen zu dämpfenden Saiten und die nebenliegenden Saiten gesteckt (siehe Abb. 10.5), die mittlere Saite schwingt nun alleine. Die Keile reichen meist bis zum Resonanzboden und hinterlassen dort ihre „Fußspuren" im Staub. Sie geben einen guten Hinweis darauf, wann das Klavier zuletzt gestimmt wurde: Viel Staub aber keine Spuren heißt, dass es lange her ist.

Bei einem Klavier kann man wegen des Gussrahmens die Stimmkeile nicht weit genug durch die Saiten schieben, stattdessen verwendet man einen speziellen Diskantstimmkeil (nach dem Hersteller „Papp's Mute" genannt). Er funktioniert wie eine verlängerte Zange und wird zusammengedrückt zwischen die Saiten geführt, beim Loslassen öffnet er sich und berührt die beiden äußeren Saiten. Ein solcher Stimmkeil reicht eigentlich für einen dreisaitigen Chor, aber in neueren Klavieren stehen die Saiten oft so eng, dass es besser ist, zwei zu verwenden, in der Art wie beim Flügel (Abb. 10.6). Am Ende eines Saitenbereichs (siehe Abb. 10.7) ist dies jedoch nicht möglich, da es keine benachbarten Saiten zur Befestigung des Keils gibt. Hier kann zum Stimmen der mittleren Saite nur ein Diskantstimmkeil verwendet werden, was nicht immer einfach ist (NB.: Die älteren Stimmkeile aus Nylon wurden durch solche aus Plastik, wie der abgebildete blaue, ersetzt. Diese halten nun drei Wochen statt 20 Jahre, wie früher. Eine geniale verkaufsfördernde Strategie! Also auf jeden Fall solche aus Nylon kaufen!)

3 Stimmgabel

Stimmgabeln sind nicht teuer, es gibt sie in jedem Musikgeschäft. Klavierstimmer verwenden eigentlich nur eine einzige Stimmgabel, um die erste Note zu stimmen, normalerweise das mittlere C. Und auch wenn man sonst mit einem elektronischen Stimmgerät arbeitet, sollte man dieses ab und zu mit einer Stimmgabel überprüfen.

4 Elektronisches Stimmgerät

Wenn das Klavier die Stimmung gut hält (vgl. Abschnitt 6) kann man, wenn das Klavier die Stimmung nicht hält und zu tief ist (vgl. Abschnitt 7), muss man ein elektronisches Stimmgerät haben. Siehe auch den Kasten „Digitale Stimmgeräte: pro und contra" auf der folgenden Seite. Wer mutig ist, kann ein gebrauchtes Gerät kaufen oder eine Software für den Computer, das kann auch ganz gut funktionieren. Aber man sollte sich bewusst sein, dass, egal wie viel man für ein Stimmgerät ausgibt, dieses niemals so gut sein kann, wie ein menschlicher Stimmer.

PFLEGE UND WARTUNG

Digitale Stimmgeräte: pro und contra

Für Gitarren und andere Instrumente mit wenigen Saiten gibt es schon länger günstige digitale Stimmgeräte, die auch sehr gut funktionieren. Für Klaviere mit ihren über 200 Saiten sind sie allerdings unbrauchbar.

Die Auswahl an digitalen Stimmgeräten für Klavier ist sehr klein. Dass sie eine weit komplexere Aufgabe zu erfüllen haben, spiegelt sich im Preis und in der meist nicht gerade einfachen Bedienung. Es gibt sie in verschiedenen Formen, vom stand-alone Gerät bis zur Software für Computer, Tablets und Smartphones (siehe „Nützliche Adressen"). Die meisten sind für die professionelle Anwendung konzipiert, daher stellt sich die Frage, wie sinnvoll und brauchbar ein solches Gerät für den normalen Klavier-Besitzer ist. Die Antwort ist: Ja, es ist bis zu einem gewissen Grad brauchbar, aber lange nicht so wie erhofft. Für den Amateur-Stimmer hat ein solches Gerät vier Vorteile:

- Sie sind gut für den Anfang anstelle einer Stimmgabel.
- Sie sind geeignet, um die Temperatur zu legen
- Sie sind geeignet, um die fertige Stimmung zu prüfen.
- Sie eignen sich sehr gut, ein Klavier wieder auf die richtige Tonhöhe zu bringen. Dies ist eine gute Sache im Vorfeld einer Stimmung, da viele Stimmer die Korrektur größerer Stimmunterschiede nicht in einer Sitzung erledigen.

Einige Modelle versprechen sogar, sich zum Strecken der Oktaven zu eignen (vgl. Abschnitt 6), aber dies funktioniert nur mit einem Trick, der auf dem Papier zwar gut klingt, aber kaum ein so befriedigendes Resultat hinterlässt, wie die Arbeit eines erfahrenen Klavierstimmers.

Die meisten Einstellungen können nur Profis wirklich nutzen. So kann man z.B. die Stimmung bestimmter Klaviere speichern, verschiedene historische Stimmungen erzeugen (braucht man geschätzt einmal in 30 Jahren), zwei Klaviere zugleich stimmen oder in sehr lauten Umgebungen stimmen. Je länger diese Liste wird, desto teurer wird das Gerät; und viele Einstellungen der teuren Geräte werden nicht einmal von professionellen Stimmern benötigt.

Zweifellos können digitale Stimmgeräte dem Profistimmer helfen, schneller und effizienter zu arbeiten, doch sie sind kein Ersatz für seine Erfahrung und sein Können. Und genau das schränkt ihre Brauchbarkeit für Amateure stark ein. Ohne musikalisches Gehör ist es beim heutigen Stand der Technik nicht möglich, ein Klavier nur mit Hilfe eines digitalen Stimmgerätes stimmen.

Warum ist das so? Erstens, weil die Tonhöhe fast schon mit der korrekten übereinstimmen muss, bevor das elektrische Stimmgerät diese erkennt. Das ist so, als würde ein kurzsichtiger Hund Schafe hüten. Zweitens messen digitale Stimmgeräte Frequenzen – und nur in den mittleren zwei bis drei Oktaven bedeutet „richtige Frequenz" auch „richtige Stimmung". Außerhalb dieses engen Bereichs hat jedes Klavier seine Eigenheiten, beim Stimmen hilft nur richtiges Hinhören.

Das bedeutet, dass ein digitales Stimmgerät dem Amateur zwar einen Teil der Arbeit erleichtern kann, das meiste aber trotzdem nur von einem Menschen mit geschultem Gehör wirklich richtig gemacht werden kann.

4: Korrigieren einzelner Töne

Der wohl einfachste Weg, sich auf das unbekannte Gebiet des Klavierstimmens vorzutasten, ist sein Klavier erst einmal von einem Fachmann stimmen zu lassen und dann einige Zeit zu warten, bis ein paar Töne verstimmt sind. Ein paar vereinzelte Töne zu korrigieren ist einfacher, als gleich das gesamte Klavier zu stimmen. Man lernt grundlegende Stimmtechniken und bekommt eine Ahnung, was auf einen zukommt, zeitlich und handwerklich.

Im Folgenden wird vorausgesetzt, 1) dass die nötigen Werkzeuge und Utensilien beschafft (gekauft oder geliehen) sind und 2) dass ein dreichöriger Ton gestimmt wird, da diese sich meist zuerst verstimmen. (Für zweichörige Töne ist es eigentlich sogar leichter, man lässt einfach die Anweisung für die dritte Saite aus). Folgendes ist zu tun:

1 Die drei Saiten des verstimmten Tones bestimmen. Dann nach der zu stimmenden Saite suchen.

2 Mit zwei Stimmkeilen die beiden äußeren Saiten dämpfen.

3 Nun die verbleibende mittlere Saite zusammen mit der tieferen Oktave (im Bass mit der höheren) anschlagen. Klingt die Saite verstimmt?

4 Wenn nein, einen Stimmkeil entfernen, so dass nun zwei Saiten klingen (z.B. linke und mittlere). Klingen diese verstimmt?

5 Wenn nein, den Stimmkeil auf die andere Seite setzen, so dass nun rechte und mittlere Saite klingen. Klingt es nun verstimmt?

6 Je nachdem, welche der Fragen 3, 4 oder 5 mit „ja" beantwortet wurde, hat man die verstimmte Saite gefunden. Nun eine der beiden anderen korrekten Saiten

176 PIANO MYTHOS & TECHNIK

abdämpfen, so dass zwei Saiten (eine korrekte, eine verstimmte) klingen.

7 Den Stimmhammer auf den Stimmwirbel der betroffenen Saite stecken. Auf den Wirbel gesehen sollte der Stimmhammer in einem Winkel etwa zwischen 12.00 und 13.00 stehen, bei einem Flügel zwischen 13.00 und 15.00. So werden die Stimmwirbel am wenigsten belastet, abweichen sollte man davon nur, wenn das Gehäuse im Weg ist.

8 Vorsichtig mit einer leichten Drehung des Wirbels den Ton zunächst TIEFER stimmen.

Safety first! Verstimmte Saiten sind eigentlich immer zu tief, da Saiten sich normalerweise nicht von selber spannen. Dennoch sollte man klugerweise den Ton nicht sofort höher ziehen. Eine Saite kann in Ausnahmefällen wie bei extremen Klimaschwankungen tatsächlich höher werden, oder auch weil beim letzten Stimmen nicht richtig die Spannung von den Wirbeln genommen wurde. Daher sollte man nur für den Fall der Fälle die Saite zuerst etwas tiefer stimmen. Wenn der Ton dann schlechter wird, weiß man, wohin der Weg führt.

9 Wenn der Ton sich nicht ändert, muss man prüfen, ob man den richtigen Stimmwirbel dreht. Die Anordnung der Stimmwirbel ist kompliziert, ein Fehler ist schnell passiert. Oder die Saite sitzt unter dem Druckstab oder am Steg fest. In diesem Fall wäre sie beim sofortigen Hochziehen gerissen.

10 Nun die Tonhöhe durch sehr langsames und sehr vorsichtiges Drehen im Uhrzeigersinn heben. Nicht mehr als ein kleines Stückchen drehen!

11 Mit etwas Glück erwischt man sofort die richtige Tonhöhe. Damit ist die Arbeit schon getan.

12 Wenn man, was oft geschieht, etwas über das Ziel hinaus schießt und der Ton zu hoch ist, muss man den Stimmhammer ganz leicht (gegen den Uhrzeigersinn) zurückschieben. Um eine stabile Stimmung zu erreichen, ist es beim Stimmen von Klavieren gängige Praxis, den Ton zuerst minimal zu hoch und dann von oben korrekt zu stimmen.

Ein kurzes Nachdenken

Es ist geschafft – die erste Saite ist gestimmt. Wenn es nicht sofort wie erhofft „wie aus dem Lehrbuch" geklappt hat, darf man sich nicht entmutigen lassen. Klaviere sind öfter als man denkt eigenwillig. Jedes Klavier hat Eigenheiten, die das Stimmen mal leichter und mal schwerer machen.

Bei einigen Klavieren drehen sich die Stimmwirbel fast wie von selbst, bei anderen verweigern sie jegliche Bewegung. Bei wieder anderen lassen sich sie eigentlich gleichmäßig drehen, aber die Tonhöhe ändert sich sprunghaft, weil die Saiten nicht frei über den Steg und unter dem Druckstab gleiten. Bei manchen Klavieren sind die Saiten vor den Stimmwirbeln über einen dicken Filzstreifen geführt, die Reibung ist deshalb hoch. Wenn man den Ton tiefer stimmen möchte, dreht man eine Zeit ohne hörbares Ergebnis, bis die Tonhöhe plötzlich drastisch fällt. Sehr viel Erfahrung ist nötig, um all diese Eigenheiten verschiedener Klaviere zu kennen und ihnen erfolgreich zu begegnen. Meistens braucht man einfach Zeit, unter Umständen sehr viel Zeit.

Die nächsten Schritte

Wenn die letzte Stimmung des Instruments bereits einige Zeit zurück liegt und man sich durch die erfolgreiche Korrektur einiger verstimmter Saiten genügend Selbstbewusstsein erworben hat, kann man sich an das nächste Level wagen – den Versuch, das gesamte Klavier zu stimmen. Dies geht am besten in zwei Schritten:
- Erst werden nur ein paar Oktaven in der Mittellage des Instruments gestimmt. Dies wird als „Die Temperatur legen" bezeichnet.
- Wenn die Temperatur erfolgreich gelegt (und geprüft) ist, wird der Rest des Klaviers gestimmt.

5: Die Temperatur legen

Es gibt verschiedene Methoden zum Stimmen, jeder Stimmer bevorzugt die eine oder andere. Die hier verwendete Methode ist eine leichte Abwandlung des von J. Cree Fischer (siehe Bibliographie) um 1905 entwickelten Systems, das als eines der besten für Anfänger gilt.

Nach dem Fischer-System wird nur auf- und abwärts in Oktaven und aufwärts in Quinten gestimmt, da bei diesen Intervallen die Schwebungszahlen am kleinsten sind.

Wo fängt man an?

Theoretisch kann man überall beginnen. Die meisten Stimmer verwenden eine feste Tonfolge um schnell und effizient arbeiten zu können. Für den Anfänger ist es am besten, in der Mitte zu beginnen, da elektronische Stimmgeräte in diesem Bereich am genauesten arbeiten.

Wichtig ist, dass die gewählte Tonfolge eingebaute Proben hat, da jeder Fehler schnellstmöglich entdeckt und korrigiert werden muss. Geschieht das nicht, addieren sich die Fehler.

Am besten beginnt man mit den mittleren zwei Oktaven. Ähnliche Methoden verwenden nur eine oder eineinhalb Oktaven, aber mit zwei Oktaven erhält man mehr eingebaute Proben.

Das Stimmen dieser ersten beiden Oktaven wird als „Temperatur legen" bezeichnet, dieser Teil der Tastatur wird dann auch „Temperatur" genannt. Je genauer man beginnt, desto besser das Ergebnis. Daher muss man hier besondere

PFLEGE UND WARTUNG

Achtsamkeit walten lassen.

Ausblick

- In den Abschnitten 5 und 6 wird vorausgesetzt, dass das Klavier noch eine relativ gute Ausgangsstimmung hat. Es wird gezeigt, wie relativ einfach man ein Klavier stimmen kann, wenn es nur leicht nach unten verstimmt ist und es sonst keine größeren Probleme gibt.
- Abschnitt 7 zeigt, was zu tun ist, wenn es größere Probleme gibt.
- In allen Abschnitten werden die grundlegenden Kenntnisse im Umgang mit dem Stimmhammer vorausgesetzt, etwa dass nur kleine, vorsichtige Bewegungen gemacht werden dürfen. Wer sich nicht ganz sicher ist, sollte lieber noch einmal den entsprechenden Abschnitt lesen.

Stimmen der mittleren beiden Oktaven

Das mittlere C

1 Von den drei Saiten des mittleren C die beiden äußeren dämpfen. Bei Flügeln normale Stimmkeile benutzen, für Klaviere Papp's Mute-Stimmkeile.

2 Den richtigen Stimmwirbel für die Saite bestimmen. Hier kann man leicht einen Fehler machen, also am besten mit dem Finger nachfahren.

An diesem Punkt eine wichtiger Hinweis, den man immer im Gedächtnis behalten sollte: Wenn sich beim Drehen an einem Stimmwirbel der Ton nicht ändert, SOFORT AUFHÖREN! Wahrscheinlich dreht man an irgendeiner anderen Saite, bloß nicht an der, die man hört. Nochmal prüfen, ob der Stimmwirbel, an dem man dreht, auch wirklich zu der Saite gehört, die man stimmen möchte. Die meisten derartigen Fehler passieren wegen nachlassender Konzentration mitten in einer Stimmsitzung. Genauso ist es aber möglich, dass die Zuordnung der Saiten vertauscht worden ist, vielleicht um eine gerissene, kürzere Saite wiederverwenden zu können.

3a Die Tonhöhe mit einem Stimmgerät oder einer Stimmgabel prüfen. Beim Stimmen mit Stimmgerät die Anzeige beobachten und die Saite korrekt stimmen (Schritte 4-6).

3b Wenn man eine Stimmgabel benutzt, ist es normalerweise eine C-Stimmgabel, eine Oktave über dem mittleren C, da so die Schwebungen besser hörbar sind (doppelt so schnell gegenüber der Verwendung einer Stimmgabel mit dem mittleren C). Stimmgabel anschlagen und an eine kratzunempfindliche Stelle des Gehäuses halten.

4 Den Stimmhammer auf den Stimmwirbel setzen und langsam und vorsichtig beginnen (im Uhrzeigersinn) am Wirbel zu drehen. Die Tonhöhe wird unmittelbar zu steigen beginnen. Wenn die korrekte Tonhöhe erreicht wird, ist eine deutliche Schwebung hörbar.

5 Wenn man etwas zu hoch gestimmt hat, muss man mit dem Stimmhammer ein klein wenig nachgeben (Zur Erinnerung: bei aufrechten Klavieren ist es gängige Praxis „von oben" zu stimmen, um eine stabile Stimmung zu gewährleisten).

6 Sobald man die korrekte Tonhöhe erreicht hat, ist die Saite gestimmt.

7 Am selben Saitenchor den linken Stimmkeil entfernen und die linke Saite nach der mittleren stimmen. Auf die Schwebungen achten! Sie werden langsamer, je näher man kommt und hören dann auf.

8 Genauso die rechte Saite stimmen (Stimmkeil vorher entfernen).

9 Nun alle drei Saiten zusammen anschlagen. Wenn es gut klingt und keine Schwebungen zu hören sind, ist das mittlere C erfolgreich gestimmt.

Das C eine Oktave unter dem mittleren C

10 Eine der Saiten des C unter dem mittleren C dämpfen (eine, wenn es ein zweichöriger Ton ist, die beiden äußeren, wenn es ein dreichöriger Ton ist).

11 Das mittlere C und das C eine Oktave tiefer zusammen anschlagen.

12 Das tiefere C nach oben stimmen bis es mit dem oberen übereinstimmt. Wieder sind die Schwebungen hörbar, die langsamer werden.

13 Nach oben stimmen, bis die Schwebungen verschwinden. Hat man zu hoch gestimmt, kommen die Schwebungen wieder.

Die hier hörbaren Schwebungen beruhen auf der Wechselwirkung des ersten Obertons des tieferen C mit dem Grundton des höheren C. Beide haben dieselbe Tonhöhe. Der erste Oberton macht zwar nur einen kleinen Teil des Klangvolumens des unteren C aus, bei genauem Hinhören aber ist die Interaktion deutlich hörbar.

14 Nun die zweite (und ggf. dritte) Saite nach der soeben gestimmten mittlere Saite stimmen. Damit ist das zweite C erfolgreich gestimmt!

Das C eine Oktave über dem mittleren C

Das Vorgehen ist dasselbe wie beim Stimmen des unteren C, außer dass es sich jetzt auf jeden Fall um einen dreichörigen Ton handelt. Wenn man fertig ist, sind die drei mittleren C gestimmt – Zeit für eine Pause und ein klein wenig Schulterklopfen.

Das G unter dem mittleren C

Als nächstes geht es daran, nach dem „Quintenzirkel" zu stimmen. Der erste Ton in dieser Reihe ist G. Nun haben wir es mit dem ersten Intervall zu tun, das keine Oktave ist.

15 Die drei Saiten des G unter dem mittleren C bestimmen und die beiden äußeren Saiten abdämpfen.

16 Das tiefere C und G kräftig zusammen anschlagen und klingen lassen.

17 Nun das G langsam nach oben stimmen.

18 Wenn es fast richtig gestimmt ist, werden die Schwebungen hörbar.

19 Wenn die Schwebungen langsamer werden und schließlich aufhören, sind die Töne C und G perfekt zueinander gestimmt.

Ab jetzt wird es etwas komplizierter. Die Theorie der gleichschwebend-temperierten Stimmung bedingt, dass die Quinten etwas tiefer gestimmt, verengt bzw. temperiert werden.

20 Das G langsam wieder erniedrigen. Auf die Schwebungen achtgeben zwischen:
- dem zweiten Oberton des unteren C – das ist das G über dem mittleren C
- und dem ersten Oberton des G unter dem mittleren C – dies ist ebenfalls das G über dem mittleren C (um den Ton zu finden, kann man eine Saite des G über dem mittleren C anzupfen und beim Anschlagen von C und G auf diesen Ton achten).

Die Schwebungsrate für dieses Intervall ist 0,45 pro Sekunde, oder eine Schwebung in zwei Sekunden (Die Schwebungsraten für die Quinten in den mittleren Oktaven, gerundet auf zwei Dezimalstellen, findet man im Anhang 2.

Das G über dem mittleren C

21 Diese Quinte hat die doppelte Schwebungsrate wie die eine Oktave tiefere in Schritt 20, eigentlich sollte sie daher 0,90 betragen, tatsächlich sind es aber 0,89. Es gibt eine eingebaute Probe: die Oktave muss perfekt, ohne Schwebungen, stimmen. Wem es leichter fällt, die schnelleren Schwebungen der höheren Quinte (mittleres C zu G darüber) zu hören, kann beim Stimmen auch mit der oberen Oktave beginnen und dann das tiefere G stimmen. Auf jeden Fall dürfen die beiden G keine Schwebung haben.

Das D über dem mittleren C wird zum G unter dem mittleren C gestimmt

22 Auch dieser Ton wird zuerst rein (ohne Schwebung) gestimmt und dann auf 1,3 Schwebungen pro Sekunde temperiert (verengt). Zur genauen Bestimmung von Schwebungszahlen gibt es verschiedene Methoden und Tabellen in Büchern und im Internet. Man sollte es aber nicht zu wissenschaftlich angehen, Klavierstimmen ist und bleibt eine Kunst. Solange die Schwebungsrate dieses Intervalls irgendwo zwischen den zuvor gestimmten Quinten C - G liegt, ist es in Ordnung.

Weitere Quinten

23 Nach der Quinte G zu D zunächst die untere Oktave zu D stimmen.

24 Nun vom unteren D das eine Quint aufwärts liegende A stimmen. Die Schwebungsrate beträgt beinahe 1 Schwebung pro Sekunde, genau sind es 0,994.

25 Danach die obere Quinte D – A stimmen. Die Schwebungsrate ist doppelt so groß.

26 Prüfen, ob die Oktave A – A schwebungsfrei ist.

Nach dem folgenden Schritt kann man einen Dur-Akkord spielen

27 Vom A unter dem mittleren C das eine Quinte aufwärts liegende E stimmen. Mit diesem Ton erhält man eine weitere Probe. Die Schwebungsrate dieser Quinte A – E beträgt 1,1 pro Sekunde, aber man kann nun auch die Terz C – E spielen, hier sind es etwas über 10 Schwebungen pro Sekunde. (Kein Sorge, wenn man das alles nicht gleich hört oder einordnen kann. Je länger man stimmt, desto einfacher wird das Hören und Bestimmen der Schwebungen).

28 Es ist eine interessante Erfahrung, diese Terz zu verengen und schwebungsfrei zu stimmen. Man hört, vielleicht zum ersten Mal, eine wirklich reine Terz mit ihrem entspannenden, runden Klang.

29 Nun das E wieder auf die korrekten 10 Schwebungen für die Terz C – E erhöhen. Wenn das noch zu schwer zu hören ist, kann man nochmals die Quinte mit dem darunterliegenden A stimmen. Wenn die Quinten bis dahin stimmen, wird dies auch kein Problem sein.

30 Nun zu diesem E eine schwebungsfreie Oktave nach unten stimmen. Die Terz von dem C unter dem mittleren C zu diesem E sollte nun 5 Schwebungen pro Sekunde haben. Dies kann man hören, selbst wenn man es noch nicht exakt zählen kann. Die Töne, die die Schwebungen verursachen sind der vierte Oberton des C und der dritte Oberton des E, das ist das zwei Oktaven höhere E. Um das Ohr auf diesen Ton zu lenken, kann man auch hier eine Saite dieses Tones kurz anzupfen.

31 Nun kann man den Dur-Dreiklang G - C - E spielen – und wird zum ersten Mal im Leben merken, wie schrecklich er eigentlich klingt. Viele Menschen mit einem guten musikalischen Gehör, die nie zuvor ein Klavier gestimmt hatten, haben hier nun das Gefühl, dass sie irgendetwas völlig falsch gemacht haben. Dennoch ist dieser Klang korrekt (temperiert).

Und so geht es weiter:

PFLEGE UND WARTUNG

32 Auch bei den folgenden Quinten kann jeder neue Ton als große, obenliegende Terz eines Dur-Akkordes getestet werden.

33 Die Quinte E – H über dem mittleren C hat 1,11 Schwebungen pro Sekunde, die eine Oktave tiefer liegende Quinte die Hälfte.

34 Die Quinte H – F# um das mittlere C hat 0,83 Schwebungen pro Sekunde.

35 Die Quinte F# – C# hat 1,25 Schwebungen pro Sekunde.

36 Die Quinte C# – G# hat 0,94 Schwebungen pro Sekunde.

Eine weitere Probe

Zusätzlich zu der Probe mit dem Dur-Akkord mit obenliegender großer Terz ist es ab jetzt möglich, auch einen Moll-Akkord mit obenliegender kleiner Terz als Probe zu verwenden, hier G#-C#-E. Wenn man mehrmals zwischen diesem Akkord und dem C-Dur-Akkord (in der Lage G - C - E) hin- und herwechselt, spürt man, wie hoch das E im C-Dur-Akkord klingt und wie vergleichsweise tief im cis-Moll-Akkord. Beides ist gerade noch erträglich. Jeder neue Ton, der jetzt noch gestimmt wird, kann auf diese Weise überprüft werden. Damit hat man eine doppelte Probe, zugleich kann man kontrollieren, ob einige bereits gestimmte Töne wieder tiefer geworden sind.

37 Die Quinte G# – D# hat 1,37 Schwebungen pro Sekunde.

38 Die Quinte D# – A# oberhalb des mittleren C hat 1,05 Schwebungen pro Sekunde, die Quinte darunter die Hälfte.

39 Die Quinte A# – F hat 0,78 Schwebungen pro Sekunde.

40 Die Quinte F – C sollte nun stimmen. Wenn nein, ist unterwegs etwas schiefgegangen und viele kleine Fehler haben sich zu einem großen summiert, was sich nun in dieser (früher zu Recht so genannten) heulenden „Wolfsquinte" rächt. Bevor die elektronischen Stimmgeräte weitere Verbreitung fanden, musste so mancher Stimm-Anfänger, der brav seine Quinten gestimmt hatte, aber die Terzen noch nicht abhören konnte, an diesem Punkt feststellen, dass seine ganzen Bemühungen bis hierhin umsonst waren.

Der Augenblick der Wahrheit – der ultimative Test

Nun wird die Genauigkeit der Stimmung einem sensiblen Test unterzogen. An ihm scheitern die meisten E-Pianos, selbst wenn sie von Mathematikern „gestimmt" wurden, auch ist der Test weitaus empfindlicher als jegliches Stimmgerät. Nicht umsonst gehört dieser Test zu den bestgehüteten Geheimnissen der Klavierstimmer-Zunft.

41 Die mittlere Terz C – E kräftig anschlagen und anhören. Es sollten 10 Schwebungen pro Sekunde sein.

42 Nun die Terz C – E eine Oktave tiefer anschlagen. Hier sind es halb so viele, also 5 Schwebungen pro Sekunde.

43 Nun von oben chromatisch abwärts in großen Terzen spielen (C-E, H-D#, A#-D usw.). Die Schwebungen müssen Schritt für Schritt weniger werden.

Dieser Effekt der abnehmenden Schwebungen ist bei allen Intervallen hörbar, Sexten, Dezimen u.a. Bei Dezimen im Bass klingt es wunderschön. Wichtig ist, dass die Schwebungen mit jedem Schritt abwärts langsamer werden. Wenn bei einem Abwärtsschritt die Schwebungen gleichbleiben oder gar zunehmen, stimmt etwas nicht.

Die Ursache dafür zu finden kann schwierig sein. Meistens ist es ein Stimmwirbel, der in der Zwischenzeit noch nachgelassen hat; das lässt sich an den zwei- und dreichörigen Saiten leicht kontrollieren und wohl schnell beheben. Mit anderen kleinen Unvollkommenheiten muss man leben, etwa wenn die Schwebungen beim Übergang zu den umsponnenen Saiten nicht mehr ganz regelmäßig abnehmen, ebenso beim Übergang zu den doppelt umsponnenen Saiten und beim Wechsel zur Einchörigkeit. Aber wenn die Schwebungen (innerhalb einer gewissen Bandbreite) gleichmäßig langsamer werden, je weiter man in den Bass kommt, dann kann man mit seiner Arbeit zufrieden sein.

6: Das ganze Klavier stimmen

Wenn die beiden mittleren Oktaven fertig gestimmt sind, wird der Rest des Klaviers in Oktaven gestimmt. Dennoch sollte man regelmäßige Proben, auch mit anderen Intervallen, durchführen.

Zum Beispiel:

Im Diskant sollte jeder neu gestimmte Ton abwechselnd als Terz eines Durakkords und als Terz eines Mollakkords überprüft werden. Ist er zu hoch, klingt die Durterz fürchterlich, ist er zu tief, dann klingt die Mollterz furchtbar.

Im Bass sollte jeder neu gestimmte Ton mit der oberen Dezime geprüft werden. Dabei sicherstellen, dass die Schwebungen mit jedem Schritt nach unten abnehmen. Es ist gleichgültig, ob man den Bass oder den Diskant zuerst stimmt. Viele Stimmer fangen wie hier beschrieben im Bass an, aber es geht auch anders herum.

Den Bass stimmen
Vom H unterhalb des mittleren C zum tieferen H in Oktaven stimmen

1 Die linke Saite des zweichörigen Tones H abdämpfen.

2 Die klingende Saite schwebungsfrei zur oberen Oktave stimmen.

3 Den Stimmkeil abziehen und die zuvor gedämpfte Saite stimmen.

4 Die Schritte 1-3 chromatisch absteigend für alle Töne wiederholen.

Leider werden immer mehr Probleme auftreten, je tiefer man in den Bass kommt. Vor allem bei kleinen Klavieren kann es schwierig sein, überhaupt den Grundton der Saite zu bestimmen. Manchmal irritieren auch mehrere nahezu gleichstarke Schwebungen verschiedener Obertöne das Ohr. Man kommt an einen Punkt, an dem bestimmte Schwebungen auf einmal schneller werden und andere gleichzeitig langsamer. Die einzig praktikable Lösung ist aufzuhören, wenn man eine Stimmung gefunden hat, die wenigstens einigermaßen richtig klingt – obwohl das schwierig sein kann, wenn plötzlich gar nichts mehr richtig klingt.

Oktaven müssen gestreckt werden

Wie oben im Abschnitt „Obertonstruktur" (S. 172) erklärt, teilt sich eine schwingende Saite zugleich in zwei, drei, vier und mehr Teile. Das Problem ist, dass der Klavierdraht so steif und hart, und im Bass auch so dick ist, dass der Knotenpunkt – der feststehende Punkt auf der Saite, an dem die verschiedenen Schwingungen aufeinander treffen – ein gewisses Volumen einnimmt, das von der klingenden Länge der Saite abgezogen wird. Daher ist die schwingende Hälfte der Saite kürzer als die tatsächliche halbe Saite, ebenso das schwingende Drittel, Viertel usw. Das bedeutet, dass die Obertöne im Vergleich zum Grundton zwangsläufig immer minimal höher sind, und je weiter man in der Obertonreihe nach oben kommt, desto mehr „verstimmen" sich die Obertöne nach oben (werden aber glücklicherweise auch immer leiser).

Ein Stimmer wird auf diesen Vorgang eingehen, indem er die Oktaven „streckt" oder auch „spreizt", d.h. etwas weiter stimmt. Beim Stimmen der Basstöne werden die Saiten also minimal tiefer gestimmt, damit der erste Oberton mit der höheren Oktave übereinstimmt.

Elektronische Stimmgeräte sind hierzu vollkommen nutzlos, auch wenn der Ton absolut richtig klingt, wird er meistens als zu tief gemessen. Mit einigen Geräten können solche „gestreckten Oktaven" theoretisch gestimmt werden, indem man das Gerät auf die höhere Oktave des zu stimmenden Tons justiert. Das Stimmgerät „hört" dann auf diesen ersten Oberton und angeblich kann die Oktave dann „gestreckt" gestimmt werden. Da die vielen weiteren klangbestimmenden Obertöne nicht mit berücksichtigt werden, muss dahin gestellt bleiben, ob das Ergebnis zufriedenstellend ausfallen kann.

Das Strecken der Oktaven bleibt daher immer noch mehr eine Kunst als eine Wissenschaft. Jedes Klavier muss beim Strecken der Oktaven anders behandelt werden und jeder Stimmer entscheidet leicht unterschiedlich, wie viel er für angemessen hält und wie es „richtig" klingt.

Den Diskant stimmen

Von der „Temperatur" der Mitte aus nach oben zu stimmen ist relativ einfach bis zu dem Punkt, an dem sich der gerade im Bass beschriebene Effekt der gestreckten Oktaven bemerkbar macht. Obwohl das Stimmgerät die eigentlich korrekte Frequenz anzeigt, klingen die Töne zu tief. Dieses Problem ist teils technischer Natur, teils hat es mit der menschlichen Wahrnehmung zu tun.

Zuerst zum Technischen. Auch ein dünner Klavierdraht ist immer noch sehr steif. Die klingende Länge im oberen Diskant ist sehr klein, die alleroberste Saite ist selten länger als 50 mm. Die Knotenpunkte der Schwingung der Teiltöne nehmen von der sowieso schon kurzen Saite nochmals etwas weg, die Obertöne werden damit noch höher. Zudem nimmt das menschliche Gehör mathematisch richtig gestimmte hohe Melodietöne als zu tief wahr. Dies demonstrierten die ersten digitalen E-Pianos: Um Speicherplatz zu sparen wurde nur ein Ton eines Flügels gesampelt, die übrigen 87 Töne wurden mathematisch erzeugt. Als Ergebnis waren die Töne der obersten Oktave zu tief.

Kann die Tonhöhe von selber steigen?

Das gibt es, aber es kommt selten vor. Normalerweise werden Klaviere tiefer, die Stimmung lässt wegen der großen Spannung der Saiten nach. Damit die Stimmung steigt, muss hingegen die Saitenspannung zunehmen. Eine Ursache dafür ist feuchtes Wetter. Der Resonanzboden dehnt sich aufgrund der Feuchtigkeit aus und drückt auf die Stege, wodurch die Saitenspannung steigt. Der Stimmer steht hier vor einem Dilemma: Wenn er auf die korrekte Tonhöhe hinab stimmt, wird das Klavier nochmals tiefer, wenn das Wetter besser wird. Lässt er es zu hoch, wird er wahrscheinlich den Zorn der Spieler auf sich ziehen.

Nur selten trifft man auf ein Klavier das absichtlich und nicht aus Unvermögen oder böswillig höher gestimmt ist als normal. Der „Orchester-Stimmton" beispielsweise ist aus historischen Gründen höher als a=440Hz, das Klavier kann für die Aufführung bestimmter Werke danach gestimmt worden sein.

PFLEGE UND WARTUNG

7: Wenn die Stimmung zu tief ist

Nun kommt man sicherlich nicht mehr ohne ein Stimmgerät aus. Für einen professionellen Stimmer wird es möglich sein, für einen Amateur jedoch wäre es extrem schwer. Wenn die Prüfung mit Stimmgabel oder Stimmgerät ergibt, dass das mittlere C so tief ist, dass es eher ein H ist, dann hat man mehrere harte Nüsse zu knacken. Man muss sich fragen

- ob das Klavier überhaupt noch auf die richtige Tonhöhe zu stimmen ist.
- ob das, wenn ja, mit einer einzigen Stimmung erledigt werden kann.
- und ob es die Stimmung dann überhaupt hält.

Das Alter spielt dabei natürlich eine große Rolle; je älter das Klavier ist, desto wahrscheinlicher ist es, das ein einmaliges Stimmen nicht ausreicht, um die Stimmung zu stabilisieren. Doch die vielleicht noch wichtigere Frage ist: Wofür und wie wird das Klavier benutzt?

- Man spielt alleine: Wenn man hauptsächlich alleine spielt und dem Spieler die absolute Tonhöhe nicht so wichtig ist, kann man die Stimmung auch später in mehreren Schritten, mit wiederholtem Stimmen auf die richtige Tonhöhe bringen.
- man spielt nicht alleine: Wenn man mit einem Sänger oder anderen Instrumentalisten zusammen musizieren möchte, oder mit einer play-along CD/ DVD üben und spielen will, hat man keine Wahl. Wenn man kein neues kaufen will, muss man das Klavier auf die richtige Tonhöhe hochstimmen.

Wenn man keine Eile hat, ist Möglichkeit A die bessere Wahl. Ein Klavier das rigoros mit nur einer Stimmung „hochgezogen" wird, verstimmt sich sehr schnell wieder. Ein Argument für Möglichkeit B, neben der bloßen Notwendigkeit ist, dass ein zu tief gestimmtes Klavier leblos und blass klingt und auch weniger Klangvolumen hat als ein auf die richtige Tonhöhe gestimmtes Klavier.

Leider muss man die Entscheidung treffen, ohne den Zustand des Klaviers wirklich zu kennen. Dieser stellt sich meist erst heraus, wenn man mit dem Legen der Temperatur schon fast fertig ist. Es ist unmöglich vorherzusagen, wie ein Klavier, das jahrelang nicht gestimmt wurde, auf solch eine drastische Maßnahme reagiert. Bei einigen wird es funktionieren, bei anderen nicht. Möglichkeit B ist ein Glücksspiel: Wenn noch beim Legen der Temperatur, Töne, die man schon bearbeitet hatte, immer wieder nachlassen, hat man verloren. Dann hat man keine andere Wahl als von vorne zu beginnen oder auf Möglichkeit A umzuschwenken.

Wenn das Klavier lange Zeit nicht gestimmt wurde, kann es sein, dass die Stimmwirbel sich zwar drehen lassen, aber der Ton nicht höher wird, auch wenn man überprüft hat, dass man am richtigen Wirbel dreht. Dann auf keinen Fall weiter drehen, da die Gefahr besteht, dass die Saite reißt. Sie hängt wahrscheinlich am Steg fest, ein klein wenig Rost als Folge der elektrochemischen Reaktion zwischen gezogener Stahlsaite und Gussrahmen reicht dazu aus. Kleine, kaum sichtbare Rostflecken auf der Saite können auch der Grund sein, dass die Saite zwar nicht ganz fest steckt, aber nur schwer zwischen Steg und Druckstab hindurch gleitet.

EIN KLAVIER SELBER STIMMEN

 Wie man die Stimmung auch stabilisieren kann – wenn man es sich traut!

Eine Klaviersaite hat drei Bereiche:

- die klingende Länge zwischen oberem und unterem Steg
- das lebende Ende zwischen oberem Steg und Stimmwirbel
- das tote Ende zwischen unterem Steg und Anhängestift

Die Abbildung auf S. 103 zeigt das tote Ende der Basssaiten im Klavier, die Abbildung rechts zeigt das lebende Ende, von oberem Steg bis zum Stimmwirbel.
Eine der Voraussetzungen, damit ein Klavier die Stimmung hält, ist, dass die Saitenspannung in diesen drei Bereichen gleich ist. Dem wirkt jedoch die Reibung der Saitenführung – über den oberen Steg unter den Druckstab und an den Stegstiften über den unteren Steg – mehrfach entgegen. Beim Stimmen muss versucht werden, alle diese Widerstände auszugleichen. Für gewöhnlich kann man daran nur scheitern, im lebenden Saitenende bleibt immer etwas mehr Spannung als im mittleren, klingenden Bereich. Im toten Ende ist die geringste Spannung.

Aber vielleicht gibt es eine andere, schnellere Methode zur Stabilisierung, die quasi als Nebeneffekt eines Klaviertransports eintritt. Gemeinhin wird angenommen, dass ein Klavier sich beim Transport verstimmt, weil die Saitenspannung teils nachlässt. Nun lässt sich manchmal beobachten, dass sich Klaviere sogar bei etwas holprigen Transporten eher stabilisieren und nur ein paar Saiten nachgestimmt werden müssen. Anscheinend wird durch das unvermeidliche Rütteln die Saitenspannung in den verschiedenen Bereichen ausgeglichen. Was lässt sich daraus lernen? Vielleicht dass man, um ein Klavier schnell zu stabilisieren, dieses zuerst stimmen, dann mit einem Anhänger ein paar Stunden auf holprigen Feldwegen fahren und dann das Klavier nochmals stimmen sollte.

Auf jeden Fall muss der Wirbel nun zuerst gegen den Uhrzeigersinn gedreht werden, um die Spannung von der Saite zu nehmen, was oft mit einem deutlichen „ping" passiert. Aber die Probleme sind damit nicht vorbei. Man hat sich zwar eine gerissene Saite erspart, dafür ist die Saite nun so tief, dass es schwierig sein dürfte, sie wieder stabil auf die Tonhöhe zu bringen. Aber nun an's Klavier. Bei Möglichkeit A wird das Klavier etwas tiefer gestimmt. Aber wie viel tiefer?

1 Mit dem Stimmgerät bestimmen, um wie viel das Klavier im Durchschnitt zu tief ist (die hohen Saiten sind gewöhnlich tiefer als die Basssaiten, da sie im Verhältnis zur Länge mehr nachgeben).

2 Wenn man die durchschnittliche Tonhöhe bestimmt hat, muss das Stimmgerät darauf eingestellt werden (so lange auf die „tiefer"-Taste drücken, bis das gespielte mittlere C vom Gerät als C angezeigt wird. Wenn die Bandbreite des Stimmgeräts dafür nicht ausreicht, kann man das mittlere C des Klaviers auf den Ton H des Stimmgeräts stimmen, dazu muss gegebenenfalls das H des Geräts erhöht werden. Die Tonnamen des Stimmgeräts sind dann einen Halbton versetzt. In Ausnahmefällen kann es sogar sein, dass das mittlere C noch tiefer gestimmt werden muss).

3 Das weitere Stimmen erfolgt wie in den Abschnitten 5 und 6 dargestellt, allerdings mit entsprechend geringeren Schwebungsraten.

Bei Möglichkeit B wird alles auf eine Karte gesetzt und das Klavier auf die richtige Tonhöhe gebracht.

1 Das elektronische Stimmgerät 5-10 cent (d.h. ein 100stel eines Halbtons) höher einstellen.

2 Möglichst schnell das Klavier hochstimmen, ohne zu sehr auf Genauigkeit zu achten.

3 Eine Zeitlang über die gesamte Tastatur laut und kräftig spielen.

4 Die Saiten über Nacht etwas nachgeben lassen. Mit etwas Glück ist das etwa so viel, wie man höher gestimmt hat.

5 Am nächsten Tag das Klavier stimmen, wie in den Abschnitten 5 und 6 beschrieben. Wenn man das Absinken richtig eingeschätzt hat, kann es gelingen, das Klavier zu stabilisieren. Manchmal bracht es dazu noch eine weitere Stimmung.

6 Auf jeden Fall das Klavier einige Wochen später nochmals stimmen.

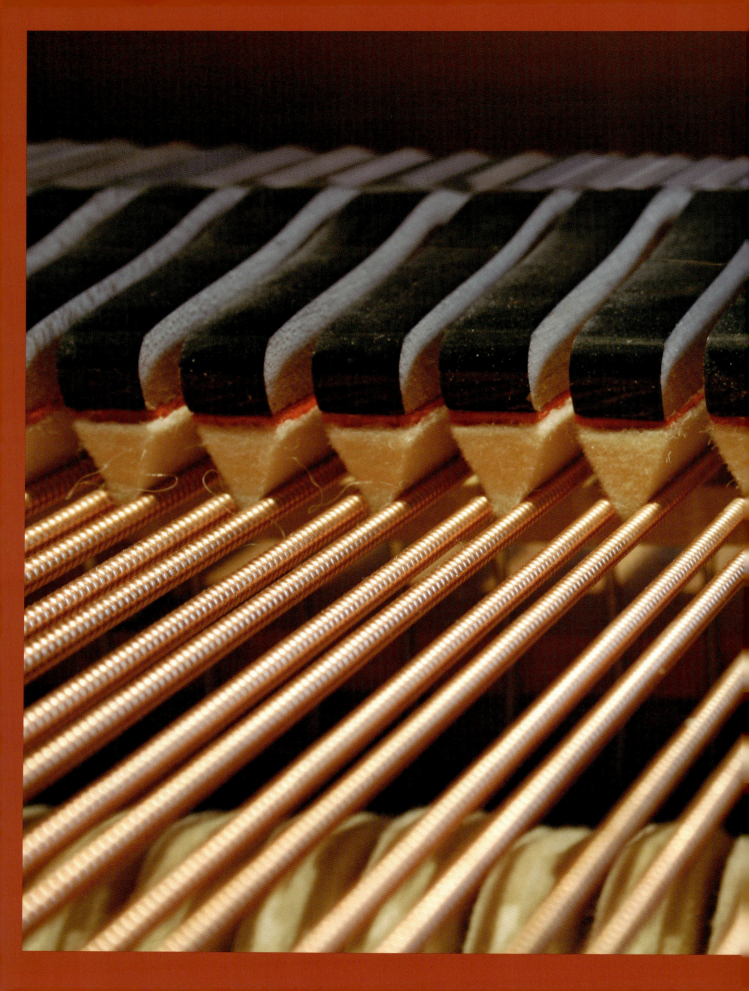

Appendix
Zusätzliche Informationen

- **186** Schwingungszahlen
- **187** Schwebungszahlen
- **188** Drahtstärken
- **189** Das Werkzeug
- **190** Glossar
- **194** Literatur
- **194** Nützliche Adressen
- **195** Index

Appendix

■ Anhang 1
Schwingungszahlen

Tonname	Tastennummer	Frequenz
A	1	27.5
A #	2	29.1
B	3	30.9
C	4	32.7
C #	5	34.6
D	6	36.7
D #	7	38.9
E	8	41.2
F	9	43.7
F #	10	46.2
G	11	49.0
G #	12	51.9
A	13	55.0
A #	14	58.3
B	15	61.7
C	16	65.4
C #	17	69.3
D	18	73.4
D #	19	77.8
E	20	82.4
F	21	87.3
F #	22	92.5
G	23	98.0
G #	24	103.8
A	25	110.0
A #	26	116.5
B	27	123.5
C	28	130.8
C #	29	138.6
D	30	146.8
D #	31	155.6
E	32	164.8
F	33	174.6
F #	34	185.0
G	35	196.0
G #	36	207.7
A	37	220.0
A #	38	233.1
B	39	246.9
mittleres C	40	261.6
C #	41	277.2
D	42	293.7
D #	43	311.1
E	44	329.6
F	45	349.2
F #	46	370.0
G	47	392.0
G #	48	415.3
A	49	440.0
A #	50	466.2
B	51	493.9
C	52	523.3
C #	53	554.4
D	54	587.3
D #	55	622.3
E	56	659.3
F	57	698.5
F #	58	740.0
G	59	784.0
G #	60	830.6
A	61	880.0
A #	62	932.3
B	63	987.8
C	64	1046.5
C #	65	1108.7
D	66	1174.7
D #	67	1244.5
E	68	1318.5
F	69	1396.9
F #	70	1480.0
G	71	1568.0
G #	72	1661.2
A	73	1760.0
A #	74	1864.7
B	75	1975.5
C	76	2093.0
C #	77	2217.5
D	78	2349.3
D #	79	2489.0
E	80	2637.0
F	81	2793.8
F #	82	2960.0
G	83	3136.0
G #	84	3322.4
A	85	3520.0
A #	86	3729.3
B	87	3951.1
C	88	4186.0

jede Schwingungszahl ist das Produkt der vorgehenden mit der 12 Wurzel aus 2. ($X \times 2^{1/12}$)

APPENDIX

Anhang 2
Schwebungen

Stimmung: die mittleren zwei Oktaven um das mittlere C.
Schwebungszahlen der Quinten.

Tonname	Tastennummer	Quinte	Tastennummer	Schwebungszahl
C	28	G	35	0.44
C#	29	G#	36	0.47
D	30	A	37	0.5
D#	31	A#	38	0.53
E	32	B	39	0.56
F	33	C	40	0.59
F#	34	C#	41	0.63
G	35	D	42	0.66
G#	36	D#	43	0.7
A	37	E	44	0.75
A#	38	F	45	0.79
B	39	F#	46	0.84
mittleres C	40	G	47	0.89
C#	41	G#	48	0.94
D	42	A	49	1
D#	43	A#	50	1.06
E	44	B	51	1.12
F	45	C	52	1.18
F#	46	C#	53	1.26
G	47	D	54	1.33
G#	48	D#	55	1.41
A	49	E	56	1.49
A#	50	F	57	1.58
B	51	F#	58	1.67
C	52	G	59	1.77

Tonname	Tastennummer	Frequenz	1	2	3	4	5	6	7	8
C	28	130.813	261.6	392.439	523.3	654.1	784.88	915.69	1046.5	1177.32
C#	29	138.6	277.2	415.775	554.4	692.96	831.55	970.14	1108.73	1247.32
D	30	146.8	293.7	440.498	587.3	734.16	881	1027.83	1174.66	1321.49
D#	31	155.6	311.1	466.691	622.3	777.82	933.38	1088.95	1244.51	1400.07
E	32	164.8	329.6	494.442	659.3	824.07	988.88	1153.7	1318.51	1483.33
F	33	174.6	349.2	523.843	698.5	873.07	1047.69	1222.3	1396.92	1571.53
F#	34	185.0	370.0	554.993	740.0	924.99	1109.99	1294.98	1479.98	1664.98
G	35	196.0	392.0	587.994	784.0	979.99	1175.99	1371.99	1567.98	1763.98
G#	36	207.7	415.3	622.958	830.6	1038.26	1245.92	1453.57	1661.22	1868.87
A	37	220.0	440.0	660.001	880.0	1100	1320	1540	1760	1980
A#	38	233.1	466.2	699.247	932.3	1165.41	1398.49	1631.58	1864.66	2097.74
B	39	246.9	493.9	740.826	987.8	1234.71	1481.65	1728.59	1975.54	2222.48
mittleres C	40	261.6	523.3	784.878	1046.5	1308.13	1569.76	1831.38	2093.01	2354.63
C#	41	277.2	554.4	831.549	1108.7	1385.92	1663.1	1940.28	2217.46	2494.65
D	42	293.7	587.3	880.996	1174.7	1468.33	1761.99	2055.66	2349.32	2642.99
D#	43	311.1	622.3	933.382	1244.5	1555.64	1866.76	2177.89	2489.02	2800.15
E	44	329.6	659.3	988.884	1318.5	1648.14	1977.77	2307.4	2637.02	2966.65
F	45	349.2	698.5	1047.686	1396.9	1746.14	2095.37	2444.6	2793.83	3143.06
F#	46	370.0	740.0	1109.985	1480.0	1849.98	2219.97	2589.97	2959.96	3329.96
G	47	392.0	784.0	1175.988	1568.0	1959.98	2351.98	2743.97	3135.97	3527.96
G#	48	415.3	830.6	1245.916	1661.2	2076.53	2491.83	2907.14	3322.44	3737.75
A	49	440.0	880.0	1320.000	1760.0	2200	2640	3080	3520	3960
A#	50	466.2	932.3	1398.491	1864.7	2330.82	2796.98	3263.15	3729.31	4195.47
B	51	493.9	987.8	1481.650	1975.5	2469.42	2963.3	3457.18	3951.07	4444.95
C	52	523.3	1046.5	1569.753	2093.0	2616.26	3139.51	3662.76	4186.01	4709.26

APPENDIX

Berechnung der Schwebungszahlen

Schwebungen treten zwischen nahe beieinander liegenden Tönen auf, die Schwebungszahl wird durch Subtraktion der Schwingungszahl der beiden am nächsten beieinander liegenden Obertöne der zu stimmenden Töne berechnet.

In Anhang 2.2 sind die sind die Grundschwingungen der Töne der mittleren zwei Oktaven zusammengefasst (Spalte 3). Die folgenden Spalten geben die durch Multiplikation (x2, x3 usw.) errechneten Schwingungen des ersten bis achten Obertons an.

Zur Verdeutlichung ein Beispiel (in der Tabelle durch die roten Zahlen gekennzeichnet):

C28 hat 130,813 Hz. Der zweite Oberton hat
130,813 Hz x 3 = 392,439 Hz.
G35 hat 196 Hz. Der erste Oberton hat 195 Hz x 2 = 392 Hz.

Wenn diese beiden korrekt gleichschwebend-temperiert gestimmt sind, beträgt die Schwebungsrate genau die Differenz der Schwingungen der Obertöne, also 0,439 Schwebungen pro Sekunde oder eine Schwebung in 2,28 Sekunden. Die „schwebende" Note ist G47, das G über dem mittleren Cm das genau mit 392 Hz schwingt (zur vereinfachten Darstellung wurden eventuelle, durch das „Strecken der Oktaven" verursachte minimale Änderungen der Schwingungszahlen vernachlässigt. Siehe dazu Kap. 10. In der Praxis kann alles ein klein wenig anders sein).
Noch zwei weitere Berechnungen:

Der fünfte Oberton von C28 hat 130,813 x 6 = 784,8766 Hz.
Der 3 Oberton von G 35 hat 196 Hz x 4 = 784 Hz.

Die Obertöne stimmen fast überein, die Schwebungszahl ist gerundet 0,87. Die schwebende Note ist G59, eineinhalb Oktaven über dem mittleren C und eine Oktave über G47 schwingt also doppelt so schnell wie G47. Dieser Oberton hat nur einen geringen Anteil am Gesamtklang, aber bei genauem Hinhören ist auch diese Schwebung neben der ersten deutlich vernehmbar.

Die weiteren Obertöne dieses Intervalls erzeugen kaum noch hörbare Schwebungen. Am ehesten noch der neunte Oberton von C28 (1177.315 Hz) und der sechste Oberton von G35 (1177,985 Hz). Die Schwebungszahl beträgt 1,33, der Ton ist etwas höher als D66 (1174,66 Hz). Er klingt damit recht unangenehm, glücklicherweise ist er so leise, dass so gut wie niemand ihn unter all den anderen heraushört.

Auf diese Art und Weise lassen sich die Schwebungszahlen zum Stimmen aller Intervalle berechnen. Dennoch sollte man diese wissenschaftliche Herangehensweise nicht übertreiben. Jedes Klavier hat seine Eigenheiten und Inharmonizitäten, die sich nicht über einen Kamm scheren lassen. Wenn man beim Stimmen das Beste aus seinem Klavier heraus holen möchte, muss man zuerst das machen, was einem die eigenen Ohren sagen und nicht das, was in einer Tabelle steht.

■ Anhang 3
Drahtstärken

Nr.	1/1000 inch	mm
12	29	0.074
12.5	30	0.076
13	31	0.079
13.5	32	0.081
14	33	0.084
14.5	34	0.086
15	35	0.089
15.5	36	0.091
16	37	0.094
16.5	38	0.097
17	39	0.099
17.5	40	0.102
18	41	0.104
18.5	42	0.107
19	43	0.109
19.5	44	0.112
20	45	0.114
21	47	0.119
22	49	0.124
23	51	0.130
24	53	0.135
25	55	0.140
26	57	0.145

Pianodraht, Saitendraht und Achsstifte werden in diesen Stärken angegeben.

Anhang 4
Das Werkzeug

Spezielle Werkzeuge können bei den Piano-Teile-Händlern (siehe Adressen) gekauft werden, gebrauchte Werkzeuge sind immer wieder im Internet zu finden. Viele der benötigten Werkzeuge hat man aber meist schon im eigenen Werkzeugkasten oder kann sie leicht im Baumarkt kaufen.

Allgemeine Werkzeuge
- **Bleistifte**: mehrere. Man verliert immer einen. Mindestens.
- **Bohrmaschine (elektrisch)**: klein. Wichtig: eine große Auswahl guter Bohreinsätze.
- **Klebstoffe**: verschiedene, meist jedoch Stoffkleber
- **Klemmen und Schraubzwingen**: in verschiedenen Größen für verschiedene Aufgaben. Meistens kleine, selbstspannende Klammern um frische Verklebungen zu halten, bis der Kleber trocken ist, z.B. Abb. 8a.3.
- **Klingen**: Standardklingen für Teppichmesser
- **Lötlampe**: eher selten benötigt; manchmal aber die letzte Rettung um festsitzende Verbindungen zu lösen.
- **Meißel**: mit breiter Klinge. Die Qualität ist zweitrangig, da in der Hauptsache Klebstoffreste damit entfernt werden.
- **Mikrometer**: Zum Bestimmen der Dicke von Filzen u.a.
- **Paketklebeband**
- **Pinzetten**: eines der am häufigsten verwendeten Werkzeuge (vgl. Abb. 8b.11). Am besten Zahnarztpinzetten mit einem gebogenen Ende von 45°. Und auch sehr lange, um eventuell verlorene Kleinteile wieder herauszuziehen
- **Schere**: sehr scharf!
- **Schleifpapier**: in verschiedenen Graden bis hochfein.
- **Schleifpapierfeilen**: siehe Abb. 8b.70
- **Schraubenschlüssel (verstellbar) oder Rohrzange**: zum Abmontieren von Flügelbeinen, angerosteten Bolzenschrauben und andere, gröbere Arbeiten
- **Schraubenzieher**: verschiedene Typen und Größen. Mindestens zwei lange dünne (Abb. 8b.51 zeigt warum) – ein normaler und ein Kreuzschlitzschraubenzieher – mit ziemlich kleiner Spitze. Auch ein großer für gröbere Arbeiten (Lösen von Tastenbacken u.a.).
- **Schraubstock**: mit Material (Filz, Tuch) zum Polstern
- **Teppichmesser oder Skalpell**
- **Wagenheber**: mit Holzbalken zum Abstützen beim Einschlagen neuer Stimmnägel im Flügel. Siehe Abb. 9.53. Man kann auch ein spezielles Stützwerkzeug kaufen, aber wozu?
- **Zangen**: Mindestens zwei, eine Flachzange und eine Beißzange.
- **Zeitungspaper / Tücher**: Zum Abdecken oder Auspolstern

Spezielle Werkzeuge zum Regulieren und Reparieren
Außer vielleicht dem Satz Richtgarnituren sollte man folgende Werkzeuge nur dann kaufen, wenn man sie braucht.
- **Handreibahle**: zum Ausreiben der Achsgarnierung. Siehe Abb. 8b.35
- **Ahle**: sehr fein, zum Glätten der Achsgarnierung. Siehe Abb. 8b.36
- **Pilotenrichter / - dreher**: siehe Abb. 7.4
- **Achsenzwickzange**: siehe Abb. 8b.35 und 8b.61
- **Ringheber**: siehe Abb. 8c.12
- **Achsen Aus- und Eindrückwerkzeug**: siehe Abb. 8b.42
- **Hammerstielentferner für Flügel**: siehe Abb. 8b.83
- **Intoniernadel**: siehe Abb. 8b.75
- **Hammerstielzwickzange**: siehe Abb. 8b.91
- **Hammerstielentferner für Klaviere**: siehe Abb. 8b.9
- **Klaviaturdruckzange**: für zu enge Garnierungen der Tastenlöcher. Der kleinere Backenklotz drückt auf die Garnierung, durch den größeren Backenklotz außen wird der Druck verteilt, damit das Holz der Taste nicht splittert.
- **Regulier-Gestell**: vgl. Abb. 9.42
- **Richtgarnitur**: siehe Abb. 7.26 und 8b.21. Wechselheft, Kröpfeisen, mehrere Richteisen (im Fachhandel erhältlich)
- **Klavierdrahtmesser**: siehe Abb. 8b.32
- **Löffelrichter**: vgl. Abb. 8b.22
- **Saitenrichteisen**: zum Aufziehen neuer Saiten
- **Metallhülsen für Stimmwirbel**: siehe Abb. 8c.23
- **Setzeisen für Stimmwirbel**: Sie Abb. 8c.21.

Spezialwerkzeuge zum Stimmen
- **Elektronisches Stimmgerät**: wichtig zum Feststellen, ob das Klavier wesentlich unter der normalen Stimmhöhe ist. Siehe Kap. 10 „Elektronische Stimmgeräte: ja oder nein?". Viele Profigeräte haben Einstellungen, die man so gut wie nie braucht, daher vor dem Kauf informieren.
- **Stimmkeile**: aus Gummi oder Filz. Bei Flügeln reichen Keile (siehe Abb. 10.5), für Klaviere gibt es spezielle Diskantstimmkeile, damit man an die Saiten gelangt. Zwei Stück sind hilfreich, da die Saiten sehr nah beieinander stehen. Es gibt sie aus Holz, Kunststoff und Nylon, letzteres ist am geeignetsten.
- **Stimmhammer**: man sollte auch für den Anfang nicht unbedingt den billigsten kaufen. Viele Stimmhämmer sind zu kurz, um damit genau arbeiten zu können, auch bricht der Kopf leicht ab. Der Stimmhammer Abb. 10.1. hat durch den ausziehbaren Griff eine größere (und damit genauere) Hebelwirkung sowie austauschbare Einsätze für verschiedene Stimmwirbelgrößen, und kann in verschiedenen Positionen eingesetzt werden. Für neuere Klaviere sind Stimmhämmer mit Innenvierkantaufsatz geeigneter als die sternförmigen, da sie wegen des geringeren Durchmessers besser greifen. Sie werden daher auch von vielen Klavierstimmern bevorzugt.
- **Stimmgabel**: Stimmgabeln kann man günstig in jedem Musikgeschäft kaufen. Auch wenn man sonst ein elektronisches Stimmgerät benutzt, kann man diese ab und zu mit der Stimmgabel überprüfen.

GLOSSAR

Achsstifte: Kleine, vernickelte Stifte, die als Achse in allen beweglichen Teilen der Mechanik fungieren..

Agraffen: Ein Metallbeschlag mit Löchern, durch die die Saiten geführt werden, eine Art Steg für jede einzelne Saite, was zur Klangverbesserung beitragen soll. Sie werden an Stelle eines mit dem Rahmen gegossenen Steges verwendet.

Aliquot (-Saiten): Eine Methode, nicht angeschlagene Saiten(teile) mitschwingen zu lassen, etwa die „lebenden" Saitenenden der Duplexskala. Bei älteren Blüthner-Modellen wurden eigene Aliquotsaiten eingebaut, um diesem Effekt zu verstärken.

Anhängestift: Stahlstift oder eingegossener vorstehender Haken am Ende des Rahmes, an dem die Saiten befestigt sind, bzw. herumgeführt sind.

Auslösung (1): Der Moment, an dem der Hammer von der Stosszunge freigegeben wird und sich im freien Flug auf die Saite zubewegt. Bei Klavieren etwa 3,1 mm vor der Saite, bei Flügeln 1,5 mm.

Auslösung (2): Der bestimmende Mechanismus der Mechanik, der den Hammer in Bewegung versetzt, ihn aber vor kurz vom Aufprall auf die Saite „auslässt", so dass er frei durch die Luft fliegt, die Saite anschlägt und wieder in die Ruheposition zurückfällt.

Auslösung, doppelte: Die in allen Flügeln eingesetzte Art der Mechanik. Sie ermöglicht schnelle Tonrepetitionen in voller Lautstärke, ohne ein völliges Loslassen der Taste. Umgangssprachlich auch Rollenmechanik genannt.

Backenklötze: Die Holzblöcke an den Enden der Tastatur, um den Abstand zwischen Tastatur und Klavierbreite aufzufüllen. Bei Flügel fungieren sie auch als Halterungen der Führungsstifte für den una-corda-Mechanismus.

Blankbezug: Die nicht umsponnenen, blanken Saiten

Clavier: In früherem Sprachgebrauch jedes Tasteninstrument außer der Orgel.

Dämpferlöffel: Kleines Metallteil an der Rückseite der Mechanik bei aufrechten Klavieren, das den Dämpfer hochhebt, wenn die Taste gedrückt wird.

Dämpferpedal: Das rechte Pedal. Alle Dämpfer werden hochgehoben und die angeschlagenen Töne klingen weiter bis sie natürlich verklingen oder das Pedal wieder losgelassen wird. Auch die nicht angeschlagenen Saiten schwingen mit. Nicht ganz korrekt auch Forte-Pedal genannt.

Dämpferprallleiste: Bei Klavieren die filzbezogene Holzleiste hinter den Dämpfern.

Dämpfung: Mechanismus mit dem das Erklingen des Tons nach Loslassen der Taste gestoppt wird.

Diagonalbesaitung / -Bezug: Eine Variante des gerade bezogenen Klaviers, bei der die Seiten diagonal zum Baukörper des Klaviers verlaufen und daher etwas länger sein können. Nur selten gebaut, da es keine wesentliche Verbesserung handelte.

Dreichörigkeit: Der Teil des Saitenbezugs im Diskant in dem jedem Ton drei Saiten zugeordnet sind. Der Hammer schlägt alle drei Saiten zugleich an. Siehe auch einchörig, zweichörig.

Duplexskala: Spezielles Design, bei dem die normalerweise nicht klingenden Saitenenden harmonisch mitschwinge dürfen, im Normalfall das lebende Saitenende.

Duplexskala, doppelte: Von Steinway als Patent angemeldete Erweiterung der Duplexskala. Beide nicht angeschlagenen Saitenenden die normalerweise abgedämpft werden (lebendes und totes Ende) werden so angepasst, dass sie harmonisch mitschwingen.

Einchörigkeit: Der Teil des Saitenbezugs im Bass in dem jedem Ton eine Saite zugeordnet ist.

Fänger: Das Bauteil, das den nach dem Anschlag abprallenden Hammer wieder stoppt, d.i. „fängt". Beim Klavier als ein Teil der Mechanik auf dem Hebeglied sitzend, beim Flügel dagegen auf der Taste sitzend.

Fortepiano: Bezeichnung des ersten Klavierinstruments, das laut und leise, je nach Anschlag, spielen konnte (B. Cristofori). Frontplatte/ Vorderrahmen: beim Klavier die abnehmbare vordere Platte über der Tastatur.

Garnierung: Allgemeine Bezeichnung für das Ausfüttern eines Loches, das als Achse dient, um Reibung und Abnutzung zu vermindern. Beim Klavier sind die Garnierungen meist aus Stoff, um ein sanftes Ineinandergleiten von Holz und Metallteilen zu erreichen, vor allem in den beweglichen Teilen der Mechanik oder der Tastatur. Siehe auch „Plattendübel".

Gegenfänger: Der Teil des Hammermechanismus im Klavier, der auf den Fänger trifft.

Gehäuse: Alles was das Klavier zum „Möbel" macht, d.i. alle äußeren Holzteile, die das Instrument gut aussehen lassen. Gleiter: gewölbte Aufsätze im Stuhlboden, auf denen Mechanik und Tastatur gleiten, wenn das una-corda-Pedal gedrückt wird.

Halbgang: Der Pianopedalmechanismus, der die Beschleunigung der Hämmer reduziert und so ein leiseres Spiel ermöglicht. Bei älteren Klavieren als billiger una-corda-Ersatz zu finden.

Hammernuss-Plättchen: Bei einigen höherwertigen Klavieren ist der Achsstift des Hammers nicht in die Hammernuss gesteckt, sondern wird von einer kleinen Metallplatte auf ihr gehalten.

Hammerruheleiste: Filzbezogene Leiste hinter den Hammerstielen. Beim Klavier sollen die Hammerstiele den Filz gerade berühren. Beim Flügel sollte der Abstand etwa 3 mm betragen, die

GLOSSAR

Hammerstiele treffen nur bei heftigem Spiel beim Zurückprallen von der Saite kurz auf die Hammerleiste.

Hammerstiel: Stab aus Hartholz (meist Ahorn), der Hammerkopf und Hammernuss verbindet. Schwachstelle aller Rock'n'Roll Klaviere.

Hängende Mechanik: Mechanik, die anders als üblich unterhalb der Tasten angebracht ist, aus Konstruktionsgründen unangenehm zu spielen.

Hebeglied: Der Teil der Mechanik, der die Aufwärtsbewegung des Tastenendes in die Hammerbewegung umwandelt.

Intonieren: Die Technik, durch Stechen der Hämmer mit einer Nadel den Ton weicher zu machen, bzw. einige Töne, die zu sehr hervorstechen, an die anderen anzugleichen.

Kapodaster: Beim Flügel ein Metallbalken, unter dem die Saiten hindurchgeführt werden, meist mit dem Rahmen gegossen. Bei manchen Flügeln sind alle Saiten unter einem Kapodaster geführt, meistens sind es nur die oberen zwei bis drei Oktaven. Der Kapodaster soll der Auslenkung der Saiten durch den Hammeranschlag und den daraus entstehenden akustischen Problemen entgegenwirken.

Kapsel: Kleines Scharnier aus Hartholz, in dem die beweglichen Bauteile der Mechanik sich um einen Achsstift herum bewegen können.

Klavier: Im deutschen Sprachgebrauch Bezeichnung für aufrechtstehende Instrumente UND Gesamtbezeichnung für aufrecht stehende Klaviere und für Flügel.

Klaviaturdruckzange: Zange mit parallelen Backenklötzen mit der zu enge Tastengarnierungen bearbeitet werden. Ein Backenklotz drückt auf die Garnierung, der äußere ist größer, damit das Holz der Taste nicht splittert.

Klaviaturhalteleiste: Eine schmale, an der Unterseite mit einem Filzstreifen belegte Holzleiste über den Tasten. Sie verhindert ein Herausspringen der Tasten bei heftigem Spiel und ihr Herausfallen beim Transport.

Klaviaturrahmen: Hölzerner Trägerrahmen der Tastatur aus drei verbundenen Querleisten: Vordere Klaviaturrahmenleiste, Waagebalken und hintere Klaviaturrahmenleiste.

Klaviaturrahmenleiste, hintere: Mit Filz belegtes Querholz des Klaviaturrahmens, auf dem der hintere Teil der Taste in der Ruheposition aufliegt.

Kreuzbesaitung: Konstruktion des Gussrahmes in der Art, dass die Basssaiten diagonal über die Diskantseiten geführt sind, etwa im Bereich des Tones C. Dadurch können längere Basssaiten verwendet werden, als es die Bauhöhe des Klaviers eigentlich zulässt. Der Bass-Steg kann weiter in die Mitte des Resonanzbodens verlegt werden. Diese dem älteren Geradbezug in allen Belangen überlegene Bauweise wird heute allgemein verwendet.

Länge, effektive / klingende Länge: Der Teil der Saite zwischen den Stegen, der vom Hammer angeschlagen wird. Siehe auch totes Ende, lebendes Ende, Aliquot-Saiten.

Lyra: Bezeichnung für den Pedalmechanismus eines Flügels, bei älteren Flügeln oft in Form einer Lyra, einer antiken Harfe.

Lyragestänge: Halterung der Lyra beim Flügel, aus Holz oder Metall, zum Ausgleich des beim Pedaltreten ausgeübten Drucks. Wenn der Halter fehlt, ist die Gefahr des Abbrechens des gesamten Pedalmechanismus groß.

Mechanik: Der aus zahlreichen Teilen zusammengesetzte Mechanismus, der eine kleine Abwärtsbewegung der Taste (Spieltiefe) in die größere Vorwärtsbewegung des Hammers (Steighöhe) umwandelt – nach oben beim Flügel, nach vorne beim Klavier. Im 18. Jahrhundert erfunden und bis heute der geniale Wesenskern des Klaviers.

Mechanikbacken / Mechanikständer: Die Halterungen mit denen die Mechanik befestigt wird. In neuen Klavieren aus Metall, früher auch aus Holz.

Mitschwingen: Schallwellen einer Quelle können andere Saiten oder Bauteile in Schwingung versetzen. Das wird manchmal, z.B. bei der Duplexskala absichtlich eingesetzt, meist jedoch liegt es daran, dass irgendetwas im Klavier oder sogar im Raum plötzlich bei bestimmten Tönen mitschwingt. Oft irritierend, meist schwer zu finden.

Moderator: Ein einfacher Pianopedal-Mechanismus in älteren Klavieren, in gewisser Weise dem modernen Überpedal ähnlich: ein dicker Filz wird vor die Hämmer bewegt.

Oberdämpfer: Bauart bei der die Dämpfer in einem Klavier unter den Hämmern angebracht sind. Zu Recht nicht mehr gebräuchlich, da zu viele unangenehme Obertöne entstehen und die Dämpfungswirkung sehr schlecht ist.

Pianino: In Österreich gebräuchliche Bezeichnung des aufrecht stehenden Klaviers. Englisch: „upright", amerik.: „vertical".

Pilote: Kleiner Zylinder, meist aus Holz auf einer vertikalen Schraube. Ähnelt ein klein wenig einem Pilz. Die Pilote hat meist zwei Löcher, mit einem dünnen spitzen Werkzeug kann sie hinauf- oder hinab geschraubt werden, um den Abstand zweier Bauteile zu verringern oder zu vergrößern.

Pilotenfilz: Gewöhnlich der Filz oder Stoff, der in billigen Klavieren die Stellschrauben an den Tasten bedeckt. Kann allgemeiner jeden Filz bezeichnen, der verwendet wird, um Geräusche und Abrieb an aufeinandertreffenden Arbeitsteilen zu vermeiden.

Plattendübel: Ringförmige Einsätze aus Hartholz, die in die vorgebohrten Löcher der Gussplatte gesteckt werden, bevor die

GLOSSAR

Stimmnägel eingeschlagen werden. Die Plattendübel leiten den Druck der Stimmwirbel auf die Platte ab, die Stimmnägel haben festeren Sitz, können aber gleichzeitig besser gedreht werden, das Stimmen wird einfacher.

Rahmen / (Guss)Platte: Das zentrale Bauelement jedes Klaviers, Träger des Saitenbezugs. Aus Stabilitätsgründen bei allen neuen Klavieren aus Gusseisen.

Regulieren: Das Einstellen der verschiedenen Variablen, die bestimmen, wie sich das Klavier spielt. Meist nur auf das Zusammenspiel von Tastatur und Mechanik bezogen, betrifft aber genauso andere Aspekte, wie z.B. das Pedal.

Repetitionsschenkel: Teil der Flügelmechanik. Wenn eine Taste nach dem Anschlagen leicht losgelassen wird, hebt dieses federnde Bauteil den Hammer etwas nach oben, damit die Stoßzunge wieder unter das Röllchen gleiten kann. So wird eine schnellere Repetition möglich.

Resonanzboden: Große Fläche aus Holz (meist Fichte) unterhalb der Saiten. Über die auf dem Resonanzboden befestigten Stege werden die Schwingungen der Saiten auf den Resonanzboden übertragen und verstärkt.

Rolle / Röllchen: Kleiner lederbezogener Holzzylinder an der Unterseite des Hammerstiels an dem die Stoßzunge drückt, wenn die Taste angeschlagen wird.

Saitenchor: Teil des Saitenbezugs mit übereinstimmender Saitenzahl. Man unterscheidet Einchörigkeit, Zweichörigkeit und Dreichörigkeit.

Saitenende - lebendes Saitenende: Der nicht angeschlagene Teil der Saite zwischen oberem Steg und dem Stimmwirbel ; totes Saitenende: der nicht angeschlagene Teil der Saite zwischen Steg und Anhängestift. Bei den meisten Klavieren mit einem Filzstreifen abgedämpft.

Schaft: siehe Hammerstiel

Schlossleiste: Holzleiste vor der Tastatur. Bei Klavieren fest verbaut, bei Flügeln muss sie zum Ausbau der Tastatur entfernt werden.

Schwebung: Regelmäßige Modulation oder An- und Abschwellen der Lautstärke zweier Töne die nah beieinander liegen aber (noch) nicht völlig gleich gestimmt sind.

Schwebung, falsche: Der Klang einer einzelnen Saite, die in sich unharmonisch ist (Inharmonizität). Meist ein Fehler bei der Saitenherstellung. Sind mehrere Saiten betroffen, kann es sich um einen Defekt des Steges handeln.

Sostenuto-Pedal: Das mittlere Pedal, vornehmlich bei Flügeln. Funktioniert wie das Rechte Pedal (Dämpferpedal), jedoch nur bei den Tönen, deren Tasten zugleich mit dem Pedal niedergedrückt werden.

Spieltiefe: Angabe, wie weit eine Taste von der Ruheposition nach unten gedrückt werden kann.
Beträgt normalerweise 9,5-11,1 mm.

Spielwerk: Beim Flügel die Gesamtheit von Tastatur und Mechanik, die auf dem Klaviaturrahmen sitzt.

Spreizen: Etwas brutale Art und Weise, durch Beschädigung des umgebenden Holzes ausgeleierte Tastengarnierungen wieder enger zu machen.

Stechen: Im wörtlichen Sinn Stechen der Hammerkopffilze mit Nadeln beim Intonieren des Klaviers. Erfordert große Erfahrung, um den Filz nicht irreparabel zu beschädigen.

Steg: Auf dem Resonanzboden befestigte Leiste(n) aus Hartholz, über die die Saiten gespannt sind. Der Steg überträgt die Schwingungen der Saiten auf den Resonanzboden.

Stegbrücke: Der Bass-Steg ist nicht direkt auf dem Resonanzboden, sondern mittels einer Brücke montiert. Die Klangqualität wird verbessert, da der Kontaktpunkt so mehr in die Mitte des Resonanzbodens verlegt werden kann. Vor allem bei Klavieren und kleinen Flügeln zu finden.

Stegdruck: Der Winkel, in dem die Saiten über den Steg geführt sind.

Stegstifte: Kleine Nägel ohne Kopf, die in den Steg eingeschlagen werden und über die die Saiten geführt werden.

Stimmstock: Mehrschichtiger Holzbalken, in den die Stimmnägel eingeschlagen werden.

Stimmwirbel / Stimmnagel: Dient zum Stimmen des Klaviers. Die Saiten sind an einem Ende um den Stimmnagel herum gewunden. Dieser wird in den Stimmstock eingeschlagen.

Stoßzunge: Auf dem Hebeglied sitzendes Mechanikbauteil, das beim Drücken der Taste den Hammer anstößt, aber kurz vor dem Anschlag sich von diesem löst (siehe: Auslösung).

Stuhlboden: Die Fläche im Klavier auf der Klaviaturrahmen und Tastatur aufliegen.

Tastaturklappe: Für die meisten Leute einfach der Deckel über den Tasten.

Tonhaltepedal: Siehe Dämpferpedal

Trommeln: Wenn die Hämmer bei schlecht regulierte Mechanik mehrfach gegen die Saiten schlagen.

Übepedal: Auch als Moderatorpedal bezeichneter Mechanismus bei neueren Klavieren. Durch Hinabdrücken des feststellbaren mittleren Pedals wird ein dünner Filzstreifen zwischen Hämmer und Saiten geführt, wodurch (angeblich) der Klang auf ein für Familie und Nachbarn angenehmeres Lautstärkeniveau gesenkt wird.

Umfang: Alle auf dem Klavier spielbaren Töne, vom tiefsten Basston A1 (Taste 1), bis zur höchsten Note c'''' (Taste 88).

umsponnene Saiten: Bei Basssaiten ist der Stahldraht mit Kupferdraht umsponnen. Das macht die Saite dicker, sie schwingt langsamer. Nicht umsponnene Saiten dieser Dicke können nicht schwingen.

una corda pedal: Der Mechanismus des linken Pedals bei den meisten Flügeln. Beim Niederdrücken wird der gesamte Klaviaturrahmen (also Tastatur und Mechanik) ein Stück nach rechts (nur bei Ibach-Flügeln nach links) geschoben. Die Hämmer schlagen bei den zwei- und dreichörigen Saiten eine Saite weniger an, der Ton wird leiser, im einchörigen Bereich trifft der Hammer etwas versetzt auf die Saite, der Klang wird etwas weicher.

Unterdämpfer: Die heute gängige Bauweise bei Klavieren, bei der die Dämpfer unterhalb der Hämmer liegen. Da die Dämpfer so näher am Saitenmittelpunkt liegen, ist die Wirkung der Dämpfung besser.

Unterrahmenfüllung: Abnehmbare untere Frontplatte

Vollpanzerplatte: Großer Gusseisenrahmen, der in Klavieren die gesamte Bauhöhe einnimmt und auch den Stimmstock bedeckt.

vordere Klaviaturrahmenleiste: Die vordere quer verlaufende Leiste des Klaviaturrahmens, in der die vorderen Klaviaturstifte eingeschlagen sind, die in Löchern im Boden der Tasten diese führen.

Waagbalken: Quer verlaufende Holzleiste in der Mitte des Klaviaturrahmens, in die Waagebalkenstifte eingeschlagen werden.

Waagbalkenstift: Kleiner, vertikal eingeschlagener Metallstift, Drehpunkt der Taste beim Anschlagen.

Zierleiste: Bei Klavieren die direkt über der Tastatur verlaufende Holzleiste

Zierleistenfilz: Der Filzstreifen zwischen Tastatur und der direkt darüber verlaufenden Zierleiste. Jetzt meistens rot, früher auch grün oder blau. Erfüllt bei Klavieren neben der dekorativen Funktion auch die Rolle der Klaviaturhalteleiste.

Zweichörigkeit: Der Teil des Saitenbezugs (meist in der unteren Mittellage) in dem jedem Ton zwei Saiten zugeordnet sind. Der Hammer schlägt beide Saiten zugleich an.

Literatur

Bücher über Klavierstimmung und -technik tendieren dazu, immer mal wieder nicht lieferbar zu sein. Manchmal erscheinen sie in überarbeiteten Ausgaben oder in einem anderen Verlag. Aus diesem Grund sind hier meist nur die ersten Auflagen angegeben.

Duffin, Ross W. *How Equal Temperament Ruined Harmony (And Why You Should Care)*, 2006.
Interessant für alle, die sich wissenschaftlich mit der gleichschwebend-temperierten Stimmung auseinandersetzen möchten.

Fischer, J. Cree. *Piano tuning: a simple and accurate method for amateurs*, 1907.
Klassiker, auf dem das Kapitel über Klavierstimmung beruht. Doch seinen Hinweis, das Klavier nicht zu reparieren wenn man es nicht verschrotten möchte, ignoriere ich.

Pierce, Bob. *Pierce Piano Atlas*, 1947.
Der große Atlas über Hersteller, Pianonummern etc. Wurde regelmäßig überarbeitet.

Wolfenden, Samuel. *A Treatise on the Art of Pianoforte Construction*, 1916.
Eines der besten Bücher über den Klavierbau. Sehr detailliert geschrieben. Aus heutiger Sicht vielleicht übertrieben genau, doch Wolfenden wusste wie man ein Klavier baut.

Forss, Carl-Johann: Piano- und Flügelreparatur
Piano- und Flügelstimmung.
Die Regulierung von Piano- und Flügelmechaniken
Triologie des renommierten Klaviertechnikers Forss für Klaviertechniker, zum Selbststudium geeignet.

Großbach, Jan: Atlas der Pianonummern, 2010.
Das alphabetische Verzeichnis bietet über 6.000 Einträge zu Herstellern von Klavieren, Flügeln, sowie zu historischen Tasteninstrumenten und Harmoniums aus ganz Europa und deckt den Zeitraum von 1880 bis heute ab. Mittlerweile auch als PDF-Ausgabe erhältlich.

Henkel, Hubert: Lexikon deutscher Klavierbauer, 2000.
Das Lexikon verzeichnet alle durch Instrumente oder literarische Belege nachweisbaren Klavierbauer Deutschlands von den Anfängen des Hammerklavierbaus um 1730 bis zur Gegenwart.

Kontakte

Lieferanten

Während in England die meisten Teile auch als Endkunde einfach beim Hersteller bestellt werden können, liefern deutsche Großhändler oft nur an den Klavierhandel. Möglicherweise ist eine Bestellung über den Klavierhändler vor Ort eine Option. Man sollte sein Glück versuchen, ggf. bei Ebay recherchieren oder auf den ausländischen Teilehandel ausweichen.

B.&K. Baumgärtel
http://www.pianoteile-baumgaertel.de
Etablierter deutscher Großhändler

Jahn Pianoteile
www.pianoteile.com
Deutscher Großhändler der laut eigener Aussage nicht an Privatpersonen liefert. Dennoch: Viele Informationen auf der Webseite.

Meyne Klaviertechnik
http://shop.meyne.com
Ebenfalls ein deutscher Großhändler.

Piano Palme
www.gebrauchte-klavierteile.de
Ein großer Fundus von Gebrauchteilen zu günstigen Preisen und das nicht nur für Händler.

Fletcher and Newman
www.fletcher-newman.co.uk
Etablierter englischer Großhändler..

In Tune
www.getintune.co.uk
Die Firma von John Bishop. In Tune liefert an alle Klavierbesitzer alle Teile und Werkzeuge, die man benötigt um die in diesem Buch beschriebenen Arbeiten auszuführen.

Websites

Die Suche im Internet liefert heute sehr schnell viele nützliche Informationen - natürlich in unterschiedlicher Qualität. Im folgenden eine Reihe interessanter Links, die ich während der Erstellung dieses Buchs nützlich fand:

Murray's Piano Tuning
http://members.cruzio.com/~fmurray/id19.htm
Im Link "Shop Tour" findet man viele Bilder der einzelnen Arbeitsschritte der Klavierreparatur.

The Blue Book of Pianos
www.bluebookofpianos.com
Eine Fundgrube historischer und technischer Informationen, Kaufberatung.

Kawai
www.kawai.net.au/makingof.html

Wilhelm Steinberg
www.wilhsteinberg.de/de/

Yamaha
http://de.yamaha.com/

Brian Capleton
www.amarilli.co.uk

Period Piano Company
www.periodpiano.com/restoration.htm
Schöne Fotos historischer Klaviere.

Piano Gen
www.uk-piano.org/piano-gen/piano-serial-numbers.html
Mit nützlichen Informationen über Datierung und Identifizierung von Klavieren.

Index

Achsstifte 124-127, 131, 133, 163
  doppelte Auslösung 19, 49-50, 73
  hängende Mechanik 72
  Flügelmechanik 40-41
  Oberdämpfer 32, 70
  Neuachsung 131-132, 163
  Regulieren 154-155, 164
  Ausbau 74, 94, 118
  Reparaturen 116-132
  Neugarnieren 132
  Schwander-Mechanik 132
  Simplex-Mechanik 73, 77
  Mechanikbändchen 78, 116-120
  Unterdämpfer 76
  Klaviermechanik 40, 117
Agraffen 25, 50 , 59, 140
  Bass-Steg 22-23, 27, 169
  Kapodaster 23, 50-51
  Stegbrücken 151, 155, 169
  Ersetzen 150
  Risse 71, 78, 149-150
Aliquotsaiten 51
Aluminiumrahmen 75
Atwell, Winifred 71
Anhängestifte 143
Auslösebalken 164-166
Aufsatzstege 150
  Diskantsteg 22-23
Auseinanderbau 85, 94-95, 119, 155-156
Auslösung 16, 120-121, 135
  Auslöseschraube 166
    Regulierung 166
    bei Klavieren 120-121
Ausdruck 16, 42
Bach, J. S. 15, 17-19, 173
Backenklötze 23, 28, 120, 156

Baseball-Schläger 105-113
Bass-Saiten 22-23, 27-28, 86, 103, 143, 147, 183
  zweichörige Saiten 57, 103, 124, 134, 142, 147, 150, 159, 176, 178, 180
  klirrende Bass-Saiten 51, 58, 71, 102-103
  Saitenübergänge 57
  verrostete Saiten 71, 77, 86, 102-103, 147
  Herabstimmen 147
  Umgang mit Klaviersaiten 140
  Monochord 39, 124, 134, 150
  Ausbau 169
  Ersetzen 103, 104-143, 147, 168
  Diskantsaiten 22-23, 27-28, 71, 86, 140, 183
  Dreichörigkeit 29, 39, 51, 57, 71, 124, 133-4, 140 , 142, 150, 158-9, 172
  schwache Höhen 51
Blindkauf 60
Cembalo 15-17, 26
Checkliste 76-78
Chopin 18
Clavichorde 15-18, 26
Cristofori, Bartolomeo 16-17, 19, 42
Dämpfer 39-40, 42- 49, 57, 158, 167-168
  verschobene Dämpfer 124
  Oberdämpfer 43
  Regulierung 122-123, 135
  Dämpferfilz erneuern 124
  Dämpferfeder reparieren 128-130
  Unterdämpfer 43
Datierung 79
Deckel 28, 33, 57, 76, 84-85

Digitalpianos / Keyboards 9, 19, 71, 75, 181
Dudelsack 17
Duplex-Skala 23, 50-51
Drahtstärke 125, 140, 188
Dreiviertel-Rahmen 25, 32, 75-76
Druckstab 59, 140
Ebenholz 35, 113
Elektronische Stimmgeräte 70, 76-77, 175-176, 182-183, 189
Elfenbein 35, 76, 110, 112
Emerson, Keith 71
Entsorgung 66, 68
Fänger 41
  Einstellung 166
  Fängerdrähte 99
Filzpolster 106, 120
Fischer, J. C. 177
Flügel 23, -24, 33, 40-41, 49-50, 73, 84, 145, 154-165, 169
  Inspektion 74, 77
  Kreuzbezug 27
  Größen 49
Flöte 172
Harfe 172
Händler 56-58, 61, 64, 66-69, 74, 76, 77
Hebeglied 37-41, 118, 163
Gebrauchte Klaviere 64-79
Geige 34, 172
  Virginal 14-15
Gehäuse 22-23, 33, 47-48, 87
Geschenkte Klaviere 66
Gerader Bezug 25-26, 28-29, 70
Gitarre 14, 34
Glazebrook, Bob 136
Gleichschwebend- temperierte Stimmung 8, 15, 17, 18, 173, 179
Graphitpulver 91, 149
Grauimport 73
Hackbrett (Dulcimer) 15-16
Hammerruheleiste

134, 165
  Ausbau 119
Hammernuss-Plättchen 124-126, 128, 131-132
Hammerruheleiste 22
Hämmer 16, 22-23, 37-42, 49, 73, 78, 90, 92, 118, 125, 131, 133-139, 157-158
  Ausrichten 134, 159
  Polster 120
  Rillen 78
  Reißnägel 139
  Härten 139-137
  Höhe 165
  Intonieren 59, 135-136
  Abziehen 133-135, 160, 169
  Gebrochene Hämmer 138-39
  Ersetzen 137, 157, 169
  Saitenabstand 99
  Händlerangaben 79
Hersteller 26, 17, 59, 74, 76
  Bechstein 29, 47 70, 74, 93, 104
  Bentley 59, 72, 105
  Blüthner 51, 74
  Bösendorfer 58, 74
  Boston 59
  Broadwood 59, 74, 79, 165
  Challen 57, 149
  Collard & Collard 29
  Eavestaff 72, 76
  Gotrian-Steinweg 74
  Ibach 74
  Kawai 51, 59, 74, 168
  Kemble 37, 119
  Knight 69
  Ladbrookes 59
  Lindner 56, 75-76
  Lipp 74
  Mason & Hamlin 51
  Müller 74
  Petroff 59
  Rippen 75
  Ritmüller 47, 74
  Rönisch 74

  Schiedmayer 28, 74, 125
  Steinway 19, 59, 71, 74, 136, 158
  Yamaha 59, 74
Holzrahmen mit Metallverstärkungen 25
Holzwurm 78
Honky-Tonk 71, 77, 172, 176
Inharmonizität 19
Kapseln 122, 124-128
Kerzenständer 48
Klaviere (aufrecht) 22, 24-25, 30, 33, 42, 47, 49, 84, 1446, 162, 169, 177
  Diagonalbezug 28-29
  Kreuzbezug 27
  Geradbezug 28-29, 32
Klavierdesign 47
Klavierhocker 52-53, 61
Klavierlehrer 52, 57
Klaviertechniker / Stimmer 56-57, 59, 65, 68-70, 74, 78, 121
Klaviaturrahmen 35, 164
  Gleiter 160
  Ausbau 155-157, 160 167
Klaviaturrahmenleiste, vordere 35, 113
Klaviaturrahmenleistenfilz 35, 90
  Verdichtung 90-91
  Aufdoppeln 96, 134
  Ersetzen 95
  Schwund 93
Klavierstimmer 18, 58-59, 87, 175-177
Klaviaturvorderstifte 115
Horowitz, Vladimir 16
Internet 8, 43, 60 , 69, 73
Klavierkauf 8, 46-51, 56-57
  bei Auktionen 43, 69, 74
Kleinklaviere 72, 76
Klang 172-173
  Schwebung 172,

INDEX

187-188
Auslöschung 173
Dynamik 172
Obertonstruktur 172
Dreichörigkeit
172-173, 176
Klaviere für Kinder 8,
64 68
Kleber 104, 115
Klirren / Scheppern 102
metallisches Klirren 107
Kreuzbezug 19, 22-23,
25-29, 57
Kunststoff 35, 111
Laute 14
Leslie-Lautsprecher 71
Little Richard 16
Lyragestänge 168
verlorenes Lyragestänge
74, 77, 168
Mechanik 22, 36-39,
78, 163
Modernisierung 48
Monk, Thelonious 46
Mottenfraß 78, 87, 96-97,
99-100, 106, 154, 161
MWG – music wire gauge
– siehe Drahtstärke
Neukauf 56-61
Notenskala 17, 173
Notenständer 77
Notizen 172
Oberrahmenfüllung 33, 77,
85, 87
Orgel 14, 17, 175
Hammondorgel 48, 75
Pedalgestänge 52
Pedalmechanismus 22,
74, 77, 101-102
Pedaltechnik 52
Pedale 22, 41-42
Regulierung 100-101
Moderator 42
Halbgang 42, 168
mittleres Pedal 42
Übepedal 42, 46,
93, 102
linkes Pedal 42,
100-101
Sostenuto 42
Dämpferpedal / rechtes
Pedal 42, 101, 168

una-corda 42, 159-160
Peterson Oscar 58
Pierce Piano Atlas 79
Piloten 91-92, 96
Privatverkauf 66-68
Pythagoras 14, 17
Renovierte Klaviere 68
Reparaturkosten 65-66, 68
Repetitionschenkel 41,
163-165
Repetitionsfeder 163 , 167
Polieren 68
Rahmen 19, 25, 30
Holzrahmen 19,
25, 148
verstärkter Rahmen
25, 31
Gussrahmen 19, 22-23
Vollpanzerplatte 25
Diagonalbezug 28-29
Reinhardt, [orig.
Rheinhardt], Django 34
Resonanzboden 22-23,
33-34, 49, 77-78,
148-149
Reparatur 148-149
Lose Rippen 148-149
Risse 71, 77-748,
148-149
Prüfen und Testen 65,
135-136
Saiten 19, 26-27, 37, 39,
57, 102-103, 140-141,
172-173, 177
Saubermachen 87,
110-115
Innen 107
Tastatur 110-113
Klaviaturrahmen 159
Schätzungen 67
Schnäppchen 64, 66-67
Schwebung 172 ff.
Stege 34, 50, 149-151,
Stegdruck 34, 58
Seriennummer 76, 79
Sicherheitshinweise 84
Spielen 56-57
Tonleitern 57
Spinett 15
Stimmen 7-9, 58, 65, 66,
68, 87, 172-181, 189
Klavier unter der

Stimmung 182
den Bass stimmen
181
gleichschwebende
Temperierung 17-18,
173-174
Garantiestimmung
60-61
Lehrbücher 182
mittlere Oktaven
stimmen 178-180
Pythagoreische
Stimmung 17
Temperatur legen 177
Klavier wird höher
181
Stabilisierung 183
Spreizen der Oktave
181
a=440Hz 70, 172
den Diskant stimmen
181
Stimmstock 25, 30-32, 72
Überprüfen 74
offener Stimmstock
30, 32, 75, 76
Risse 144, 145
Stimmgabel 70, 76-77,
175, 178, 189
Stimmhammer 70, 174,
176, 189
Stimmwirbel / Stimmnagel
22-23, 30, 32-33,
50-41, 70, 72, 76,
144-147, 177, 182
Plattendübel 146-147
Staub auf den
Stimmwirbeln 71
lose Stimmwirbel
144, 168
Ersetzen 144-146,
168-169
Gewinde / Drehen 25,
29-31, 70-72, 76,
140-147, 168-9
Stimmkeile 175-176, 189
Papp's Mutes 175, 178
Stimmpfeife 70
Stoßzunge 37-38, 40-41,
106 163-164
Stuhlbodenleiste
22-23, 156

Stuhlboden 35, 115, 122,
156, 161, 169
Stutzflügel 49-50, 57, 73
Tastatur 22-23, 35, 76,
87, 110-115, 1
60-161, 177
Spieltiefe 99
Prüfen 16-161
Gerade legen 98-162
Ausbau 95
Einrichten 122-123-136
unebene Tastatur 99
Tasten 35, 37, 42,
87, 110-11
gebrochene Tasten 115
Klack-Geräusch 115
kein Ton 106
Kunststoff 75
Garnierung 113-114
feststeckende Tasten
104-105
Klappern in der Taste
106
Tastenbeläge 35, 87,
110-113
Zelluloid 35, 76, 87,
11-112
Tastenhalteleiste 167
Tastenklappe 28, 85,
87, 156
Temperierung 176,
181, 182
gleichschwebende
Temperierung 8, 15,
17-18, 173-174
Temperatur legen
176-177, 179
wohltemperiert 18
Ton 29, 57, 59
Intonieren 135
Tonhöhe 70-71, 77,
176-178, 182
Tropenklaviere 8
Trompete 172
Umfang 58
Umgebung 77, 86
Zentralheizung 86
Feuchtigkeit 86,
130, 147
Trockenheit 130
Sonneneinstrahlung 86
Umzug / Umstellen 33,

46, 65-66, 68, 78, 84,
130, 168, 183
Transport-Rahmen 84
Umfallende Klaviere
33, 69, 77, 84
Flügel 74
Unterrahmenfüllung 78
Waagbalken 35, 113, 164
Regulierstreifen 98,
125, 161-162
Verdichtung der
Waagbalkenscheiben
90, 87-98, 154, 161
Wohltemperiertes Clavier
18
Werkbank 155, 164
Werkzeug 90, 92 97, 117
136, 162, 174, 189
Zierleistenfilz 78, 87
Zu viel Spiel 90-91, 974,
102, 134
Einstellmechanismus
91-93